JOURNAL

D'UN

VOYAGE A TEMBOCTOU
ET A JENNÉ,

DANS L'AFRIQUE CENTRALE.

TOME I.

SE TROUVE A PARIS:

Chez P. MONGIE aîné, Libraire-Éditeur, boulevart des Italiens, n.º 10,

Et chez A. BERTRAND, Libraire de la Société de géographie.

―――――

A Londres, chez Dulau et compagnie;
A Leipsick, chez L. Michelsen;
A Bruxelles, à la Librairie parisienne, rue de la Montagne;
A Genève, chez Barbezat;
A Francfort, chez Fugel;
A Zurich, chez Trachsler.

JOURNAL

D'UN

VOYAGE A TEMBOCTOU ET A JENNÉ,

DANS L'AFRIQUE CENTRALE,

PRÉCÉDÉ

D'OBSERVATIONS FAITES CHEZ LES MAURES BRAKNAS, LES NALOUS ET D'AUTRES PEUPLES ;

PENDANT LES ANNÉES 1824, 1825, 1826, 1827, 1828 :

PAR RENÉ CAILLIÉ.

AVEC UNE CARTE ITINÉRAIRE, ET DES REMARQUES GÉOGRAPHIQUES, PAR M. JOMARD, MEMBRE DE L'INSTITUT.

TOME PREMIER.

PARIS.

IMPRIMÉ PAR AUTORISATION DU ROI
A L'IMPRIMERIE ROYALE

M DCCC XXX

AU ROI.

SIRE,

Si j'ose offrir à VOTRE MAJESTÉ le faible récit de mes voyages en Afrique, c'est moins comme un livre digne de ses regards que comme un gage de dévouement au service de VOTRE MAJESTÉ et au bien de mon pays. Ce sentiment seul m'a soutenu durant de pénibles épreuves : j'ambitionnais, comme la plus belle de toutes les récompenses, l'honneur d'offrir un jour à mon Roi le fruit de quelques découvertes tentées dans des pays inconnus qui furent le tombeau de voyageurs illustres. La bonté qu'a Votre Majesté d'en agréer l'hommage met le comble à mes vœux, et ajoute à ma reconnaissance et à mon dévouement pour l'Auguste Monarque à qui la France doit sa gloire et sa prospérité.

Je suis, avec le plus profond respect,

De Votre Majesté,

SIRE,

Le très-humble et très-fidèle sujet,

R. CAILLIÉ.

AVANT-PROPOS.

Je livre enfin au public la relation de mon voyage dans l'intérieur de l'Afrique, qui devait paraître depuis long-temps; plusieurs causes en ont retardé la publication jusqu'à ce jour, depuis plus de quinze mois que j'ai revu le sol natal. Je n'ai rapporté, des régions que j'ai parcourues, que des notes fugitives, très-laconiques, écrites en tremblant et pour ainsi dire en courant ; elles fussent devenues contre moi une pièce de conviction inexorable, si j'avais été surpris traçant des caractères étrangers, et dévoilant pour ainsi dire aux blancs les mystères de ces contrées. En Afrique, et sur-tout dans les pays occupés par les Foulahs et les Maures, l'hypocrisie religieuse dans un étranger est le plus sanglant des outrages, et il vaut cent fois mieux peut-être y passer pour chrétien que pour un faux musulman; de sorte que si mon système de voyage avait ses avantages, bien justifiés d'ailleurs par le succès, il avait aussi de terribles inconvéniens. Je portais toujours dans mon sac un arrêt de mort, et combien de fois ce sac a dû être confié à des mains ennemies! A mon arrivée à Paris, les notes écrites le plus souvent au crayon se sont trouvées tellement fatiguées, tellement effacées par le temps, mes courses et ma mauvaise fortune, qu'il m'a fallu toute la ténacité, toute la scrupuleuse fidélité de ma mémoire, pour les rétablir et les reproduire comme la base de mes observations et les matériaux de ma relation.

Mais cette scrupuleuse fidélité même qui doit présider à la rédaction des voyages, et que je considère comme le plus grand mérite de la mienne, exigeait que j'y consacrasse le temps nécessaire pour ne rien omettre d'essentiel et pour présenter les faits dans l'ordre même où je les avais observés et notés. Une autre cause non moins légitime de ce retard est une maladie longue et dangereuse qui vint m'accabler quelques mois après mon arrivée en France, et me ravir les forces que n'avaient point épuisées de longues fatigues et les privations de dix-sept mois de voyage sur un sol brûlant et tant de fois funeste à l'intrépidité de nos voyageurs européens. Il faut y joindre l'étendue même de ces matériaux, s'élevant à près de trois volumes, mon peu d'habitude dans l'art d'écrire, et la résolution que j'avais formée de ne pas recourir à une plume étrangère, excepté pour quelques incorrections de style qui devaient naturellement m'échapper dans la plus difficile et la plus délicate des langues; car je voulais offrir au public une rédaction qui m'appartînt, non moins que le fond même de mes observations, une rédaction qui fût, sinon élégante et étudiée, du moins simple, claire, franche, et reproduisant avec sincérité tout mon voyage et le voyageur sous les traits qui lui sont propres. On n'y trouvera point, je le regrette, des considérations d'un ordre élevé sur les institutions politiques ou religieuses, sur les mœurs des peuples que j'ai traversés; quand même mes études antérieures eussent porté mon esprit vers ce genre de réflexions, le peu de ressources dont je pouvais disposer, et par conséquent la nécessité d'un passage rapide, ne m'eussent pas permis de séjourner assez long-temps pour donner à mes recherches une base solide. Mon but principal était de recueillir avec soin, avec exactitude, tous les faits qui tomberaient sous mes yeux, de quelque nature qu'ils fussent, et de me livrer spécialement à tout ce qui me paraissait intéresser les progrès de la géographie et de notre commerce en Afrique.

Un séjour prolongé dans nos établissemens et nos colonies du Sénégal, et peut-être aussi ma propre expérience, m'avaient appris combien ce commerce, depuis si long-temps languissant, avait besoin de débouchés et de relations nouvelles dans l'intérieur du continent; mais, pour établir ces nouvelles relations, pour imposer aux populations lointaines le tribut de notre industrie, il fallait de nouvelles découvertes, de nouvelles connaissances géographiques absolument indispensables pour les efforts que tenterait le Gouvernement et les encouragemens qu'il prodiguerait à nos comptoirs de la côte. Le vif sentiment de cette nécessité, de ce besoin urgent qui presse notre commerce d'Afrique, devint en quelque sorte l'ame de mes informations et des directions que j'ai prises, sur-tout dans une certaine partie de mon voyage; j'étais convaincu de l'influence puissante qu'exerceraient tôt ou tard sur nos colonies et sur nos relations commerciales, des renseignemens nets et positifs, puisés aux sources mêmes, et déposés entre les mains du gouvernement du Roi, protecteur zélé et éclairé d'intérêts aussi importans, et qui, sur-tout aujourd'hui, touchent de si près à la prospérité du royaume, et peut-être à son repos intérieur.

Ai-je été assez heureux pour réaliser sous ce rapport les vœux que je formais, les espérances que j'osais concevoir, avec mes anciens compatriotes du Sénégal, pour remplir cette partie de la tâche que je m'étais imposée, et payer ainsi mon tribut au gouvernement de mon pays? C'est à mes juges naturels, aujourd'hui dépositaires du fruit de mes recherches, c'est au succès des entreprises qu'elles doivent provoquer, de répondre pour moi à cette question. Quant aux progrès que les sciences géographiques et naturelles peuvent devoir à mon voyage, il ne m'appartient pas davantage de les apprécier; j'en dois abandonner le jugement à ceux qui les représentent si dignement dans la capitale du monde civilisé, et dont il m'eût été si doux, si utile surtout de posséder les lumières et les talens, lorsque, seul et livré à mes faibles moyens, je me trouvais chaque jour sur le théâtre d'un monde inconnu et vierge encore des regards de la curieuse et scientifique Europe. Armé de ces connaissances et des instrumens que nous leur devons, j'eusse pu espérer de répondre plus complétement aux vœux de la Société de géographie, de me rendre plus digne de l'accueil flatteur et bienveillant qu'elle m'a accordé, des distinctions et des récompenses que son patriotisme sait décerner à ceux qui secondent ses efforts, de cette société qui poursuit avec tant de zèle et de succès le perfectionnement de la science, et dont les programmes, jetés sur les plages africaines et tombés entre mes mains, achevèrent de me confirmer dans l'importance que j'attribuais déjà aux voyages dans l'Afrique centrale, et m'encouragèrent dans le projet que je nourrissais dès-lors de tenter un jour la découverte de Temboctou.

En rendant ces hommages à la Société de géographie, je ne dois pas oublier un de ses membres les plus distingués, M. Jomard, président de sa commission centrale et membre de l'Institut, qui depuis mon arrivée en France n'a cessé de m'honorer de ses conseils précieux et de ses bontés particulières, qui n'a pas dédaigné d'associer son nom au mien, et a bien voulu concourir au succès que peut avoir cette relation, en l'enrichissant d'une carte dressée sur mes notes, et de recherches géographiques sur un continent dont l'étude lui est depuis long-temps familière, et comme voyageur, et comme écrivain. Qu'il veuille bien recevoir ici un témoignage public de ma vive reconnaissance !

INTRODUCTION.

Ayant eu, dès ma plus tendre enfance, un goût prononcé pour la carrière des voyages, j'ai toujours saisi avec empressement les occasions qui pouvaient me faciliter les moyens d'acquérir de l'instruction ; mais, malgré tous mes efforts pour suppléer au défaut d'une éducation soignée, je n'ai pu me procurer que des connaissances imparfaites. L'entière conviction que j'avais de l'insuffisance de mes moyens m'affligeait souvent, quand je songeais à tout ce qui me manquait pour remplir la tâche que je m'étais imposée; toutefois, réfléchissant aux dangers, aux difficultés d'une telle entreprise, j'espérais que les notes et les renseignemens que je rapporterais de mes voyages seraient reçus du public avec intérêt : je ne renonçai donc pas un seul instant à l'espoir d'explorer quelque pays inconnu de l'Afrique; et par la suite, la ville de Temboctou devint l'objet continuel de toutes mes pensées, le but de tous mes efforts; ma résolution fut prise de l'atteindre ou de périr. Aujourd'hui que j'ai été assez heureux pour accomplir ce dessein, le public accordera peut-être quelque indulgence au récit d'un voyageur sans prétention, qui raconte simplement ce qu'il a vu, les événemens qui lui sont arrivés, et les faits dont il a été le témoin.

Je suis né en 1800, à Mauzé, département des Deux-Sèvres, de parens pauvres; j'eus le malheur de les perdre dans mon enfance. Je ne reçus d'autre éducation que celle que l'on donnait à l'école gratuite de mon village; dès que je sus lire et écrire, on me fit apprendre un métier dont je me dégoûtai bientôt, grâce à la lecture des voyages, qui occupait tous mes momens de loisir. L'histoire de Robinson sur-tout enflammait ma jeune tête; je brûlais d'avoir comme lui des aventures; déjà même je sentais naître dans mon cœur l'ambition de me signaler par quelque découverte importante.

On me prêta des livres de géographie et des cartes: celle de l'Afrique, où je ne voyais que des pays déserts ou marqués inconnus, excita plus que toute autre mon attention. Enfin ce goût devint une passion pour laquelle je renonçai à tout : je cessai de prendre part aux jeux et aux amusemens de mes camarades; je m'enfermai les dimanches pour lire des relations et tous les livres de voyages que je pouvais me procurer. Je parlai à mon oncle, qui était mon tuteur, de mon desir de voyager : il me désapprouva, me peignit avec force les dangers que je courrais sur mer, les regrets que j'éprouverais loin de mon pays, de ma famille ; enfin il ne négligea rien pour me détourner de mon projet. Mais ce dessein était irrévocable ; j'insistai de nouveau pour partir, et il ne s'y opposa plus.

Je ne possédais que soixante francs ; ce fut avec cette faible somme que je me rendis à Rochefort, en 1816. Je m'embarquai sur la gabare *la Loire*, qui allait au Sénégal.

On sait que ce bâtiment marchait de conserve avec *la Méduse*, sur laquelle se trouvait M. Mollien, que je ne connaissais point alors, et qui devait faire des découvertes si intéressantes dans l'intérieur de l'Afrique. Notre gabare s'étant heureusement écartée de la route que suivait *la Méduse*, arriva sans accident dans la rade de Saint-Louis. De là, je me rendis à Dakar, village de la presqu'île du Cap Vert, où furent conduits les malheureux naufragés de *la Méduse*, par la gabare *la Loire*. Après un séjour de quelques mois dans ces tristes lieux, lorsque les Anglais eurent remis la colonie aux Français, je partis pour Saint-Louis.

Au moment où j'y arrivais, le gouvernement anglais formait une expédition pour explorer l'intérieur de l'Afrique, sous la direction du major Peddie : lorsqu'elle fut en mesure, elle se dirigea sur Kakondy, village placé sur le Rio-Nunez. Le major mourut en y arrivant. Le capitaine Campbell prit le commandement de l'expédition, et se mit en route avec sa nombreuse caravane pour traverser les hautes montagnes du Fouta-Diallon : en peu de jours il perdit une partie des animaux de charge, et plusieurs hommes ; cependant il se décida à poursuivre sa route ; mais à peine était-il arrivé sur les terres de l'almamy[1] du Fouta-Diallon, que l'expédition fut retenue par l'ordre de ce souverain. Il fallut payer une forte contribution à l'almamy pour obtenir la permission de faire la retraite, de retourner sur ses pas, traverser de nouveau des rivières dont le passage avait été déjà très-pénible, et endurer des persécutions telles, que, pour les faire cesser et rendre sa marche moins embarrassante, le commandant fit brûler les marchandises sèches, briser les fusils et jeter la poudre dans la rivière. Dans ce retour désastreux, le capitaine Campbell et plusieurs de ses officiers perdirent la vie, aux mêmes lieux où était mort le major Peddie : ils furent enterrés au même endroit que lui, au pied d'un oranger, dans la factorerie de M. Betmann, négociant anglais.

Le reste des troupes de l'expédition du capitaine Campbell mit à la voile pour Sierra-Leone.

---

(1) Nom que portent plusieurs souverains d'Afrique.

Quelque temps après, on forma une nouvelle expédition qui fut confiée au major Gray. Les Anglais n'épargnèrent ni les soins, ni l'argent, afin de la rendre encore plus imposante et plus nombreuse que la première. Pour éviter le terrible almamy de Timbo, on se dirigea par mer vers la Gambie, et l'on remonta la rivière. Dès que l'expédition eut pris terre, elle traversa le Oulli et le Gabou, et arriva enfin dans le Bondou : mais le Bondou est habité par un peuple semblable à celui du Fouta-Diallon, aussi fanatique, aussi méchant, et dont le roi ne se montra pas moins malveillant pour les Anglais; ses prétentions étaient encore plus déraisonnables que celles de l'almamy de Timbo. Sous le prétexte de je ne sais quelle dette anciennement contractée envers lui par le gouvernement anglais, il exigea tant de marchandises, que le major Gray se trouva bientôt épuisé, et qu'il fut obligé, comme on le verra plus bas, d'envoyer un officier au Sénégal pour s'en procurer d'autres, espérant, par ce moyen, obtenir le passage.

J'ignorais ces fâcheuses nouvelles, lorsque l'on me parla de l'expédition anglaise; et ne doutant pas que le major Gray, ayant besoin de monde, n'accueillît l'offre de mes services, quoique je fusse pour lui un étranger, je me décidai à gagner la Gambie par terre. Je partis de Saint-Louis, accompagné de deux nègres qui retournaient à Dakar, et pris le chemin qui conduit de Gandiolle à la presqu'île du Cap Vert. Nous voyagions à pied : j'étais encore bien jeune, et j'avais pour compagnons deux vigoureux marcheurs, ce qui m'obligeait à courir pour les suivre. Je ne puis exprimer la fatigue que j'éprouvai sous le poids d'une chaleur accablante, marchant sur un sable brûlant et presque mouvant. Si du moins j'avais eu un peu d'eau douce pour apaiser la soif qui me dévorait ! mais on n'en trouve qu'à quelque distance de la mer; et pour marcher sur un terrain plus solide, nous étions forcés de ne pas quitter la plage. Mes jambes étaient couvertes d'ampoules, et je crus que je succomberais avant d'arriver à Dakar : cependant nous atteignîmes enfin ce village; je n'y séjournai pas, et pris de suite passage sur un canot, qui me porta à Gorée.

Les tourmens que je venais d'endurer me firent réfléchir aux souffrances bien plus vives encore auxquelles j'allais m'exposer : les personnes qui s'intéressaient à moi, et particulièrement M. Gavot, n'eurent donc pas de peine à me détourner de mon projet; et pour satisfaire en quelque chose à mon desir de voyager, ce digne officier me procura un passage gratuit sur un navire marchand qui faisait voile pour la Guadeloupe.

J'arrivai dans cette colonie avec quelques lettres de recommandation, et j'obtins un petit emploi que je ne gardai que six mois. Ma passion des voyages commençait à se réveiller; la lecture de Mungo-Park vint ajouter une nouvelle force à mes projets; enfin, ma constitution venant de résister à un assez long séjour, tant au Sénégal qu'à la Guadeloupe, me donnait l'espoir de les exécuter cette fois avec succès.

Je quittai la Pointe-à-Pitre pour passer à Bordeaux, et de là retourner au Sénégal. Arrivé à Saint-Louis à la fin de 1818, avec peu de ressources (car je les avais extrêmement diminuées par des courses inutiles), rien ne me découragea; tout sembla possible à mon esprit aventureux, et le hasard parut servir mes desseins.

M. Adrien Partarrieu, envoyé par le major Gray pour acheter à Saint-Louis les marchandises exigées par le roi de Bondou, se disposait à rejoindre l'expédition.

Je me rendis près de M. Partarrieu, et lui proposai de l'accompagner sans appointemens et sans engagemens d'aucune espèce pour le moment. Il me répondit qu'il ne pouvait rien me promettre pour la suite; mais que j'étais libre de me joindre à lui, si je le voulais. Je fus bientôt décidé : heureux de saisir une occasion aussi favorable de parcourir des contrées inconnues, et de participer à une expédition de découvertes !

La caravane de M. Partarrieu se composait de

soixante à soixante-dix hommes, tant blancs que noirs, et de trente-deux chameaux richement chargés.

Nous partîmes, le 5 février 1819, de Gandiolle, village du royaume de Cayor, situé à peu de distance du Sénégal. Le damel (ou roi), que nos présens nous avaient rendu favorable, donna l'ordre que nous fussions bien traités; nous reçûmes par-tout l'hospitalité, et dans plusieurs endroits on porta la générosité jusqu'à nourrir tout notre monde, sans vouloir accepter aucune rétribution. Arrivés sur les frontières du Cayor, nous trouvâmes un désert qui le sépare du Ghiolof. On sait qu'autrefois ces deux pays appartenaient au même souverain, qui les gouvernait sous le titre de bour (ou empereur), et que le damel n'est qu'un vassal indépendant: nous reçûmes le même accueil des peuples soumis au bour de Ghiolof.

Peu de temps s'était écoulé que nous regrettions déjà la généreuse hospitalité des Ghiolofs. En quittant leur pays, nous entrâmes dans un désert, où, pendant cinq jours de marche, nous fûmes exposés à mille maux : on me pardonnera d'entrer dans ces détails, les seuls qui aient pu se graver dans la mémoire d'un tout jeune homme, voyageant moins pour observer que pour chercher des aventures.

Nos chameaux étaient si chargés de marchandises, que nous n'avions pu emporter qu'une très-petite quantité d'eau; bientôt on fut obligé de n'en distribuer à chacun qu'une légère portion : la mienne n'était pas plus abondante; pouvais-je me plaindre, moi, bouche inutile, attaché à l'expédition par la seule condescendance du chef ? je n'avais pas le droit de réclamer, mais je souffrais extrêmement de la soif. Je fus quelquefois à l'extrémité; car, n'ayant pas de monture, j'étais obligé de suivre à pied : on m'a dit, depuis, que j'avais les yeux hagards, que j'étais haletant, que ma langue pendait hors de ma bouche; pour moi, je me rappelle qu'à chaque halte, je tombais par terre, sans force, et n'ayant pas même le courage de manger. A la fin, mes souffrances excitèrent la pitié de tous, et M. Partarrieu eut la bonté de partager avec moi sa portion d'eau, ainsi qu'un fruit qu'il avait trouvé. Ce fruit ressemble à la pomme de terre; la pulpe en est blanche et d'une saveur agréable : depuis nous en trouvâmes beaucoup; ils nous furent d'un grand secours.

Un matelot, après avoir inutilement employé tous les moyens pour apaiser sa soif, s'étant mis à chercher des fruits, fut trompé par la ressemblance avec celui que m'avait donné M. Partarrieu; il en mangea un qui lui mit la bouche en feu, comme si c'eût été du piment : aux envies de vomir, et aux tranchées qu'il éprouva, on le crut empoisonné; chacun s'empressa de prendre sur sa part pour lui apporter à boire; mais il parut soulagé si promptement, que j'ai pensé depuis que cette maladie n'était qu'une feinte pour intéresser et se procurer un peu plus d'eau. Je n'étais pourtant pas le plus malheureux, puisque j'en vis plusieurs boire leur urine.

Enfin nous arrivâmes à Boulibaba, village habité par des foulahs pasteurs, qui passent une partie de l'année dans les bois, et ne se nourrissent que de lait assaisonné du fruit du baobab. Boulibaba fut pour nous un paradis ; nous y trouvâmes des sources limpides, et en abondance : l'eau que nous bûmes avec avidité nous parut excellente ; mais nous la payâmes fort cher, car les foulahs chez qui nous la trouvions étaient pauvres et fort intéressés. Nous campions près du village, dont les maisons en paille sont en forme de pain de sucre tronqué par le haut ; la porte en est si basse, qu'on n'y entre qu'en rampant.

Dès qu'on sut notre arrivée, tout le village sortit pour nous voir : un foulah vint me trouver au pied de l'arbre où je reposais, et me demanda en ouolof, que j'entendais, un grigri[1] pour avoir des richesses ; je le lui écrivis, et en reconnaissance il me donna une jatte de lait. Mais je n'en fus pas moins sa dupe ; car à peine était-il parti que je m'aperçus qu'il m'avait volé une cravate de soie noire.

---

(1) Grigri, sorte d'écriture que les habitans regardent comme un talisman.

INTRODUCTION. 11

En sortant de Boulibaba, nous avions un autre désert sans eau à traverser; avant d'y entrer, on jugea à propos de se remettre des fatigues qu'on avait éprouvées, et de rester quelques jours chez les pasteurs foulahs. On fit provision d'eau; les guides furent arrêtés, et nous partîmes.

Après avoir marché une demi-journée, nous arrivâmes à Paillar, où nous fîmes une nouvelle provision d'eau. Il n'eût pas été prudent de traverser le Fouta-Toro, dont les habitans sont fanatiques et voleurs; nous l'évitâmes en tournant un peu au sud. Les précautions que nous avions prises pour ne pas manquer d'eau rassuraient nos esprits. Le pays nous parut généralement beau; nous voyions avec admiration des arbres d'une grande élévation, d'un feuillage touffu, couverts d'oiseaux de diverses espèces qui, par leur ramage, animaient ces solitudes. Ce fut sans doute aux sensations agréables que nous fit éprouver ce spectacle, que nous dûmes en partie l'oubli de nos fatigues, bien que notre marche durât depuis le lever du soleil jusqu'à près de dix heures du soir, ne prenant dans la journée que quelques instans de repos. Cependant le cinquième jour nous étions tous exténués; nous souffrions de la soif, et notre eau touchait à sa fin. L'industrie européenne vint à notre secours; on nous distribua des pastilles de menthe, et nous fûmes aussitôt soulagés. Le manque d'eau et de fourrage fit souffrir beaucoup nos chameaux, qui n'eurent pour toute nourriture que de jeunes branches d'arbre coupées çà et là.

Nous atteignîmes enfin un hameau, où des nègres s'empressèrent de nous apporter quelques calebasses d'eau : on ne la prodigua pas ; et c'était sagesse, vu la quantité d'hommes et d'animaux qu'il fallait désaltérer ; pour ma part, je n'en reçus que la valeur d'un grand verre. Mais à peine commencions-nous à boire, que des essaims d'abeilles s'abattirent sur les vases qui contenaient l'eau, et, nous la disputant, s'attachèrent même à nos lèvres : supplice affreux, douleurs cuisantes, auxquels nous avons été plusieurs fois exposés dans notre voyage ! J'ai vu souvent les outres couvertes d'abeilles ; on ne pouvait les chasser qu'en allumant du bois vert dont la fumée les éloignait.

Enfin, nous sommes dans le Bondou. M. Partarrieu, qui redoutait extrêmement la rencontre de l'almamy, voulait éviter Boulibané, sa résidence ordinaire, pour gagner promptement et directement Bakel ; mais les habitans de Potako, second village que nous trouvâmes, manifestèrent la volonté de s'opposer à ce projet. Il fallut donc camper pour entrer en *palabre*[1]. Les pourparlers duraient toujours ; nous étions près des puits, et l'on ne nous donnait

---

(1) Négociations, échange

ni eau ni provisions ; personne n'apportait de mil ; on commençait la guerre par la famine. Ce système d'attaque contre nous était le pire de tous et le plus dangereux ; il fallait y opposer la fermeté et la résolution. M. Partarrieu, qui n'en manquait pas, se disposa à continuer sa route directement vers Bakel. Nous allions donc partir, lorsque M. Gray, commandant de l'expédition, et qui venait au-devant de nous, parut à cheval, et nous annonça que nous irions à Boulibané, dans l'idée que l'almamy lui tiendrait parole, et qu'après avoir reçu les marchandises, il nous laisserait passer : M. Gray était un peu crédule. Au reste, les habitans ne nous virent pas plus tôt changer de route, qu'ils s'empressèrent de nous laisser puiser de l'eau, et de nous apporter en abondance des provisions de toute espèce. La paix faite, tout le monde d'accord, les échanges commencèrent.

Le lendemain de l'arrivée du major Gray, nous reçûmes ordre de partir et de suivre la route de Boulibané : il nous fallut obéir ; mais pour que les habitans de cette capitale ne remarquassent pas la grande quantité de marchandises que nous transportions, nous n'y entrâmes que la nuit. J'étais à l'arrière-garde avec quelques soldats anglais montés sur des ânes : ces pauvres soldats étaient épuisés de fatigue ; jamais ils n'avaient fait une si rude campagne ; ils voulaient rester en route : je les en empêchai, et nous rejoignîmes enfin, quoiqu'un peu tard, la tête de la caravane, que nous trouvâmes déjà endormie dans le camp qu'elle avait formé en-dehors de la ville : ce camp n'était qu'un groupe de huttes en paille, entourées d'une palissade de quatre pieds de hauteur, que formaient des troncs d'arbres entrelacés de branches.

On avait eu la maladresse de ne pas enfermer les puits dans l'enceinte du camp, négligence impardonnable qui pouvait nous exposer aux plus cruelles privations. A leur arrivée, les chefs de l'expédition allèrent saluer le vieil almamy, et lui portèrent en même temps de riches présens, pour le disposer en notre faveur.

Ce ne fut pas tout; on continua à lui en faire chaque jour de nouveaux, car le cupide almamy demandait sans cesse. Curieux de voir ce roi, je me rendis à sa résidence; j'y pénétrai facilement, et je trouvai le souverain du Bondou, assis sur une natte étendue par terre, occupé à regarder un maçon nègre de notre expédition, qu'il nous avait demandé pour se faire construire une poudrière en pierre, destinée à renfermer les munitions de guerre qu'il avait reçues de nous en présens.

L'almamy de Bondou, âgé de soixante-dix ans, avait les cheveux tout blancs, la barbe très-longue, et le visage sillonné par les rides. Il était vêtu de deux pagnes¹ du pays, et couvert d'amulettes jusqu'au bas des jambes. Il me regarda d'un air indifférent, et parut beaucoup plus occupé du travail du maçon que de ma présence, ce qui me donna le loisir de l'examiner sans qu'il s'en offensât.

Après être resté quelques jours à Boulibané, pendant lesquels nous avions été en bonne intelligence avec les habitans, le major Gray fit ses dispositions pour quitter cette résidence royale. Mais avant de partir, il crut devoir aller offrir à l'almamy un présent d'adieu; il était composé d'une pièce de guinée² et de quelques bagatelles. Soit que le prince en fût peu content, soit qu'il craignît que les Anglais ne se joignissent aux Français pour attaquer ses états, soit enfin qu'il eût juré de ne pas nous laisser passer, il déclara avec un regret simulé qu'il ne pouvait nous permettre de nous rendre à Bakel ; qu'il souffrirait bien que nous allassions à Clégo, mais en traversant ses états et ceux du Kaarta ; qu'autrement, nous n'aurions qu'à prendre la route du Fouta-Toro, pour gagner le Sénégal. Ces deux routes étaient également pénibles et dangereuses pour nous, puisque nous étions sûrs de rencontrer dans ces deux pays des

---

(1) Bande de toile de coton du pays, de six pieds de long et deux et demi de large.

(2) Toile de coton bleue de l'Inde; les pièces sont de 16 mètres ou 32 coudées.

peuples aussi fanatiques et aussi barbares que les habitans du Bondou. Le dessein de l'almamy était évidemment de nous faire piller et peut-être massacrer. Notre position devenait affreuse ; elle motiva un conseil ; l'indignation qu'avait excitée la conduite de l'almamy décida à prendre le parti violent de s'ouvrir par la force un passage vers Bakel. Aussitôt on charge les animaux, et l'on se dispose à partir ; mais notre projet est à peine connu, que des soldats du roi, au nombre de cinquante, armés de lances et de fusils, viennent occuper les puits, et cerner notre camp. Nous avions peu d'eau, par suite de l'imprévoyance que j'ai signalée plus haut ; et malgré l'économie avec laquelle nous l'employions, nous étions sur le point d'en manquer tout-à-fait. En Afrique, il est plus aisé de prendre une place par la soif que par la famine.

Ce danger n'était pas le seul qui nous menaçait ; déjà les tambours de guerre retentissaient de tout côté : au bruit de ce tocsin d'alarme, des hommes armés se rendaient en foule à l'appel de leurs chefs ; par-tout on entendait un vacarme effroyable. En moins de deux heures, une armée nombreuse fut sur pied, prête à fondre sur nous : la résistance devenait impossible, puisque nous n'étions que cent trente personnes ; malgré l'ardeur et le désespoir qui nous animait tous, on ne pouvait espérer de résister à tant d'ennemis réunis. Il était donc inutile de songer à se battre, et il ne fallait plus aviser qu'à détourner, par de nouvelles négociations, les malheurs qui nous menaçaient: ce fut le sentiment des chefs de l'expédition; ils pensèrent qu'un combat ne pouvait avoir qu'une issue très-malheureuse; qu'indépendamment de la perte des hommes et du pillage des marchandises, il rendrait à l'avenir les blancs un objet d'horreur et d'exécration dans l'intérieur de l'Afrique. Ces réflexions sages déterminèrent notre chef à demander un palabre [1]; nos ennemis l'accordèrent, mais avec la supériorité et la hauteur de gens sûrs de la victoire.

L'almamy n'accepta rien de ce qu'on lui proposa, et dicta arrogamment les conditions de la paix; tout ce qu'on put arracher de lui, à force de sollicitations et de présens, fut la permission de se rapprocher le plus possible du Sénégal, afin de ne pas manquer d'eau: mais il ne céda pas sur la route que nous devions tenir; *le Fouta-Toro, ou point d'eau*, fut sa dernière réponse. On souscrivit à tout avec reconnaissance; notre obéissance une fois assurée, il fit signe aux soldats qui gardaient les puits de s'éloigner, et nous pûmes boire avec sécurité. L'anxiété dans laquelle nous étions pendant tous ces pourparlers, jointe à la chaleur, nous fit regarder la permission de l'almamy

---

(1) **Pourparler.**

comme un bienfait, sur-tout pour nos animaux chargés depuis le lever du jour, sans boire ni manger.

Le départ pour le Fouta-Toro fut remis au lendemain. Ce jour-là, notre caravane ressemblait à une longue file de prisonniers : une foule d'hommes à cheval voltigeaient sur nos ailes, pour nous empêcher de nous écarter. L'almamy y veillait mieux que personne : le traître, pour être plus sûr que cette riche proie n'échapperait pas à ses alliés du Fouta-Toro, nous suivit jusqu'à notre première halte, et ne nous quitta qu'après avoir reçu un nouveau présent; mais, en s'éloignant, il remit le soin d'éclairer notre marche à plusieurs princes de sa famille, qui nous accompagnaient avec une escorte nombreuse de soldats à pied ou à cheval. La nuit étant arrivée, pour ne plus être embarrassés par le bagage qui retardait notre marche, on alluma un grand feu, et chacun reçut l'ordre d'y jeter tout ce qu'il possédait, à l'exception des vêtemens absolument nécessaires. Ce sacrifice utile s'accomplit sous les yeux des foulahs, qui nous supplièrent inutilement de le faire cesser. Dans notre juste fureur contre eux, nous nous serions plutôt fait tuer, que de leur laisser retirer du feu même un mouchoir.

Le lendemain au jour, nous entrâmes dans le Fouta-Toro, précédés d'une fâcheuse réputation. Les habitans du Bondou nous avaient si bien recommandés à leurs voisins, que par-tout nous ne trouvions que des visages ennemis et des dispositions hostiles; nulle part on ne nous laissait puiser de l'eau qu'après en avoir réglé le prix : croira-t-on que souvent elle nous revenait à six francs la bouteille? Si nous nous écartions de la route tracée par nos conventions avec l'almamy du Bondou, aussitôt on s'emparait des puits, et, sous peine de mourir de soif, il fallait rentrer dans le chemin convenu. Une autre fois, dans un village, on voulut, au contraire, nous obliger de quitter la route que nous suivions, pour nous forcer à en prendre une qui nous éloignait du Sénégal. Je ne sais comment nous aurions pu résister à cette nouvelle violence, puisque les puits ne devaient nous être livrés qu'à l'affreuse condition de suivre cet autre chemin, que nous étions déjà tous aux abois et nos forces épuisées; deux misérables espingoles n'eussent pas suffi pour faire le siége des puits. Heureusement M. Partarrieu parvint à gagner un chef, qui nous procura deux outres pleines d'eau: elles coûtèrent près de dix francs la bouteille; mais notre soif apaisée, nous reprîmes assez de courage, et nous nous éloignâmes.

Sortis de ce mauvais pas, nous gagnâmes un autre village, situé à peu de distance du Sénégal, afin de pouvoir, à la première occasion, nous rapprocher de ce fleuve. Nous nous arrêtâmes là pour tenir conseil; on résolut d'y coucher, et de se mettre en marche secrètement au milieu de la nuit, pour atteindre les bords de la rivière. Cette résolution de M. Partarrieu trouva un contradicteur dans M. Gray ; il objecta que nous pouvions être attaqués en route, et qu'après avoir manqué à la convention, nous serions traités en déserteurs, et sûrement massacrés ; il ajouta qu'il valait mieux que, suivi d'un domestique, il se rendît seul au comptoir français de Bakel, pour y demander du secours. En vain M. Partarrieu chercha-t-il à lui faire comprendre l'inconvénient d'un pareil projet, et le danger où nous laisserait son absence : « Quand les « foulahs, ajouta-t-il, sauront que nous n'avons plus « notre chef, ils nous regarderont comme un corps « sans tête, et ne balanceront plus à nous attaquer. » Tout fut inutile, M. Gray n'écouta rien, et se mit en route. Au jour, les foulahs s'aperçurent de son absence ; ils vinrent en foule, en criant à la trahison, et avec des menaces terribles ; ils allaient même faire feu, lorsque M. Partarrieu eut l'heureuse idée de répondre qu'il était brouillé avec M. Gray, et qu'il aimerait mieux mourir que de le recevoir encore parmi nous : on le crut ; les foulahs s'apaisèrent, et nous permirent d'aller à un village voisin du fleuve.

M. Gray était donc parti pour Bakel, où il obtint quelques hommes noirs, avec lesquels il se mit en route pour revenir nous trouver : mais il fit comme nous la faute de partir sans eau ; n'ayant pu s'en procurer sur le chemin, il se dispersa avec les siens pour en chercher. Non-seulement ils n'en trouvèrent pas, mais encore ils s'égarèrent dans les bois, où ils rencontrèrent les foulahs, qui, avertis de leur départ, étaient allés en force pour s'opposer à leur jonction avec nous, et qui les firent aisément prisonniers. On tira, dans cette affaire, quelques coups de fusil : plusieurs noirs français furent dangereusement blessés, et l'un d'eux eut même la cuisse cassée ; Donzon lui fit plus tard l'amputation à Bakel.

La nouvelle de ce désastre nous parvint bientôt; sans perdre de temps, M. Partarrieu se rendit au village où le major Gray était détenu; prières, présens, menaces, rien ne put engager les foulahs à le relâcher; et la joie que nous éprouvâmes de pouvoir continuer à ne pas trop nous éloigner de la rivière, fut empoisonnée par la douleur de voir M. Gray conduit à cheval, et sous bonne escorte, par une route opposée à la nôtre. Les foulahs ne l'emmenaient que pour nous déterminer à le suivre, et à retourner en arrière; mais comme nous savions que notre dévouement pour le major n'aurait eu d'autre résultat que celui de notre perte, nous nous gardâmes bien, en donnant dans le piége qu'on nous tendait, de courir la chance d'augmenter inutilement le nombre des victimes pour une imprudence qu'aucune sollicitation n'avait pu empêcher le major de commettre.

Nous continuâmes à nous diriger vers le nord. Après avoir éprouvé, dans divers endroits, les mêmes tourmens, nous atteignîmes Adgar, village qui n'est qu'à une journée et demie de Bakel. M. Partarrieu s'y arrêta, et campa tout près, comme s'il eût voulu y demeurer long-temps; puis il alla trouver le chef, lui parla de faire conduire ses malades à Bakel, afin de pouvoir plus aisément se rendre ensuite dans le Fouta-Toro : mais s'apercevant que ce projet contrariait le chef du village, il eut recours à une ruse, pour obtenir son consentement; il lui dit que, n'ayant pas assez d'animaux pour porter tout son bagage, il allait lui laisser une partie de ses marchandises. Le chef, apercevant dans cette proposition le moyen de s'emparer plus tard d'un riche butin, consentit à tout. Aussitôt M. Partarrieu fit remplir de pierres une partie des coffres qu'on chargeait ordinairement sur les chameaux; et ayant fermé ces coffres à clef, il les fit porter chez le chef du village; puis il mit à part les caisses qui renfermaient nos marchandises. On sait que les chameaux ont l'habitude de crier quand on les charge; pour obvier au danger que ce cri, signal de notre départ, aurait pu nous faire courir, nous eûmes soin, pendant plusieurs nuits de suite, de faire crier nos chameaux, pour que les habitans du village ne connussent pas le moment de notre fuite.

Lorsque tout fut disposé, on choisit une nuit obscure; et dès que nous jugeâmes tout le monde endormi, nous partîmes, laissant debout tentes, cabanes et palissades, sans éteindre les feux que nous avions allumés, sans même déranger les marmites qu'on avait placées pour notre souper, afin que les habitans ne s'aperçussent de notre départ que le plus tard possible; calcul d'une bien sage prévoyance, et dont la justesse ne tarda pas à nous être démontrée.

Une partie de la caravane prit les devans, par un chemin qu'elle se fraya; je restai avec l'arrière-garde, dirigée par M. Partarrieu et par un sergent anglais chargé du bagage; elle se mit en route une heure plus tard.

Nous avions une telle crainte d'être découverts, et nous sentions si bien l'imminence du danger, que notre marche ressemblait plutôt à une déroute qu'à une retraite. On ne voyait par-tout que des coffres, des ballots abandonnés; les animaux mêmes, comme s'ils eussent deviné le péril, et qu'ils fussent intéressés à l'éviter, étaient plus indociles que jamais, et couraient à travers champs, après s'être débarrassés de leur charge. Nous passâmes plus de deux heures à trouver ceux qui nous avaient précédés. Grand Dieu! quelle inquiétude nous éprouvâmes pendant ces deux mortelles heures! A peine osions-nous demander ce qu'étaient devenus nos compagnons, à peine osions-nous y penser; on les croyait pris, et, dans cette idée, nous avions à redouter le même sort. De temps en temps on sonnait du cor; ce signal de détresse, au milieu du silence des nuits et de l'horreur de la solitude, avait quelque chose de lugubre, qui nous faisait tous frissonner : encore si nous avions entendu quelqu'un y répondre ! mais pas le moindre bruit, pas même le cri d'un oiseau nocturne, n'animait le bois que nous traversions à la hâte. Bientôt nous ne vîmes de tout côté que des embûches; chaque buisson, chaque arbre, se transformait pour nos esprits frappés, en ennemis armés; chaque branche était prise pour un fusil braqué. Enfin nous eûmes recours à un moyen extrême, pour nous faire entendre de loin; on tira un coup de fusil ! l'écho, en le répétant plusieurs fois, augmenta notre trouble, sans nous donner l'espérance d'avoir été entendus. Je comparais alors notre situation à celle des victimes du radeau de la Méduse, abandonnées sur le banc d'Arguin, sans espoir d'être secourues ; l'excès de la frayeur nous donna le courage du désespoir, et nous fîmes avec nos cors un tel bruit, que la troupe qui nous avait précédés parvint à nous entendre et nous répondit. Avec quelle alégresse on doubla le pas pour la trouver ! enfin nous la joignîmes, au moment où le jour allait paraître; on délibéra vite sur le parti qu'on avait à prendre. Les dangers nous entouraient de toute part, mais au moins, en continuant de nous éloigner du village que nous avions quitté la nuit, nous nous rapprochions du Sénégal. Ce fut le projet qu'on adopta unanimement ; et pour qu'il réussît mieux, on abandonna bagages, animaux, effets de toute espèce, car un esprit de terreur s'était emparé de tout le monde.

Le jour parut, et nous montra un village qui était tout près de nous ; mais heureusement les habitans reposaient encore, et nous ne fûmes pas aperçus. Bientôt nous entrâmes dans un chemin pierreux, qui nous annonçait le voisinage du fleuve ; l'espoir de nous y désaltérer rendait notre soif plus ardente, et troublait nos esprits, au point que nous allions toujours en avant sans savoir où nous étions ; et nous aurions continué ainsi, sans un nègre que nous rencontrâmes, et que nous forçâmes de nous conduire au fleuve : il nous fit d'abord passer près d'un champ, où plusieurs nègres, occupés à la culture, s'enfuirent à notre aspect vers leur village. Enfin, à dix heures du matin, nous arrivâmes à une bourgade située sur la rive gauche du Sénégal, à peu de distance de Bakel. On ne s'y arrêta point, et l'on s'empressa de profiter d'un gué peu éloigné pour traverser le fleuve ; quoique les eaux fussent encore basses, cependant on en avait jusqu'au cou en certains endroits, et chacun était obligé de porter ses effets sur la tête, de peur de les mouiller.

Nous voilà sur la rive droite de la rivière; il était temps, car quelques-uns d'entre nous la traversaient encore, lorsque des nuées de foulahs parurent de l'autre côté, armés de piques et de flèches. Nous étions perdus s'ils nous eussent rencontrés dans les bois; car c'étaient les voisins de notre camp, furieux d'avoir été les dupes de notre stratagème. Ils n'osèrent traverser le fleuve; mais, croyant à notre simplicité, ils firent signe à M. Partarrieu de venir les trouver pour s'expliquer avec eux. Celui-ci leur fit répondre qu'à Bakel il leur donnerait audience, qu'ils n'avaient qu'à venir l'y joindre. Cette invitation ne pouvait être de leur goût; aussi ils n'y vinrent pas, et retournèrent sur-le-champ dans leur bourgade.

Après avoir passé la rivière, nous n'étions pas encore à Bakel; il nous restait une journée de marche: quoiqu'il eût été plus sage de la faire tout de suite, cependant nous étions tous si accablés de fatigue, qu'il fallut camper en route avant la nuit. Nous dormîmes avec la sécurité la plus complète, dans l'idée que les sentinelles qu'on avait placées feraient bonne garde; mais les sentinelles ayant éprouvé les mêmes fatigues que nous, elles s'endormirent, et personne ne veilla; cependant il ne nous survint rien de fâcheux, et le lendemain nous arrivâmes de bonne heure à Bakel.

On peut juger de notre joie en entrant dans ce

fort, sur-tout quand nous vîmes l'empressement généreux avec lequel MM. Dupont et Dusseault, qui y commandaient, vinrent à notre secours. Rien ne nous manqua, soins affectueux, rafraîchissemens de toute espèce; et notre joie fut au comble, lorsque nous vîmes revenir le major Gray : les nègres lui rendirent la liberté, dès qu'ils reconnurent qu'il ne pouvait leur servir d'otage pour nous ramener chez eux ; bien mieux, leurs envoyés, plus traitables sous le canon du fort de Bakel, nous rendirent une partie des objets que nous avions abandonnés en fuyant, et qu'ils avaient ramassés.

La saison des pluies, dans laquelle nous entrions, me fut aussi funeste qu'aux autres; j'eus la fièvre : elle prit bientôt un caractère si alarmant, que je quittai l'expédition, et m'embarquai sur le Sénégal, pour descendre à Saint-Louis. J'avais espéré me rétablir dans cette ville, par les secours de la médecine et sous l'influence d'un meilleur climat; mais mon mal était si vif, que ma convalescence fut longue et pénible. Pour me rétablir tout-à-fait, je ne vis d'autre moyen que de retourner en France, et je partis pour Lorient.

J'y appris que le major Gray, après avoir fait de nouveaux achats de marchandises au Sénégal pour continuer son voyage dans l'intérieur, avait échoué dans toutes ses tentatives, non sans nuire au commerce français, genre de succès qui l'aura bien peu dédommagé de la perte énorme qu'il fit supporter à l'Angleterre; car son entreprise, celles de Peddie, de Campbell et de Tucken, ont, dit-on, coûté ensemble dix-huit millions de France.

En 1824, je revins au Sénégal pour tenter fortune avec une petite pacotille, dont M. Sourget, négociant d'un mérite très-distingué, m'avait fait l'avance; il me montra des sentimens paternels dont je conserve toujours le souvenir.

Je n'ai pas besoin de dire qu'au fond du cœur je nourrissais toujours mon projet de visiter l'intérieur de l'Afrique; il semblait qu'aucun obstacle ne pouvait plus m'arrêter, en voyant sur-tout à la tête de la colonie M. le baron Roger, dont la philanthropie et l'esprit éclairé me promettaient un protecteur de toutes les entreprises grandes et utiles.

Je lui demandai donc l'autorisation de voyager dans l'intérieur, avec l'appui et sous les auspices du gouvernement du Roi : mais M Roger, avec une bonté extrême, chercha à refroidir mon zèle; il me représenta que le négoce auquel je me livrais, offrait des chances de fortune qu'il était imprudent de sacrifier, que ma jeunesse et mon inexpérience pouvaient d'ailleurs exposer sans fruit mon avenir, et peut-être ma vie. Ces représentations lui obtinrent des titres à ma reconnaissance, mais ne changèrent rien à ma résolution.

J'insistai pour partir, et j'ajoutai que, si le gouvernement n'accueillait pas mes offres, je voyagerais plutôt avec mes seuls moyens. Cette détermination fit impression sur l'esprit du gouverneur, qui m'accorda quelques marchandises pour aller vivre chez les Braknas, y apprendre la langue arabe et les pratiques du culte des Maures, afin de parvenir plus tard, en trompant leur jalouse défiance, à pénétrer plus facilement dans l'intérieur de l'Afrique.

JOURNAL

D'UN

VOYAGE A TEMBOCTOU

ET

DANS L'INTÉRIEUR DE L'AFRIQUE.

CHAPITRE PREMIER.

Voyage à pied depuis Saint-Louis jusqu'à Neyré. — Passage à N'ghiez. — Mœurs des habitans. — Pierre miraculeuse. — Départ. — Les voleurs. — Manière de faire la pêche au filet. — Le bateau à vapeur. — Mon arrivée chez les Brakuas. — Entretien avec Mohammed Sidy-Moctar, grand marabout du roi. — Réception du roi.

Le mardi 3 août 1824, à quatre heures du soir, je partis de Saint-Louis, accompagné de deux hommes et d'une femme, tous trois habitans de N'pâl; ils devaient me servir de guides jusqu'à ce village. A sept heures, nous arrivâmes à Leybar, village situé à deux lieues S. E. 1/4 E. de Saint-Louis. Nous y passâmes une nuit bien fatigante, à cause des moustiques qui nous dévorèrent. Le temps fut orageux; le tonnerre se fit entendre toute la nuit; la pluie tomba par torrens. Nous nous étions couchés en arrivant : à dix heures on nous réveilla pour souper; on nous servit d'assez bons couscous[1] au poisson.

Le 4 au matin, nous nous mîmes en route. Mes compagnons de voyage éprouvèrent un petit incident qui retarda notre marche; un mouton, destiné à célébrer la fête du Tabasky[2], s'échappa des mains d'une négresse qui le conduisait; nous fûmes obligés de courir après : ayant fait pour le reprendre plusieurs tentatives inutiles, nous continuâmes notre route. Nous arrivâmes à Gandon à dix heures du matin; ce village n'est éloigné de Leybar que d'une lieue E. 1/4 S. E. La campagne la plus riante s'offrit à nos regards; je vis beaucoup de champs de coton, que les nègres cultivent avec succès; l'indigo y croît sans culture; on trouve peu de mil aux environs du village.

Nous allâmes nous asseoir sous un gros arbre, où les voyageurs vont ordinairement se reposer, en attendant que quelqu'un vienne leur offrir l'hospitalité : ce jour-là il y en avait un grand nombre; ils me prirent pour un Maure, parce que j'en portais le costume;

---

[1] Couscous, espèce de bouillie faite avec du mil.
[2] Le Tabasky est le jour où finit le Ramadan; on peut l'assimiler au jour de Pâque.

mais détrompés par mes guides, qui leur dirent que j'allais me convertir à l'islamisme, ils m'adressèrent des félicitations.

Mes compagnons, que la perte de leur mouton affectait beaucoup, retournèrent à sa recherche. Je me reposai environ une heure, puis, me dirigeant à l'est, je pris seul la route de N'ghiez. Entre ces deux villages, le voyageur attentif à saisir les beautés de la nature reste comme en extase à la vue des groupes de verdure répandus dans la plaine. On voit des mimosas dont les rameaux vigoureux soutiennent les tiges grêles et flexibles des *asclepias* et de différentes espèces de *cynanchum* qui, après avoir atteint leur sommet, retombent en s'entrelaçant en guirlandes, et, par la diversité de leurs fleurs, sont d'un effet admirable. Souvent elles se rencontrent avec d'autres plantes : ces tiges s'embrassent, s'unissent étroitement par les replis tortueux de leurs nombreux rameaux, et forment une voûte aérienne, à travers laquelle l'œil plonge pour apercevoir dans le lointain d'autres groupes, quelquefois bizarres, mais toujours merveilleux. La plaine est couverte d'un tapis de verdure dont l'aimable uniformité est rompue par de nombreux arbrisseaux, tous différemment décorés par les plantes grimpantes qui croissent autour.

Le *parinarias senegalensis*, très-répandu dans la plaine, vient encore embellir la scène, et rendre le spectacle plus intéressant pour le voyageur qui se repose à l'ombre de son épais feuillage. Tant de beautés dans la nature forcent l'ame à se reporter vers son créateur, et à admirer la profondeur de son intelligence.

Ces plaines charmantes sont coupées de marécages dans lesquels croissent une infinité de plantes aquatiques; la route passant à travers ces marécages, j'avais de l'eau jusqu'aux genoux. J'arrivai à N'ghiez vers une heure après midi : je ne m'y reposai qu'un instant; puis, me dirigeant à l'est, je traversai quelques champs de mil; ensuite la route me conduisit dans une plaine déserte, assez riche en végétation, et j'arrivai à N'pâl au coucher du soleil, bien fatigué du chemin que je venais de faire pieds nus et portant mon bagage sur la tête. J'allai loger chez une femme de Saint-Louis, qui avait sa famille à N'pâl : je fus très-bien reçu; grâce à ses soins, je passai une bonne nuit, qui me dédommagea de celle que j'avais passée la veille.

Le 5, je séjournai. J'employai le jour à visiter les environs du village, situé dans une belle position, au milieu d'une plaine immense, fertilisée par les pluies du tropique. Les habitans récoltent abondamment tout ce qui peut suffire à leurs besoins : accoutumés à mener une vie extrêmement sobre, ils ont souvent du superflu, qu'ils vont vendre à Saint-Louis; en échange ils en tirent des armes pour leur défense, de l'ambre, du corail et des verroteries pour parer leurs femmes. Ce village est réputé le plus riche des environs de Saint-Louis. Sa population peut être évaluée à deux mille habitans, tous marabouts. Les avantages naturels à leur pays influent visiblement sur leurs mœurs : moins paresseux, moins insolens et moins perfides que les nègres des autres contrées, ils exercent l'hospitalité sans ostentation, et toujours d'une manière généreuse qui en rehausse le prix. Tout étranger y trouve un asile sûr.

Placé entre le pays de Cayor et celui de Ouâlo, à vingt milles à l'est de Gandon, ce village, entièrement indépendant, est gouverné par un marabout qui en est le souverain maître. A sa mort, l'aîné de ses fils lui succède ; s'il meurt sans enfans, le pouvoir suprême revient à son plus proche parent. Ce chef perçoit des impôts sur le mil, qui lui sont payés en nature lors de la récolte, et qui consistent dans la dixième partie. Les habitans sont armés de fusils et de lances. Lorsque les villages voisins sont menacés d'un pillage du damel, roi de Cayor, leurs habitans se réfugient à N'pâl, où non-seulement on les reçoit, mais où ils trouvent encore de généreux alliés qui prennent leur défense.

Dans toute cette contrée, les cases sont petites, mal faites et extrêmement sales ; la porte en est si basse, qu'on ne peut y entrer qu'en rampant. La résidence de chaque famille est composée de plusieurs cases entourées d'une enceinte de haies vives plantées au hasard et sans goût ; quelquefois cette enceinte n'est formée que de simples piquets ou de tapades, espèce de palissades en paille. Les rues sont très-étroites, tortueuses et sales ; c'est le dépôt de toutes les ordures. Les hommes et les femmes sont très-malpropres, comme dans tous les villages nègres de cette contrée; ils se mettent beaucoup de beurre sur la tête.

On voit chez eux peu d'oisifs. Les hommes s'occupent de la culture de leurs champs pendant la saison des pluies, et des défrichemens nécessaires à la nouvelle récolte pendant la saison de sécheresse : les femmes sont chargées des soins du ménage ; elles filent le coton ; quelques-unes teignent des pagnes en bleu avec l'indigo que le pays leur fournit presque sans culture ; enfin les plus intelligentes trafiquent des produits du pays, qu'elles se procurent en échange de verroteries, d'ambre et de corail qu'elles achètent à Saint-Louis, en allant y vendre les grains et les pagnes sur lesquels elles font un grand bénéfice.

Quoique meilleurs que les autres nègres leurs voisins, ils ne sont pas exempts de superstition : la rareté des pierres dans les environs a donné lieu à une fable qui, bien accréditée, peut servir long-temps à la conservation de leur pays. Une seule se trouve à un quart de mille, à l'E. 1/4 S. E. du village. Les contes absurdes que j'entendis débiter sur cette pierre me donnèrent envie de la voir. Elle est située sur le bord d'un chemin ; sa longueur est d'un pied et demi sur huit pouces de large ; sa crête excède le sol d'environ quatre pouces ; elle est de couleur ferrugineuse, et comme volcanisée : je voulus en casser un morceau, mais le nègre qui m'accompagnait s'y opposa. D'après un ancien usage, tous les habitans, lorsqu'ils passent près de cette pierre, tirent un fil de leur pagne, qu'ils jettent dessus ; c'est une sorte d'offrande qu'ils lui font.

Les marabouts prétendent et se tiennent très-assurés que, quand le village est menacé de quelque danger, comme d'un pillage, cette pierre fait, la veille, pendant la nuit, trois fois le tour de l'enceinte, en signe d'avertissement. Alors tous les guerriers se mettent sous les armes. Voici deux faits qu'ils racontent pour prouver la vertu de leur pierre. Les Maures, réunis aux habitans du Ouâlo, vinrent aux environs de N'pâl pour le piller; c'était dans la saison de la sécheresse: la pierre, après avoir fait le tour du village dans la nuit, fit pleuvoir en abondance, et sortir de terre des flammes bleuâtres en si grande quantité, que les Maures en furent épouvantés ; ils prirent la fuite ; les habitans, s'étant mis à leur poursuite, en firent un massacre épouvantable, et prirent beaucoup de noirs du Ouâlo, qu'ils vendirent pour être exportés aux colonies.

Une autre fois, ils furent attaqués par deux rois maures, qui emmenèrent avec eux quelques habitans comme esclaves. Les deux rois, disaient-ils, tombèrent subitement malades, et moururent en route; on ne manqua pas d'attribuer leur mort au pouvoir de la pierre : mais cependant les esclaves furent enlevés, et n'ont jamais reparu. Enfin, la vénération qu'inspire cette pierre a toujours été si grande, qu'il y a dix ans elle était encore l'objet d'une sorte de culte religieux. On célébrait une fête où tous les habitans étaient obligés de se rendre : le soir, on déposait près de la pierre, des calebasses remplies de couscous bien préparés; et comme ils se trouvaient toujours mangés par les animaux, on croyait qu'un génie résidait dans la pierre; on regardait comme un heureux présage lorsqu'il acceptait l'offrande. La plus grande partie de la journée se passait en prières ; quand elles étaient finies, à un signal que donnaient les grands marabouts, tout le monde prenait la fuite. Si quelqu'un, pendant cette course, venait par hasard à tomber, cette chute était toujours regardée comme l'annonce de sa fin prochaine.

Comme je l'ai déjà dit, la plaine que traverse la route de N'ghiez à N'pâl n'est pas cultivée, quoique le terrain soit susceptible d'une grande fertilité. Les bois sont composés principalement de mimosas, et la nombreuse quantité de *gramen* qui couvre le terrain y attire abondamment du gibier de toute espèce. Le sol des environs de N'pâl est de deux natures: on y remarque des bas-fonds où l'eau des pluies séjourne, ce qui les rend bien supérieurs au reste de la plaine; ils sont composés de sable noir, engraissé par le limon qu'y dépose cette eau, et par les résidus des végétaux qui y pourrissent; ce sont les terrains les plus productifs. L'autre partie du sol, quoique de moindre qualité, est très-fertile; elle renferme des champs d'une étendue considérable, cultivés avec le plus grand soin; chaque marabout a le sien, où il travaille lui-même avec ses esclaves. Les habitans recueillent abondamment du mil, du coton, des pastèques, et une sorte de haricots dont ils font une grande consommation. Ils ont des troupeaux de bœufs, de moutons, de chèvres; ils élèvent beaucoup de volaille, des canards sauvages et domestiques, des pintades, et plusieurs sortes de gibier, dont ils ramassent les petits dans les champs.

L'eau qu'ils boivent est mauvaise; ils la recueillent dans des mares pendant la mauvaise saison; car les puits sont très-éloignés du village, et donnent eux-mêmes de l'eau peu agréable: j'avais l'intention de les visiter; mais un violent orage m'empêcha de faire cette excursion.

Le 6, je me proposais de partir; mais c'était le jour

de Tabasky, et je ne pus me procurer de guide. Il s'en présentait un pour le lendemain, lorsque je fus pris d'un accès de fièvre, qui me retint au lit; j'éprouvais des douleurs dans tous les membres, au point de ne pouvoir les remuer. Dans la saison des pluies, tous les nègres sont sujets à cette maladie, contre laquelle ils n'emploient aucun remède.

Enfin, le 9 j'allais partir, lorsqu'on me dit que mon guide était un voleur; qu'il me dévaliserait, ou bien chargerait quelque affidé de le faire. L'impossibilité de m'en procurer un autre me fit remettre mon départ au lendemain.

Le 10, je profitai de l'occasion de quelques personnes qui allaient à leurs champs, situés sur la limite du Ouâlo, et qui me promirent de me mettre dans mon chemin. Nous nous dirigeâmes au N. E. 1/4 N., l'espace de trois milles: là ils m'indiquèrent la route que je devais tenir; puis ils se mirent à leur travail. Je m'arrêtai un instant; ensuite je m'acheminai seul au N. E. vers le Ouâlo. A midi, j'arrivai bien fatigué à Sokhogne, village du pays de Ouâlo; la route que j'avais suivie était couverte de bois. Les environs de ce village ne sont pas cultivés.

Après m'être reposé sous un tamarinier, j'achetai du lait et du couscous. J'allai voir le chef du village, qui me proposa de me conduire à Mérina, où il allait pour s'assurer des bruits que l'on faisait courir, d'une guerre des Peulhs[1] avec son pays. Je le suivis, malgré la fièvre, qui ne m'avait pas quitté; nous y arrivâmes à trois heures du soir. Ce village est éloigné de N'pâl de dix-huit milles N. E. Nous marchâmes toujours dans les bois. J'étais extrêmement fatigué; je me couchai à l'ombre d'une case dont on m'avait refusé l'entrée. Celui qui m'avait servi de guide vint m'avertir que le même soir il partait deux hommes pour Mall, et m'engagea à saisir cette occasion : il me demanda si je pourrais bien marcher de nuit, ajoutant que j'avais autant de chemin à faire pour me rendre à Mall, que j'en avais fait pour venir de N'pâl à Mérina ; et il m'assura que je ne trouverais pas de guide le lendemain. Dès-lors je me décidai à suivre ceux que le hasard me présentait : je m'arrangeai avec l'un d'eux pour porter mon bagage; il y consentit moyennant deux mains de papier et quatre têtes de tabac ou trois feuilles. Au coucher du soleil, nous nous mîmes en route.

La direction était le N. E. 1/4 E. L'un de mes conducteurs était à cheval; nous marchions au grand pas. Dans l'obscurité le chemin était très-pénible; je me mis tant d'épines dans les pieds, que je ne pouvais plus avancer : je proposai, pour monter à cheval, le

---

(1) Les Peulhs habitent le Fouta-Toro ; on les nomme aussi **Foulahs**

même prix que je payais pour porter mon bagage; le nègre accepta, et me fit mettre en croupe. J'étais placé si incommodément, que je fus aussi fatigué que si j'eusse marché; seulement le mal de mes pieds n'augmenta pas.

Une heure avant d'arriver au village, nous entrâmes dans de très-beaux champs de mil, que nous aperçûmes à la faveur de la lune. Nous étions à Mall vers une heure du matin; au bruit que firent les chiens à notre approche, quelques habitans se levèrent, pour savoir qui nous étions. Un bon vieux marabout m'offrit sa case : mes pieds étaient tellement enflés et si douloureux, que je ne pouvais faire un pas seul; un nègre me donna le bras; et le bonhomme, m'ayant fait entrer, me dit de me coucher sur son grabat. Sans cette attention du bon vieillard, j'aurais été hors d'état de continuer ma route le lendemain.

Après avoir retiré de mes pieds une très-grande quantité d'épines, je me croyais en état de partir, lorsque je fus pris subitement d'une très-vive douleur au bras gauche, qui m'obligea à passer cette journée et celle du 12 dans ce village. Je vis le lac du Panié-Foul ou de N'gher; il a dans cet endroit un demi-mille de largeur.

Le 13, au lever du soleil, je partis de Mall avec mon vieux marabout, qui voulut m'accompagner jusqu'à Nieye[1], éloigné d'environ trois milles. Tout l'intervalle qui sépare ces deux villages est très-bien cultivé. Il était huit heures du matin lorsque je me séparai de mon guide : je fis route au N.; et, vers dix heures, j'arrivai à Neyré. J'allai loger chez le chef du village, auquel m'avait adressé le vieux marabout de Mall ; je fus très-bien reçu. Questionné sur le but de mon voyage, je répondis à ce chef que j'allais me convertir à l'islamisme : il m'approuva beaucoup, et tâcha de me faire comprendre que Dieu me faisait une belle grâce, en me délivrant, par ce moyen, des flammes auxquelles étaient destinés les chrétiens. Mon déguisement trompa quelques personnes; car, étant le soir à la porte de la case à prendre le frais, j'entendis une contestation entre deux femmes, dont l'une prétendait que j'étais Maure.

Le lendemain 14, je me joignis à un Maure et à trois Mauresses qui faisaient la même route que moi ; ils étaient montés sur des bœufs porteurs[2]. A la distance de trois milles environ, nous rencontrâmes une troupe de Maures et de nègres du Ouâlo qui

---

(1) Ou Niegue.
(2) Le bœuf porteur est une espèce particulière; il a une bosse sur le dos; après l'avoir châtré, on l'habitue très-jeune à porter des fardeaux; et pour le ployer à ce joug, on lui passe une corde dans les nascaux.

voulurent me voler : un des Maures mit la main dans mon paquet, placé sur un bœuf; il en retira un rouleau de papiers, dans lequel se trouvaient des lettres qui m'étaient très-précieuses, et les emporta. Je courus après : je luttai long-temps pour les lui reprendre; mais plusieurs nègres s'en mêlèrent, et me terrassèrent; enfin, le Maure qui me servait de guide vint à mon secours, et me fit restituer mon rouleau. Après quelques débats, ils me laissèrent : cependant ils voulaient me forcer de leur donner le tabac qu'ils avaient vu dans mon paquet; j'aurais fait volontiers un plus grand sacrifice pour me débarrasser d'eux, mais ces provisions m'étaient nécessaires, et je persistai à ne rien leur donner. Ils nous quittèrent, et nous continuâmes notre route sans autre accident, jusqu'au camp où se rendaient mes guides; nous y arrivâmes vers deux heures après midi. Pendant la route, j'avais beaucoup souffert de la soif : je me désaltérai avec du lait et de l'eau, et je me reposai environ une heure sous une tente, après avoir fait marché avec un homme pour me conduire sur un bœuf porteur jusqu'aux établissemens français, moyennant cent clous de girofle.

Je partis, et à cinq heures du soir j'arrivai à Richard-Tol, où j'attendis une occasion pour remonter plus loin. Le 18, je m'embarquai sur le cutter *l'Actif*, pour aller à Dagana. La nuit que je passai à bord fut aussi pénible que celle que j'avais passée à Leybar: dans cette saison, il est impossible de reposer sur ces petits navires, si l'on n'est muni d'une moustiquière; les moustiques, en quantité innombrable, s'attachent à la peau, et causent des douleurs inexprimables. J'arrivai, le 19 au soir, à Dagana, où je séjournai huit jours : pendant ce temps, je fis des promenades aux environs, sur-tout vers le marigot voisin, à l'E. du village, où j'eus l'occasion de re marquer la manière ingénieuse dont s'y prennent les nègres du Ouâlo pour pêcher le poisson, qui est très-abondant dans les marigots. Ils ont un filet de huit ou neuf pieds en carré, dont l'un des côtés est cousu; deux grands bâtons flexibles sont solidement attachés par les bouts aux côtés latéraux du filet, qui s'y trouvent également fixés, de manière à pouvoir ouvrir et fermer le filet à volonté; le côté supérieur reste ouvert, ou n'est cousu qu'à moitié; enfin, les deux bâtons étant réunis avec la main, le filet a la forme d'un sac. Les nègres enfoncent une ligne de piquets dans l'eau, de manière à couper le marigot; ces piquets sont assez rapprochés pour ne permettre qu'aux très-petits poissons de passer; ils attachent sur ces piquets, à deux pieds sous l'eau, des traverses en bois, sur lesquelles ils posent les pieds. Pour prendre le poisson, ils enfoncent doucement le filet jusqu'au fond de l'eau, en tenant les bâtons écartés, c'est-à-dire le filet ouvert; puis, rapprochant les bâtons, ils le ferment et le retirent de l'eau : de cette manière, le poisson se trouve pris comme dans un sac. Pour manœuvrer plus facilement, ils ont soin que les bâtons dépassent de deux pieds le haut du filet, et ils appuient ces bouts sur leurs épaules; alors les mains lui impriment le mouvement à volonté. Ils ont un morceau de bois d'un pied de long, avec lequel ils assomment le poisson, puis l'enfilent à une corde en coton, au moyen d'une aiguille en fer, et le suspendent à l'un des piquets, de manière qu'il trempe dans l'eau, jusqu'à ce qu'ils aient fini leur pêche, qui est toujours très-abondante. Les filets sont faits avec du fil de coton retors, de la grosseur du fil à voile.

Les pêcheurs fendent le poisson, et le font sécher, pour aller le vendre dans les villages éloignés des bords du fleuve; ils en font un commerce assez étendu.

Le 24 août, le bateau à vapeur que j'attendais pour me rendre à Podor arriva; et le 27, à sept heures du soir, nous partîmes; le 29, à deux heures de l'après-midi, nous y débarquâmes. C'est un ancien établissement français, dont il ne reste plus que quelques traces. J'allai loger chez Moctar-Boubou, chef du village, et ministre de Hamet-Dou, roi des Braknas, auprès duquel je desirais me rendre pour faire mon éducation arabe, afin de pénétrer plus facilement dans l'intérieur du pays, et visiter toutes les parties de cet immense désert, sur lequel on possède à peine quelques renseignemens incertains.

Je trouvai chez ce marabout les agens de Hamet-Dou, qui venaient de Saint-Louis recevoir les coutumes que le gouvernement paie annuellement à ce prince. Ils apprirent avec plaisir que j'avais l'intention de me convertir à l'islamisme, m'en félicitèrent longuement, et m'encouragèrent à persister dans ma résolution. Ils me promirent aussi de me servir de guides pour me rendre chez leur roi; mais, le 1.er septembre, lorsqu'ils se mirent en route, ils refusèrent de me conduire, prétextant que le camp était éloigné de dix jours de marche, et que je ne pourrais supporter la fatigue du voyage. Je compris le motif qui les faisait agir ainsi : je proposai deux gourdes[1] à Boubou-Fanfale, chef de la petite troupe; il consentit à m'emmener, et nous partîmes à huit heures du matin. Nous fîmes deux milles en redescendant le Sénégal, vers l'escale du Coq ou des Braknas. Mes guides appelèrent; deux nègres nous amenèrent de l'autre rive une grande pirogue, dans laquelle on chargea les marchandises; puis nous nous y embarquâmes : nous étions dix. On fit suivre les bœufs à la

---

(1) Ou piastres : au Sénégal, les pièces de 5 francs et de 6 francs sont nommées gourdes.

nage, en les tirant par la corde qu'on leur passe dans le nez ; de cette manière, nous arrivâmes sans accident sur la rive droite du fleuve. On chargea les bœufs, et vers onze heures nous fûmes prêts à nous mettre en route. Les deux nègres nous accompagnèrent jusqu'au marigot[1] de Koundy. Notre route traversait un terrain argileux, noir, et engraissé par les débris des végétaux qui le couvrent ; de grands mimosas forment une futaie épaisse, sous laquelle croît en quantité le *zizyphus lotus*. Ce sol serait susceptible de la plus grande fertilité, s'il était cultivé.

Rendus sur le marigot, les nègres se disposèrent à chercher leurs pirogues, qu'ils avaient cachées sous l'eau ; elles étaient très-petites, et ne purent transporter le bagage qu'en six voyages, ce qui retarda beaucoup notre marche.

Lorsque les nègres nous quittèrent, les Maures voulurent m'obliger à retourner avec eux, espérant sans doute que je leur ferais un nouveau cadeau : mais je tins ferme ; et rappelant à Boubou-Fanfale l'engagement qu'il avait pris en recevant mes deux gourdes, je persistai à les suivre. Nous nous remîmes en route à deux heures. Nous fîmes halte à deux milles N. E. de Koundy, sur un joli coteau couvert de verdure. Le sol était composé de sable rougeâtre, et très-

---

(1) **Nom par lequel on désigne au Sénégal les bras du fleuve.**

découvert; les bœufs y trouvèrent un pâturage abondant : on les laissa paître jusqu'à cinq heures, et nous repartîmes en nous dirigeant au N. E. 1/4 N. Nous marchions de nuit; les bœufs étaient déjà très-fatigués : l'un d'eux se coucha; et les Maures, n'ayant pu le faire relever en le frappant, prirent un moyen que j'ai vu souvent employer depuis, et qui leur réussit toujours très-bien; ils lui lièrent fortement le nez avec une corde, de manière à lui arrêter la respiration, et le laissèrent tranquille. L'animal se débattit un instant, puis se releva; alors on lui ôta la corde, on le rechargea, et il suivit les autres. Nous fîmes neuf milles dans la même direction, et à onze heures du soir nous nous arrêtâmes.

Un orage nous menaçait; le ciel était en feu du côté de l'E.; le tonnerre grondait continuellement. Les Maures firent de grands trous, où ils mirent leurs marchandises pour les préserver de la pluie, qui paraissait devoir être très-abondante. Le vent soufflait de l'E. avec violence; il élevait des nuées de sable qui, en retombant, nous incommodaient beaucoup. Enfin le vent ayant cessé, l'orage se dissipa sans pluie.

Le calme étant rétabli, les Maures préparèrent notre souper, qui consistait en un peu de couscous, que nous mangeâmes sans sel, car mes guides avaient oublié d'en faire provision à Podor; mais n'ayant rien pris de la journée, l'appétit suppléa à l'assaisonnement. Le sol était de même nature qu'à notre halte précédente.

Le 2 septembre, à cinq heures du matin, nous nous mîmes en marche, nous dirigeant au N. E. Notre chemin traversait un pays agréable : le terrain, entrecoupé de coteaux couverts de verdure, présentait, avec ses nombreuses vallées riches en végétation, un aspect du plus bel effet. Le gibier y est très-abondant ; les bois sont peuplés de sangliers et de gazelles. Je vis un chat sauvage qui, nous ayant aperçus, fit entendre de grands cris, puis s'enfuit. L'opinion généralement reçue, que le désert abonde en bêtes féroces, n'est pas exacte ; car non-seulement je n'en ai point vu pendant mon séjour chez les Maures Braknas, mais encore je n'ai entendu parler d'aucun accident qui annonçât leur présence. J'ai remarqué depuis, pendant mon voyage à Temboctou, que ces animaux ne sont pas plus nombreux dans l'intérieur. C'est dans les pays habités ou voisins des lacs et des rivières, que se tiennent les lions et les léopards ; c'est là qu'ils attaquent les troupeaux, et quelquefois, mais très-rarement, les hommes.

Nous fîmes halte, à une heure, près d'une mare sur laquelle s'élève un gros baobab (*adansonia digitata*); l'eau en était si bourbeuse, qu'il était presque impossible de la boire ; les Maures, pour la rendre moins désagréable, y mêlent un peu de mélasse.

Nous avions fait neuf milles dans notre matinée. A trois heures on fit la prière, et nous continuâmes notre route, l'espace de douze milles, au N. E., sur un terrain assez gras, couvert de *zizyphus lotus* et d'une espèce de graminée dont les graines hérissées de piquans s'attachent aux habits et entrent dans les chairs ; j'en avais les pieds remplis, et je ressentais des douleurs cuisantes. Cette plante croît abondamment dans les terres sablonneuses ; elle est nommée *khakhame* par les nègres du Sénégal. Il n'est personne qui n'ait visité les environs de ce fleuve sans en avoir été cruellement incommodé. Cependant la fatigue me fit oublier mes souffrances, et je m'endormis profondément.

Le 3 septembre, vers une heure du matin, on me réveilla pour manger un peu de sanglé[1], et deux heures après commencèrent les préparatifs du départ ; à cinq heures nous nous mîmes en route. Pendant la journée, la chaleur fut excessive ; elle était encore augmentée par un vent d'E. brûlant. Ma soif était insupportable ; lorsque j'apercevais un groupe d'arbres, j'y courais, croyant trouver de l'eau, mais inutilement ; j'aurais infailliblement succombé, si je n'eusse rencontré sur le chemin beaucoup de *grewia*, dont

---

[1] Sanglé, espèce de bouillie faite de farine de mil ou d'autre graine.

le fruit jaune, de la grosseur d'un pois, est très-glutineux : quoiqu'il soit peu agréable au goût, j'en mâchais constamment, ce qui me soulagea beaucoup. Enfin, vers une heure, nous arrivâmes près d'une mare, où nous nous reposâmes jusqu'à trois heures. Je m'y désaltérai, et mes compagnons s'y baignèrent : nous avions fait neuf milles au N. E. 1/4 N., sur un sol tout-à-fait sablonneux.

Ayant repris notre route au N. E. 1/4 E., nous trouvâmes un terrain solide, couvert de petits cailloux d'un rouge brillant, qui incommodaient beaucoup notre marche. Nous aperçûmes plusieurs mares ; j'en remarquai une sur les bords de laquelle étaient six baobabs d'une grosseur prodigieuse. A dix heures, nous étions près d'un ravin où il y avait de l'eau ; nous nous y arrêtâmes pour passer la nuit. Le soir, nous avions été plus heureux que le matin ; car l'eau ne manqua pas, et nous trouvâmes en quantité une plante que je pris pour une anone, haute d'un pied, d'un feuillage très-vert : son fruit est gros comme un œuf de pigeon, et renferme plusieurs semences ; la pulpe, légèrement acide, est très-bonne à manger. Les Maures se jetèrent sur ces fruits, et les dévorèrent ; je les imitai, et m'en trouvai très-bien : ils rafraîchissent et désaltèrent parfaitement.

La route m'avait beaucoup fatigué ; le gravier tranchant sur lequel nous avions marché avait mis mes pieds en très-mauvais état. Vainement j'avais prié les Maures de me permettre de monter un instant sur l'un des bœufs ; aucun ne voulut me céder sa monture ; j'étais obligé de les suivre à pied. Aussi, dès que nous nous fûmes arrêtés, je me couchai par terre, et m'endormis, malgré l'orage qui survint.

Le 4 septembre, une heure avant le lever du soleil, nous partîmes en nous dirigeant à l'E. ; à trois milles de là, nous trouvâmes les traces d'un camp qui nous parut avoir été levé le matin. Nous marchâmes environ un mille au S. pour nous rendre à un petit camp occupé par des esclaves d'Hamet-Dou, qui avaient été envoyés dans cet endroit pour cultiver du mil. En un instant je fus entouré par les habitans du camp, qui se pressaient autour de moi pour m'examiner ; c'était la première fois qu'ils voyaient un Européen. Un vieux marabout, qui paraissait être le chef de ces esclaves, les fit retirer, et m'adressa de nombreuses questions relativement à ma conversion à l'islamisme ; après m'avoir fait répéter quelques mots du Coran, il ordonna qu'on fît du sanglé. Chaque famille nous en apporta une petite calebasse ; mais il fallait être affamé autant que nous l'étions pour le manger ; car, outre qu'il n'y avait pas de sel, ces malheureux n'avaient pas même de lait pour l'arroser. L'aspect du camp ne donnait pas une haute opinion de la magnificence du prince qui en était le maître :

les cases étaient petites et mal faites ; à peine si l'on y était à l'abri du soleil. Deux tentes assez mauvaises servaient sans doute de logement aux marabouts chargés de surveiller les esclaves : ceux-ci n'avaient pour tout vêtement qu'une peau de mouton qui les couvrait depuis la ceinture jusqu'aux genoux ; ils étaient environ cinquante, et logeaient dans quinze cases.

Une esclave ouolofe[1] m'ayant entendu parler sa langue, s'approcha de moi pour me demander si je connaissais son pays ; je profitai de cette circonstance pour avoir quelques renseignemens sur leurs occupations. Elle m'apprit que les Maures riches envoient chaque année des esclaves semer du mil, et qu'après la récolte, ils retournent au camp de leurs maîtres. Je visitai leurs champs et les trouvai mal cultivés. Les nègres étaient occupés à sarcler le mil ; ils effleuraient seulement la terre, qui, par sa nature argileuse et compacte, eût demandé à être profondément remuée et divisée.

A deux heures, nous continuâmes notre route à l'E. 1/4 N. E. ; à huit milles de là, nous traversâmes un ruisseau où nous avions de l'eau jusqu'à la cein-

---

[1] On nomme Ouolofs les nègres habitans des pays de Cayor, Ouâlo et Ghiolof ; ils parlent tous la même langue, à quelques modifications près, suivant les contrées : cette langue est entendue chez les Foulahs du Fouta-Toro et les Serrères leurs voisins, ainsi que des Maures qui voyagent dans leurs pays.

ture; son courant très-rapide porte au N. N. O. On me dit que ce ruisseau descend des montagnes qui se trouvent très-près de Galam, dont on me montra la direction à l'E. S. E. Au dire des Maures, il se perd dans un lac, situé à trois jours de marche du lieu où nous étions.

Au-delà du ruisseau, mes guides changèrent de direction; nous fîmes cinq milles à l'E., sur un terrain couvert de khakhames, qui m'incommodèrent beaucoup. Le sol devenant pierreux et montueux, nous fîmes un mille au N. pour trouver de l'eau; il était onze heures environ quand nous arrivâmes près d'une mare dont l'eau était assez bonne. On alluma du feu pour faire cuire notre souper; il était préparé lorsqu'il survint un grand orage. Les Maures ôtèrent leurs coussabes (espèces de tuniques) et les mirent dans des chaudières pour les préserver de la pluie; j'en fis autant, de sorte que nous étions tous nus. On ramassa du bois pour faire un grand feu; nous nous réunîmes tous autour, et dans cette position nous reçûmes la pluie qui tomba par torrens pendant deux heures; elle était très-froide, et, comme on le croira aisément, nous étions fort mal à notre aise. L'orage étant calmé, nous revêtîmes nos coussabes, que nous trouvâmes très-secs; une pluie fine qui dura toute la nuit nous incommoda beaucoup. Le mauvais temps nous ayant empêchés de souper, dès le point du jour nous déjeûnâmes avec beaucoup d'appétit, quoique notre sanglé eût été exposé à la pluie pendant toute la nuit. Au lever du soleil, nous étendîmes les marchandises pour les faire sécher : toutes avaient été mouillées; le sol, composé de roches ferrugineuses, étant trop dur, il nous avait été impossible de creuser des trous pour les mettre à l'abri.

Le 5 septembre, à midi, nous nous remîmes en route, marchâmes au N. E. pendant l'espace de douze milles, et, à dix heures du soir, nous arrivâmes près d'un camp situé sur le bord d'un ruisseau; nous nous y arrêtâmes un moment, et un de nos gens alla prévenir les marabouts de notre arrivée : il revint bientôt après, et nous entrâmes au camp. Je fus aussitôt entouré; les marabouts m'obligèrent à répéter la formule ordinaire des prières des musulmans, *Il n'y a qu'un seul Dieu, Mahomet est son prophète;* je fus obsédé, et toute la soirée je ne pus obtenir un moment de repos. Les femmes, accroupies derrière les hommes, passaient la tête entre leurs jambes pour me voir; mais à chaque mouvement que je faisais, elles se retiraient en jetant de grands cris, et au risque de renverser les hommes en retirant leur tête; elles mettaient la confusion dans la foule, qui allait toujours en augmentant. Averti par mes conducteurs de ne point quitter le milieu du camp, pour éviter d'être volé, je me couchai par terre, et me couvris d'une pagne, espérant que les Maures se retireraient; mais cette précaution ne me servit à rien; on continua à me tourmenter : les femmes, enhardies, me découvraient ; les enfans, à leur exemple, me tiraient l'un par un pied, l'autre par un bras; d'autres me frappaient du pied, ou me piquaient avec des épines. N'y pouvant plus tenir, je me levai en colère; alors mes persécuteurs prirent la fuite : je cherchai Boubou-Fanfale, et lui témoignai mon mécontentement de sa conduite envers moi. Je lui représentai que j'allais me faire musulman, qu'à cette considération il devait me protéger et me procurer un peu de repos. Il s'adressa à un vieux marabout, qui eut beaucoup de peine à faire écarter la foule; ensuite j'accompagnai mon protecteur à la prière, et je revins me coucher sur une natte. Pour souper, on me donna une calebasse de lait, qui contenait environ quatre pintes, et l'on m'en offrit encore d'autre, si je n'en avais pas eu assez. C'était la saison des bons pâturages ; le lait était en abondance; on nous en donna plus que nous ne pûmes en boire.

Le 6 septembre, à sept heures du matin, nous nous disposâmes à partir. Les femmes et les enfans s'étaient réunis autour de moi; pendant plus d'une demi-heure la canaille du camp fut à ma suite; les femmes, la figure cachée dans le bout de toile de Guinée qui leur sert de vêtement, affectaient de ne pas vouloir me voir, et tournaient la tête quand je les regardais, tandis que les enfans me jetaient des pierres, en criant : *Tahâle-ichouf el-nosrani !* « Venez voir le chrétien ! » Je me retournais quelquefois ; alors tous prenaient la fuite ; mais ils revenaient le moment d'après, plus acharnés qu'auparavant. Enfin mes guides, ennuyés eux-mêmes de ces importunités, chassèrent la foule, qui reprit le chemin du camp.

Il était neuf heures lorsque nous arrivâmes au camp de Sidy-Mohammed ; nous nous y arrêtâmes pour prendre des bœufs, car les nôtres étaient extrêmement fatigués. Tout le camp s'empressa autour de moi, et j'eus à souffrir tous les désagrémens de la veille. On nous apporta, pour nous désaltérer, une grande calebasse de lait aigre, coupé de trois quarts d'eau : cette boisson agréable et saine est nommée *cheni* par les Maures, et est en usage dans toutes les contrées arabes que j'ai visitées. On nous prêta deux bœufs porteurs, et à dix heures nous nous remîmes en route. Depuis Podor jusqu'ici, j'avais toujours marché ; mais comme le nombre de nos bœufs était augmenté, j'obtins la permission d'en monter un.

Après avoir fait huit milles au N. E. sur un sol pierreux, nous entrâmes dans un petit camp composé de quinze tentes et de quelques cases en paille mal faites, où logeaient des esclaves. Le bagage fut déposé dans une tente, et je fus invité à me retirer dans une autre. Pour éviter les visites fâcheuses, je feignis de dormir : mais ce fut inutilement ; toute la soirée j'eus à souffrir les mêmes persécutions dont j'avais été l'objet dans les camps précédens. On soupa fort tard ; notre repas consista en sanglé, arrosé de lait doux. Ayant remarqué que les grains qui composaient ce mets étaient entiers, j'en demandai le motif ; on m'apprit que ce n'était pas du mil, mais du *haze*[1], et que dans cette saison les marabouts emploient leurs esclaves à le ramasser. Ce grain est très-commun et croît naturellement, sans culture. On me montra des esclaves occupés à cette récolte : c'étaient des femmes ; elles étaient munies d'un petit balai et de deux corbeilles ; l'une de celles-ci, plus petite que l'autre, est de forme ovale, et surmontée d'une anse. Lorsque le haze est commun et qu'il n'a pas encore été foulé par les troupeaux, elles marchent en balançant cette corbeille à droite et à gauche, de manière à froisser sur les bords l'épi des graminées en le frappant ; de cette manière les graines mûres cèdent et tombent au fond ; quand elles en ont une certaine quantité, elles la versent dans la grande, destinée à contenir la récolte. Cette méthode donne le grain beaucoup plus propre que la seconde, mais elle en donne moins

---

(1) C'est la même chose que le bakat des nègres du Ouâlo ; c'est un *holcus*, dont la graine ressemble beaucoup à notre millet ; peut-être le *holcus sorghum*.

abondamment, car on conçoit que tout le grain battu ne tombe pas dans la corbeille. Lorsque l'herbe a été foulée, ou qu'une première récolte a été faite comme je viens de le dire, elles coupent la plante avec un couteau dentelé qu'elles ont à cet effet, puis balaient le grain par terre, en font de petits tas qu'elles enlèvent ensuite; et comme, par ce moyen, il se trouve plus de terre que de grain, elles l'en séparent avec le layot[1], ce qui demande beaucoup de temps. Lorsqu'elles rentrent, elles retirent de leur récolte (qui peut être évaluée à cinq livres de haze pour une journée) ce qui leur est nécessaire pour leur souper, et déposent le reste dans la tente de leur maître. Le haze ne se pile pas comme le mil; on l'émonde de sa paille, on le lave plusieurs fois pour en ôter toute la terre, puis on le fait crever : ce grain gonfle beaucoup, et fait un sanglé très-blanc, mais peu nourrissant. Quand on veut le réduire en farine, on jete un peu d'eau dessus; on le laisse tremper un instant, puis quelques coups de pilon suffisent pour le moudre.

Nous passâmes une partie de la journée du 7 décembre dans ce camp, parce que nous approchions de celui du roi, et que mes guides ne voulaient y

---

[1] Petite bannette en paille, semblable à celles de nos marchands; on s'en sert pour vanner la farine, pour en extraire le son. Les négresses sont très-adroites à faire cette opération; elles chassent dehors le son et le grain mal moulu; la farine reste sur le layot.

arriver que la nuit. A deux heures nous le quittâmes. Nous fîmes trois milles au N., sur un sol composé de sable noir, couvert de pierres ferrugineuses. Des îlots de verdure sont disséminés çà et là, et servent de pâturages aux troupeaux.

Il était près de trois heures lorsque nous arrivâmes au camp de Mohammed-Sidy-Moctar, grand marabout du roi, et chef de la tribu de Dhiédhiébe. Il avait été prévenu de mon arrivée; il m'attendait, dit-il, avec impatience : il vint au-devant de nous, me prit la main, et, m'ayant conduit devant sa tente, me fit asseoir sur une peau de mouton. Il parut très-satisfait, s'assit près de moi, et, ayant fait venir Boubou-Fanfale, qui parlait ouolof, pour nous servir d'interprète, il m'interrogea, me demanda quels étaient les motifs qui m'engageaient à changer de religion, ce que je faisais à Saint-Louis, de quel pays j'étais, si j'avais des parens en France, et enfin si j'étais riche. Il me fallut répondre à ces questions ; car je remarquai, à l'air dont elles m'étaient faites, que ce marabout concevait sur moi des soupçons que, pour ma sûreté, il était important de détruire : je lui répondis donc qu'ayant lu une traduction du Coran en français, j'y avais reconnu de grandes vérités dont j'avais été pénétré ; que dès-lors j'avais désiré de me convertir à l'islamisme, et m'étais sans cesse occupé des moyens d'y parvenir, mais que mon père s'y était opposé; que depuis mon séjour au Sénégal, où j'étais établi marchand, j'avais appris sa mort; qu'alors j'étais retourné en France pour recueillir sa succession; et que, me trouvant libre de mes actions, j'avais tout vendu dans mon pays pour acheter des marchandises, afin d'exécuter mon projet. J'ajoutai qu'au Sénégal j'avais entendu vanter la haute sagesse des Braknas, et que je m'étais décidé à venir habiter parmi eux; mais qu'en entrant au Sénégal, le navire sur lequel j'étais avait fait naufrage, et que je n'avais sauvé qu'une petite partie de mes marchandises; que je les avais déposées chez M. Alain (habitant de Saint-Louis, avantageusement connu d'eux), et que je destinais ce reste de pacotille à l'achat de troupeaux pour me fixer dans leur pays, sitôt que mon éducation serait achevée. Il parut satisfait de mes réponses; l'article des marchandises fut celui qui lui plut davantage, et je m'applaudis d'avoir employé cette ruse. Dès-lors il fut convenu que je resterais avec lui, qu'il se chargerait de mon éducation, pourvoirait à mes besoins; et il ajouta d'un air d'intérêt qu'il me comptait déjà au nombre de ses enfans.

Plusieurs jeunes gens, dans le but sans doute d'éprouver ma vocation, m'invitèrent à les accompagner à la prière; mais le grand marabout s'y opposa, alléguant que je n'étais pas encore musulman. Un des fils de mon hôte vint me demander si je voulais manger à mon souper de la viande ou du sanglé; sur ma réponse que tous les mets me plaisaient également, il me quitta, et à neuf heures du soir on m'apporta un grand plat de viande baignée de beurre fondu : j'ai su depuis que chez eux ce mets est d'un grand luxe. Après souper, Mohamed-Sidy-Moctar m'apprit que le lendemain nous partirions pour le camp du roi, et qu'il était nécessaire de me baigner avant d'être présenté à ce prince; j'y consentis avec d'autant plus de plaisir, qu'un bain était pour moi très-salutaire, et devait me soulager des fatigues du voyage.

Le 8 septembre, lorsque je fus levé, je sortis de mon sac quelques marchandises que j'avais apportées avec moi, et les offris en cadeau à mon hôte, qui en parut très-flatté et les reçut avec plaisir. On nous servit un peu de lait, puis il me fit monter avec lui sur un chameau, et nous partîmes pour le camp du roi. Nous marchions au N. E.; des roches ferrugineuses s'élevaient dans toute la plaine : on trouve par intervalle de petites îles de sable remarquables par leur verdure; elles sont cultivées par les Maures, qui y sèment du mil. Nous trouvâmes sur notre chemin quelques camps de zénagues ou tributaires, mais à de grandes distances les uns des autres.

Je vis quelques esclaves occupés à sarcler le mil; ils se servaient d'un instrument de la forme d'une raclette de ramoneur, ayant un manche d'un pied de long; ils se tenaient à genoux pour travailler.

La fatigue que me causait le mouvement du chameau m'obligea à descendre. Le pays était découvert, entrecoupé de ravins; un sable rouge fort dur composait le sol, sur lequel je remarquai quantité de gros blocs de marbre blanc; j'en examinai plusieurs pour m'assurer de leur nature. Nous fîmes halte dans un petit camp composé de sept tentes; le marabout me fit donner de l'eau et du lait pour me désaltérer. Nous y passâmes la chaleur du jour; puis mon marabout m'ayant fait faire le salam[1], nous continuâmes notre route, toujours dans la même direction. Avant d'arriver au camp du roi, nous passâmes près d'une mare dans laquelle mon guide me fit laver de nouveau par un Maure zénague, pour me purifier, disait-il.

Il était trois heures quand nous arrivâmes au camp du roi; nous avions fait vingt-quatre milles, et en assez peu de temps, car notre chameau marchait vîte. Le camp était placé dans un endroit que l'on nomme Guiguis, près d'une mare qui servait à abreuver les bestiaux.

Tout le monde était prévenu de mon arrivée; aussi je ne tardai pas à être environné d'une foule nombreuse. Il y avait au camp beaucoup de marabouts

---

(1) **La prière.**

étrangers qui attendaient des présens de ce prince ; ils me firent un bon accueil : l'un d'eux, Sidy-Mohammed, chérif, Kount de nation, me proposa d'aller habiter son camp, me promettant de me considérer comme son fils. Je le remerciai, et lui dis, pour reconnaître son obligeance, que si je n'avais pas engagé ma parole à Mohammed-Sidy-Moctar, ce serait lui que j'aurais choisi de préférence. Je desirais être présenté de suite à Hamet-Dou ; mais on me dit que ce prince reposait, et que je ne pourrais le voir qu'à son réveil : effectivement, au bout d'un quart d'heure, il me fit appeler ; je trouvai près de lui un nègre qui parlait un peu français et lui servait d'interprète.

Lorsque j'entrai sous la tente du roi, il me tendit la main en souriant, et m'adressa la salutation ordinaire, *Salam aleïkoam*, puis m'adressa de suite en français ces mots, qu'il avait entendu dire aux escales[1] : *Comment vous portez-vous, Monsieur? bien, merci, Monsieur.* Il se chargeait tout-à-la-fois de la demande et de la réponse, sans comprendre le sens des mots qu'il prononçait ; il les répéta plusieurs fois : il m'adressa ensuite plusieurs questions, me demanda des nouvelles des négocians de Saint-Louis qu'il connaissait, et enfin me parla de ma vocation. Je lui débitai le même conte que j'avais fait la veille à Mohammed-Sidy-

---

(1) Marchés pour la vente des marchandises des Maures.

Moctar; il en fut satisfait, et je m'aperçus que, de même que chez ce dernier, l'idée que j'avais quelques richesses était ce qui lui plaisait le plus. Il réitéra ses questions pour voir si mes réponses seraient les mêmes, et finit par m'assurer de sa protection dans ses états, particulièrement près de son grand marabout. Il me dit aussi de ne pas avoir peur de ses sujets; je lui répondis que je ne craignais que Dieu. Cette réponse lui plut; il me prit la main d'un air de satisfaction, en me disant : *Maloum, Abd-allahi* (c'est bien, Abd-allahi)[1]; puis me congédia, en me disant d'aller rejoindre mon mentor et de ne pas le quitter. Mais comme il était nuit et que je ne savais où trouver Mohammed-Sidy-Moctar, on me logea dans une tente des gens du roi, où je fus suivi de beaucoup d'entre eux.

Je n'étais pas encore habitué au genre de vie des Maures; le peu de lait que j'avais bu le matin ne pouvait me rassasier; d'ailleurs il était tard; je souffrais horriblement de la faim. Je me hasardai donc à demander à manger à ceux qui m'entouraient. L'un d'eux alla le dire au roi, qui me fit appeler de nouveau, me fit répéter une prière, puis ordonna à un esclave de traire une vache pour moi. Je m'attendais

---

[1] J'avais choisi le nom d'Abd-allahi comme le plus propre à satisfaire aux idées pieuses des Musulmans; il signifie *esclave de Dieu*.

à un dîner plus succulent; aussi quand on me présenta le lait, je dis à Hamet-Dou que je mangerais bien quelque chose avant de boire; que j'étais plus tourmenté de la faim que de la soif. Mes paroles causèrent un rire inextinguible à tous ceux qui étaient sous la tente; le roi lui-même rit aux éclats, puis me dit qu'il ne pouvait m'offrir autre chose, que lui-même ne prenait jamais que du lait pour nourriture. J'en bus un peu, et retournai à la tente qui m'était destinée. Vers dix heures du soir, un Maure m'apporta quelques morceaux de viande de mouton; il les tenait dans sa main : c'était mon marabout qui me les envoyait; le porteur s'assit sur une natte, et se mit sans façon à manger avec moi. Cette viande était bouillie et remplie de sable; cependant la faim me la fit trouver bonne.

Dans la nuit du 8 au 9, Boubou-Fanfale arriva; on n'attendait que lui pour lever le camp.

Le 9, dès le matin, on fit les préparatifs du départ. La reine me fit appeler, et me donna un peu de lait pour mon déjeûner. Au lever du soleil, les esclaves baissèrent les tentes, et les chargèrent sur les chameaux avec les piquets; chacun de ces animaux n'en portait qu'une : les effets furent chargés sur des bœufs porteurs, et les femmes furent placées sur des chameaux particuliers. Les selles de ceux-ci sont surmontées d'une espèce de panier ovale, assez grand pour que deux personnes puissent s'y asseoir, et garni d'un joli tapis; pour que le voyage soit plus agréable aux dames mauresses, leur siége est surmonté d'un berceau, recouvert de belles étoffes pour les préserver de l'ardeur du soleil.

La selle de la reine était garnie d'écarlate et de drap jaune, avec une housse en drap de plusieurs couleurs brodée en soie. La bride de sa monture était garnie de trois morceaux de cuivre, qui s'élevaient en pyramides sur le nez de l'animal. Toutes les princesses ont un chameau très-orné : elles se placent sur leur selle, les jambes pliées comme celles d'un tailleur; elles ont une telle habitude de se tenir dans cette posture, qu'elles ne peuvent rester assises autrement, même sur leur lit, où elles restent toute la journée. En route, elles font conduire leur chameau par un esclave; celui que montait Hamet-Dou était conduit de même. Les selles des hommes sont autrement faites que celles des femmes; c'est un siége élevé, beaucoup moins large, où se place un homme seul, les jambes alongées, et croisées sur le cou de l'animal : lorsque plusieurs hommes montent le même chameau, un seul est sur la selle, les autres sont en croupe; c'est ainsi que je montai avec mon marabout.

La marche du camp offrait l'aspect d'une déroute; tout y était en confusion. Les troupeaux avaient pris les devans, et étaient conduits par des hommes montés sur des bœufs porteurs; on entendait de toute part le mugissement lugubre de ces animaux, les cris des hommes, et le glapissement des femmes. Là, un chameau avait renversé sa charge avec la femme placée au-dessus; ici, un bœuf indocile refusait de marcher; plus loin, un cheval épouvanté menaçait de jeter son cavalier par terre, et, en bondissant, heurtait bœufs et chameaux; les femmes perdaient l'équilibre par l'effet du choc, et roulaient par terre en jetant de grands cris. C'était un vacarme affreux; on ne s'entendait pas. Enfin, après avoir fait trois milles au N., on s'arrêta pour camper, et le tumulte cessa. Les esclaves déchargèrent les bestiaux, dressèrent des tentes; et comme il n'y avait pas d'eau dans cet endroit, on retourna en chercher à la mare de Guiguis, que nous venions de quitter. Les esclaves chargés du soin des troupeaux s'occupèrent de couper des épines, afin de former des parcs pour les veaux; d'autres allèrent chercher du bois, pour allumer du feu devant les tentes. Ce combustible est si rare dans cette contrée, que, lorsque le campement se prolonge dans un même lieu, ces malheureux sont obligés d'aller jusqu'à deux milles du camp pour s'en procurer.

Les Maures font toujours du feu devant leurs tentes. Cette habitude a plusieurs inconvéniens : le jour, la chaleur qu'il produit est très-incommode, et une multitude de sauterelles et d'insectes de toute espèce, dont le pays abonde en cette saison, se réfugient dans les tentes et fatiguent beaucoup.

Le 10 septembre, le roi s'absenta du camp, pour porter un cadeau à son frère Sidy-Aïbi, chef d'une tribu des Braknas; il se fit accompagner par mon marabout; en partant, il me fit loger chez sa tante, Fatmé Anted-Moctar, à laquelle il me recommanda. Je ne la connaissais pas encore; elle me témoigna beaucoup de bienveillance, ainsi que deux de ses nièces qui logeaient avec elle. Elles avaient l'attention de renvoyer les curieux qui venaient sans cesse m'obséder.

A midi, on me donna du sanglé; c'était la première fois que j'en mangeais depuis mon arrivée au camp du roi. Je dus sans doute à la protection de Hamet-Dou la tranquillité dont je jouis dans son camp. Les femmes furent bien moins désagréables que dans les campagnes que j'avais traversées dans ma route; si leur curiosité me fût quelquefois à charge, au moins je n'eus pas à supporter les tourmens dont j'avais été l'objet ailleurs.

Le vent souffla avec force; il éleva une quantité prodigieuse de sable qui, retombant en pluie, nous incommoda beaucoup pendant une demi-heure; il était impossible de rester dehors. Dans la soirée, il plut un peu; je respirai plus librement.

Le 12 septembre, le roi fut de retour au camp; et

le 15, nous nous disposâmes à partir, car on n'avait séjourné dans cet endroit que pour donner à Hamet-Dou le temps de visiter son frère.

Nous fîmes neuf milles à l'E. 1/4 N. E., sur un terrain pierreux, couvert de buissons épineux, et abondamment fourni de pâturages. A midi, nous campâmes dans le voisinage d'une chaîne de montagnes qu'on me dit se nommer *Ziré;* mais j'ai appris, par la suite, que ce mot signifie *montagne*.

CHAPITRE II.

Je suis forcé de faire la médecine. — Défiance des Maures. — Jeûne rigoureux. — Description du camp du roi à Lam-Khaté. — Les écoles. — Divertissement des femmes.

Le 16, le roi fut indisposé; il me fit venir auprès de lui, et me demanda si je connaissais quelques plantes qui pussent lui procurer du soulagement. Je lui promis de faire un tour dans la campagne pour en chercher : en effet, je parcourus la plaine, et j'y trouvai beaucoup de basilic, plante qui croît spontanément dans un terrain gras; je recueillis aussi beaucoup de graines, que je cachai avec soin dans un coin de ma pagne. Je rentrai, et je donnai du basilic au roi, en lui recommandant d'en faire du thé; il en but et s'en trouva bien. La propriété de cette plante était tout-à-fait inconnue aux Maures; aussi cette grande nouvelle fit-elle beaucoup de bruit dans le camp. Tous les princes m'appelèrent dans leurs tentes, pour me consulter sur les différentes maladies dont ils étaient attaqués, et me demander des remèdes. Un charlatan eût profité de cette circonstance pour mettre leur crédulité à contribution, et certes un de leurs marabouts aurait saisi cette occasion; mais, lorsque j'étais forcé de prescrire quelque traitement, je donnais toujours des remèdes innocens, et que je savais incapables de faire du mal. Cependant je fus content de cette confiance momentanée; car elle me procura l'avantage de me promener dans la campagne sans éveiller le soupçon, et sous le prétexte de chercher des plantes médicinales.

Le 20 septembre, avant le lever du soleil, je me mis en route pour aller visiter la chaîne de montagnes; elle se trouvait à deux milles à l'E. du camp. Pour m'y rendre, je traversai une plaine dont le sol très-gras était composé de sable noir, entrecoupée de ravins, et dont la végétation était très-belle. Je gravis au sommet de la plus haute; elle est élevée d'environ trois cent cinquante pieds; des rochers de granit noir s'en détachent, et la hérissent de tout côté. Parvenu sur son plateau, je vis que cette chaîne s'étend au loin dans le N. E., sur une largeur N. et S. d'environ trois milles. Les autres montagnes qui la forment sont toutes moins élevées que celle où je me trouvais : je découvris parmi les roches quantité de cotonniers dont les feuilles sont très-découpées; les capsules et les graines sont beaucoup moins grosses que celles du cotonnier que l'on cultive sur nos établissemens du Ouâlo. J'en pris des graines, ainsi que de beaucoup d'autres plantes que je trouvai à maturité, et je les cachai dans un coin de ma pagne¹ : je ramassai aussi quelques plantes. Comme je redescendais la montagne, je rencontrai deux chasseurs maures; ils parurent surpris de me voir, et me demandèrent ce que je venais chercher si loin du camp; je leur montrai mes plantes, en leur disant que je venais chercher quelques médicamens pour Hamet-Dou, qui était malade; ils parurent me croire, me firent voir de petites pintades qu'ils venaient de prendre, et me quittèrent. Je gravis sur une autre montagne, composée de roches quartzeuses couleur de chair, et moins grosses que celles que j'avais remarquées sur la précédente. J'en trouvai plusieurs ressemblant beaucoup à du marbre. Les intervalles qui séparent les rochers sont remplis par du sable rougeâtre pur.

En retournant au camp, je parcourus la plaine, espérant y trouver du coton semblable à celui qui croît sur les montagnes, mais je n'en trouvai pas un seul pied.

Les deux Maures que j'avais rencontrés, arrivés avant moi au camp, avaient rendu compte de mon excursion : cette nouvelle étant parvenue au roi, éveilla ses soupçons; et dès qu'il sut que j'étais de retour, il me

---

(1) La pagne, est un grand morceau d'étoffe du pays, qui sert de vêtement.

fit appeler. Je n'avais pas eu le temps de cacher mes graines : quand j'entrai dans sa tente, il me demanda, d'un air de mécontentement, d'où je venais, et pourquoi je m'éloignais ainsi seul du camp; qu'il croissait assez de plantes aux environs, sans en aller chercher si loin. Plusieurs Maures qui m'entouraient s'aperçurent que j'avais un nœud à ma pagne ; ils le saisirent, et me demandèrent ce qu'il contenait; et sans me donner le temps de répondre, ils le dénouèrent: « Que veux-tu faire de cela, me demandèrent-ils? C'est pour porter aux blancs quand tu retourneras à l'escale ? » Et sans me laisser le temps de dire un mot, ils jetèrent les graines au loin. Je tâchai de leur persuader que ces plantes avaient des vertus médicinales, et que je les avais recueillies pour plusieurs d'entre eux. Ne pouvant leur en imposer par ce moyen, je leur représentai, pour les apaiser, qu'en venant chez eux, j'avais rompu mes relations avec les blancs, et que je ne pouvais plus retourner dans leur pays.

Dans la soirée, me trouvant sous la tente d'un marabout instituteur, je profitai d'un moment où je pouvais me procurer de l'encre, pour mettre mon journal à jour; je me cachai, et j'avais déjà écrit une page, lorsque je fus surpris par le chérif Kount. Il me prit le papier des mains: étonné de ne voir aucun caractère arabe, il me demanda ce que j'écrivais là. J'avais d'abord l'intention de lui dire que c'étaient des prières que je voulais me graver dans la mémoire ; mais réfléchissant que je n'en savais pas encore assez pour remplir une page, je lui dis que c'était une chanson, et je me mis à chanter un couplet pour le lui persuader. Mais le défiant chérif ne parut pas y croire, et m'apostropha en me disant que j'étais venu espionner ce qui se passait chez eux pour en rendre compte aux chrétiens. Il m'importait de détruire cette idée ; j'y réussis en affectant une grande indifférence pour ce que je venais d'écrire ; et lui remettant le papier entre les mains, je lui dis en riant : « Va à l'escale, tu feras lire cet écrit, et tu verras si je mérite l'outrage que tu me fais. » Cette ruse eut l'effet que j'en attendais ; il me rendit le papier, en me priant de lui lire encore ce qu'il contenait : je chantai un autre couplet ; mon chérif parut persuadé, et me quitta, à ma grande satisfaction, car ses soupçons me mettaient dans un cruel embarras. Je remerciai Dieu d'en être quitte à si bon compte, et me promis bien d'être plus prudent à l'avenir. Depuis ce moment, quand je voulais écrire, je me mettais soigneusement à l'écart derrière un buisson, et, au moindre bruit, je cachais mes notes et m'emparais de mon chapelet, faisant semblant d'être en prière. Cette dévotion affectée me valait des applaudissemens de ceux qui me surprenaient ; mais combien il m'était pénible de jouer un tel rôle !

Depuis trois jours, le vent d'E. soufflait avec force ; les pâturages s'épuisaient ; on envoya vers le nord, pour savoir s'ils étaient plus abondans. Dans la soirée, il éclata un orage affreux : le tonnerre faisait un bruit épouvantable et la pluie tombait par torrens ; le vent renversait toutes les tentes ; le plus grand désordre régnait dans le camp. L'orage avait surpris tout le monde ; on n'avait pas eu le temps de baisser les tentes : les cases mêmes ne résistèrent pas, elles furent emportées ; les épines qui formaient les parcs aux veaux furent également enlevées, et blessèrent plusieurs personnes. Les Maures, quoique habitués à ces sortes d'événemens, paraissaient très-effrayés. On n'entendait de toute part que des cris d'hommes et de femmes se recommandant à Dieu : ce tumulte était encore augmenté par les mugissemens lugubres des troupeaux, qui, blessés par les épines que le vent emportait, erraient à l'aventure autour du camp. C'était la première fois que je voyais un violent orage dans le désert : la consternation générale que je remarquais me fit craindre un danger pressant ; je partageai un moment la terreur des Musulmans ; mais au bout de trois quarts d'heure, le vent diminua, et la pluie cessa bientôt après. Alors on s'occupa de relever les tentes et de rallier les troupeaux épars ; puis on ralluma les feux que le vent avait éteints, et chacun sécha ses vêtemens ; car les Maures ont l'habitude de n'en avoir qu'un. Il me restait une pagne sèche, dont je me couvris; plus de dix personnes me la demandèrent pour se changer; mais j'en avais un trop grand besoin pour la leur prêter, ce qui me fit encourir leurs reproches. Je remarquai que le roi avait été, comme tout le monde, exposé à la pluie, et qu'il n'avait pas plus de vêtemens pour changer que ses sujets, car il conserva toute la nuit ses habits mouillés.

J'ai dit que l'orage avait surpris tout le monde : ordinairement quand les Maures en sont menacés, ils baissent les tentes pour éviter qu'elles ne soient renversées; on ne laisse que les plus petites, qui résistent presque toujours, et servent d'abri au roi et à la famille royale; tout le peuple reste dehors exposé à la pluie : mais dans cette journée, le vent fut si fort, que les plus petites tentes furent enlevées, et que les princes et princesses partagèrent le sort commun.

Le 21 septembre, il arriva au camp un marabout trarzas qui venait de Portendik; on m'appela pour me faire voir plusieurs effets qu'il en rapportait : je vis un pantalon à pieds, en basin piqué, que je crus reconnaître pour avoir appartenu à M. Lacaby, qui se trouvait à bord de la goëlette *la Rose-Virginie*, lorsqu'elle fit naufrage sur le banc d'Arguin. Il possédait encore un petit nécessaire pour homme, fort joli, et des bottes de marin, dont il se servait pour se garantir des épines et des khakhams. J'aurais desiré lui adresser quelques questions; mais je n'osai, de peur d'éveiller des soupçons. D'ailleurs les circonstances de ce naufrage m'étaient connues avant mon départ de Saint-Louis, où j'avais vu les naufragés.

Le 23 septembre, les gens que l'on avait envoyés pour chercher des pâturages revinrent, et dirent qu'ils n'avaient pas trouvé d'eau dans les lieux qu'ils avaient parcourus; on se décida à se porter vers le N. E., où l'on espérait être plus heureux.

Le 24, on leva le camp. Le chameau de mon marabout était malade; je fis la route à pied. Nous traversâmes les montagnes : à six milles environ du lieu que nous venions de quitter, nous rencontrâmes une mare nommée *Lakhadou*, et environnée d'une belle plaine, dont le sol est argileux et couvert de végétation; nous nous y arrêtâmes, pour y passer quelques jours. Cette mare était agréablement ombragée de *grewia*.

Depuis trois jours, Fatmé Anted-Moctar avait cessé de me donner un repas de sanglé, comme elle en avait l'habitude; je ne recevais plus d'elle qu'un peu de lait soir et matin; je souffrais horriblement de la faim. Le roi m'avait bien dit de lui demander tout ce dont j'aurais besoin; mais je n'en obtenais pas davantage; et ce lait, au lieu de me rassasier, me causait des coliques et m'affaiblissait beaucoup.

Dans la soirée, un Maure nommé *Moxé* arriva au camp : il est l'interprète ordinaire du roi lorsqu'il va aux escales ; il parle parfaitement le français. Hamet-Dou me fit appeler pour m'interroger de nouveau ; je lui fis les mêmes réponses que précédemment. Moxé me dit qu'il arrivait de Galam, où il avait obtenu de l'agent de la société commerciale une pièce de guinée et un fusil ; qu'il se proposait d'y retourner bientôt, et il me proposa de l'accompagner, ajoutant que quatre ou cinq jours suffiraient pour nous y rendre. J'aurais été bien aise de faire ce trajet ; je pris prétexte du besoin que j'avais de renouveler mes vêtemens. Je demandai au roi s'il voudrait me prêter un chameau pour faire la route : il me le promit, mais pour l'époque où les eaux seraient descendues ; car, disait-il, les chemins étaient impraticables pendant cette saison. Le soir il me fit donner un morceau de mouton pour mon souper.

Le 25 septembre, étant à la prière, je me trouvai mal de besoin ; Moxé me demanda si j'avais la fièvre. Je lui dis la cause de ma faiblesse, et j'ajoutai que j'avais bien de la peine à supporter le genre de vie des Maures ; que cependant j'espérais m'y habituer avec le temps. Après la prière, le roi me fit offrir un mouton, me recommandant de le préparer moi-même, parce que, si je le confiais aux Maures, ils me le mangeraient tout entier : j'acceptai ; mais il craignit sans doute que je ne suivisse pas ses conseils, et, pour ne pas m'exposer à la rapacité de ses sujets, il ne m'envoya pas le mouton. Je dus peut-être ce bon office à Moxé, car Fatmé-Anted-Moctar me dit qu'il avait voulu me desservir près de Hamet-Dou. Je sus qu'il lui avait fait entendre que ce n'était pas l'amour de Dieu qui m'avait conduit parmi eux, mais bien la curiosité, et que je n'y resterais pas longtemps. Heureusement quelques marabouts prirent ma défense, et le roi dit lui-même qu'il ne pouvait croire que la curiosité seule m'eût porté à venir parmi eux pour y éprouver d'aussi grandes privations; qu'il fallait que Dieu eût fait un miracle en ma faveur en opérant ma conversion. Je crus reconnaître un trait de jalousie dans la conduite de Moxé, qui craignait que ma présence près de son maître ne rendît la sienne moins nécessaire lorsque j'aurais appris l'arabe. Ce fut sans doute aussi ce qui porta le nègre dont j'ai déjà parlé, celui qui avait interprété mon premier entretien avec le roi, à dire que je n'avais pas fait naufrage, mais que j'avais commis quelque crime atroce chez les blancs, et que j'en avais été chassé. Bien que le roi rît de ces propos, ils ne laissaient pas de diminuer la confiance qu'on avait en moi; je m'apercevais que chaque jour je perdais de la considération que j'avais inspirée d'abord. Je desirais vivement quitter le camp du roi, non-seulement sous ce rapport, mais parce que je ne pouvais m'y instruire, puisqu'il n'était habité que par des harabis (guerriers), qui ne s'occupent nullement d'études, et mon marabout avait trop d'affaires pour pouvoir me donner des leçons. J'en parlai à ce dernier, qui entra dans mes vues, et m'engagea à demander au roi une monture pour me rendre à son camp, où ses fils se chargeraient de mon instruction. Hamet-Dou me dit d'attendre encore quelques jours, qu'il m'y ferait conduire.

Le 30 septembre, on leva le camp; nous fîmes neuf milles au N., sur un terrain sablonneux, couvert de khakham. Comme les Maures, je portais des sandales pour chaussure : je souffrais extrêmement des piqûres de cette plante; j'avais les pieds et les jambes ensanglantés. Je priai plusieurs Maures de me prendre en croupe sur leurs chameaux; ils me répondirent que leurs montures étaient fatiguées, que je pouvais aller trouver le roi qui m'en ferait donner une. Mais le roi avait pris les devans, et j'avais perdu de vue mon marabout; il ne me restait d'espoir que dans la pitié de ceux près de qui je me trouvais. J'essayai encore une fois de les fléchir, car j'étais épuisé de fatigue et de douleur; mais ce fut inutilement : je n'obtins pour prix de mes prières que des railleries ; on me répondait qu'en souffrant ainsi et avec résignation, je gagnerais le ciel. Ils disaient vrai; mais je suis convaincu qu'aucun d'eux n'eût voulu prendre ma place et le gagner à ce prix. Encore s'ils m'eussent laissé à mes souffrances, j'eusse été moins malheureux; mais les jeunes princes, qui montaient de fort beaux chevaux, venaient caracoler autour de moi, me heurtaient, et me raillaient sur mon costume, qui ne consistait qu'en un coussabe[1] fait d'une mauvaise pagne bleue qui tombait en lambeaux. Je trouvai sur la route quelques pastèques; j'en mangeai pour me désaltérer; et lorsque ma soif était trop pressante, il me fallait mendier un peu d'eau, le chapelet à la main : alors quelquefois j'en obtenais une petite portion.

Enfin, vers onze heures, on s'arrêta près d'une mare nommée *Tobaïti*. J'aperçus la tente du roi, qui était déjà dressée; j'y allai pour me reposer. Plusieurs marabouts vinrent retirer les nombreuses épines qui m'étaient entrées dans les pieds. Le roi parut fâché de l'état de souffrance dans lequel il me voyait; il m'assura que s'il m'avait trouvé en route, il m'aurait fait donner une monture, et il ordonna que l'on apportât du lait et de l'eau pour me rafraîchir. Quand je fus un peu reposé, je me rendis à la tente de Fatmé-Anted-Moctar, résidence que l'on m'avait choisie. Le soir, à l'heure ordinaire, on fit la distribution du lait pour le souper. Ayant reçu ma part, je m'informai si je ne pourrais

---

(1) Coussabe, espèce de blouse sans manches. *Voy.* la note à la page 160.

trouver personne qui voulût me l'échanger pour un peu de sanglé; on me montra une vieille esclave bambara qui en avait presque toujours. Elle accepta ma proposition, m'en donna un peu, et me promit de m'en fournir autant chaque jour. De mon côté, je lui promis une récompense. Cette malheureuse allait, quand ses maîtres n'avaient plus besoin d'elle, ramasser du haze pour sa nourriture; car elle ne recevait que le lait d'une vache pour ration, et l'on avait soin de choisir une de celles qui en donnaient le moins. Cependant, malgré sa misère, elle trouva encore le moyen d'adoucir mon sort. Tant il est vrai que les plus malheureux sont les plus compatissans ! Pendant sept jours que je restai encore au camp, elle ne manqua pas une seule fois de m'apporter une petite calebasse de sanglé.

Le 7 octobre, je priai le roi de me faire conduire au camp de mon marabout, comme il me l'avait promis. Il me donna un bœuf porteur pour monture, et un esclave pour guide. Nous partîmes à neuf heures du matin; mais à peine avions-nous fait un quart de mille, que le bœuf s'arrêta et ne voulut plus marcher. Nous fûmes obligés de retourner au camp.

Le 8, Hamet-Dou m'ayant fait donner un autre bœuf, je partis à six heures du matin, me dirigeant au S. O. 1/4 O. sur un sol sablonneux, couvert de khakham. Notre marche fut bien pénible, à cause de la soif que nous éprouvâmes ; il n'y avait pas d'eau sur la route. A deux heures, nous trouvâmes les traces d'un camp; nous les suivîmes. En gravissant sur des dunes de sable mouvant, nous aperçûmes au S. un ruisseau qui s'étendait de l'O. au S. O.; ses bords étaient garnis de *mimosa*, de *zizyphus lotus* et de *nauclea*, qui conservaient toute leur verdure. Mon guide m'apprit que ce ruisseau s'appelait *el-Hadjar*, et qu'il inondait la plaine dans la saison des pluies. Je crus que c'était le même que j'avais passé avec Boubou-Fanfale. Je vis s'élever près des bords du ruisseau des colonnes de fumée, ce qui me parut être l'indice de la proximité d'un camp; je m'en réjouissais, en pensant que j'allais bientôt me désaltérer : mais, après avoir fait quelques pas, je vis la plaine toute embrasée; c'étaient des herbes sèches auxquelles on avait mis le feu. Des oiseaux de proie voltigeaient autour des flammes, pour attraper les insectes et les reptiles qui se sauvaient de l'incendie.

Lorsque nous atteignîmes les bords du ruisseau, nous trouvâmes des esclaves occupés à ramasser du haze; quelques Maures les surveillaient. Je m'approchai d'eux, et en obtins un peu d'eau pour boire. L'un des Maures me prit la main, et me dit qu'il était enchanté de me voir. Il me fit réciter une courte prière; puis, ayant demandé une petite chaudière où il avait du sanglé, il me conduisit près d'une mare qui se trouvait à quelques pas de là, dans le lit du ruisseau, à sec dans cette saison; elle était ombragée par le feuillage vert et touffu d'un très-bel arbre, qui conserve à l'eau sa fraîcheur.

En partageant le sanglé de ce Maure, j'appris de lui que, quand l'herbe est trop courte pour la couper, ils y mettent le feu pour ramasser ensuite le haze.

Nous avions fait vingt-trois milles depuis le matin, et il nous restait encore trois milles à faire pour nous rendre au camp de Mohammed-Sidy, lakariche ou prince. Après nous être désaltérés et reposés, nous fîmes route au N. O. Le chemin que nous parcourûmes était entrecoupé de dunes de sable mouvant. Nous arrivâmes au camp à quatre heures du soir.

A peine y étais-je entré, que je fus, comme dans les premiers camps, l'objet de la curiosité publique : tout le monde se réunit autour de moi ; on me fit réciter des prières pendant une partie de la soirée. Plusieurs femmes me demandèrent si je voulais partager leur lit ; sur ma réponse affirmative, elles s'en allèrent en riant aux éclats. Une d'entre elles voulut me visiter pour savoir si j'avais subi la loi du prophète ; mais je ne jugeai pas à propos de la satisfaire. Le lieu où était situé le camp se nomme *Lam-Khaté*. On ne me donna pour mon souper qu'un peu de lait ; je n'eus pas, comme au camp du roi, la faculté d'y joindre du sanglé. Pendant la nuit, il fit un coup de vent de l'E. qui renversa toutes les tentes, et nous empêcha de reposer.

Le 9 octobre, le guide que m'avait donné Hamet-Dou refusa de me conduire plus loin. J'employai tous les moyens que j'avais en mon pouvoir pour le retenir : je ne pus y réussir; il voulut retourner au camp de son maître. Je vais m'arrêter à Lam-Khaté pour faire la description du camp du roi.

Ce camp comprend la tribu de Oulad-Sidy, que l'on nomme *lakariches* (princes); c'est de cette tribu que sortent tous les rois des Braknas. Dans quelques circonstances, le camp se divise en deux ou trois parties, qui toutes portent le même nom, en les distinguant pourtant par le nom du chef qui les commande. Le camp d'Hamet-Dou pouvait contenir, lors de mon séjour, à-peu-près cent tentes, et de quatre à cinq cents habitans. Lorsque le roi reçoit les droits accoutumés, son camp est rempli d'étrangers qui viennent lui demander des cadeaux. J'en ai vu qui y étaient depuis trois mois, dans l'espoir d'obtenir dix coudées de guinée, ce qui représente une valeur de dix francs. Ces parasites vont se loger dans la première tente où l'on veut bien les recevoir; et deux fois le jour, le matin et le soir, un chapelet d'une main, un satala[1] de l'autre, vont de porte en porte mendier un peu de lait. Pendant la journée, ils se promènent deux à deux dans le camp, se réunissent sous les tentes

---

(1) On nomme *satala*, de petits vases en fer-blanc, à-peu-près comme ceux dont se servent nos laitières.

pour faire la conversation, et s'endorment le plus souvent en se débarrassant mutuellement de la vermine qui les ronge. J'étais pour eux un sujet de distraction ; lorsqu'ils se réunissaient autour de moi, ils y passaient une partie de la journée à me faire des questions ou à me tourmenter. En général, ce sont les *hassanes*[1] (guerriers) c.. m'ont fait le plus souffrir. Fanatiques, paresseux, ignorans, ils n'étaient satisfaits que quand ils pouvaient me faire éprouver des mortifications, joignant toujours à leurs insultes un rire ironique insupportable. A chaque instant ils me demandaient si je voulais me faire circoncire. Je répondais que j'attendais là-dessus la décision de mon marabout; mais, à ma grande satisfaction, celui-ci déclara que cette opération n'était pas nécessaire, que d'ailleurs elle serait dangereuse à mon âge, et que cela ne m'empêcherait pas d'aller au ciel.

Les marabouts[2] n'habitent pas ordinairement le même camp que les hassanes ; quatre seulement habitaient celui de Hamet-Dou. J'en vis un fort pauvre qui tenait une école ; il instruit les garçons et les filles; et lorsque leur éducation est achevée, les parens lui donnent en cadeau un coussabe ou un bœuf. Le

---

(1) Ou *hassanyéh*. Les Maures nomment *hassanes* ceux qui portent les armes et font la guerre; on les nomme encore *harabis*.

(2) Les marabouts sont les prêtres; ils ne sont pas armés, et ne vont pas à la guerre.

soir et le matin, les enfans vont ramasser du bois pour faire du feu ; c'est toujours le soir à la nuit et le matin avant le jour qu'ils étudient. A la lueur d'un grand feu, ils récitent en chantant très-haut des versets du Coran que le maître écrit sur leur planchette, et qu'ils sont obligés d'apprendre par cœur. A une heure du soir, ils se réunissent encore sous la tente du maître pour réciter leur leçon. Pendant la classe, le maître se promène autour du feu, en chantant lui-même pour donner le ton à ses élèves ; il tient une longue baguette à la main ; et lorsqu'il aperçoit quelqu'un qui n'étudie pas, il le frappe vigoureusement. Quand un élève sait sa leçon par cœur, il la répète en faisant le tour du camp, ce qui lui attire de nombreux applaudissemens.

Les Maures ont une grande vénération pour le Coran ; jamais ils ne le posent par terre, ni même sur une natte, sans mettre une pagne dessous. Avant de le toucher, ils font toujours l'ablution, en se mettant les deux mains sur la tête, puis se les passant sur la figure et les bras ; celui qui en agirait autrement serait méprisé et regardé comme un infidèle.

Les enfans ne sont admis à l'école qu'après avoir été circoncis ; avant cette époque, il leur est défendu de manier le livre sacré. Les esclaves n'y portent jamais la main, étant regardés comme impurs. Lorsqu'ils prennent les planchettes, ils ne doivent le faire que par la corde qui sert à les suspendre, et avoir bien soin de ne pas les retourner du haut en bas, ni de leur laisser frôler la terre : quand la classe est finie, on les pose sur des épines ; si un esclave se permettait d'y toucher, il serait fouetté impitoyablement.

L'éducation des filles est très-bornée ; on leur apprend à faire le salam et quelques prières, mais rarement à écrire ; cependant il s'en trouve d'assez instruites. Les garçons apprennent le Coran par cœur ; mais ce sont toujours les marabouts dont l'éducation est la plus soignée. Il y en a qui sont très-instruits des préceptes de leur religion, et ils ont la prétention de nous croire moins instruits qu'eux sur l'histoire sainte. Ils furent très-surpris que je connusse la Bible, et la citation de quelques traits de la vie des patriarches me valut de nombreux applaudissemens : mais ils s'étonnaient bien davantage que je susse l'histoire de Mahomet ; ce fut sur-tout ce qui me mérita tout-à-fait leur bienveillance.

Tant que l'éducation des enfans n'est pas achevée, ils sont mal vêtus ou même nus ; les garçons n'ont qu'un coussabe fait d'une pagne ; les filles sont ordinairement nues jusqu'à l'âge de puberté ; les uns et les autres ne portent de la guinée qu'après qu'ils sont sortis de l'école, ou lorsqu'ils font de rapides progrès ; alors c'est pour eux une marque de distinction.

Le père devient rarement l'instituteur de ses enfans, à moins qu'il n'y ait pas d'école dans le camp qu'il habite; dans ce cas, il instruit ses filles, car il n'est pas dans l'usage de les envoyer à l'école hors du camp. Le père n'achève pas l'éducation de ses fils; mais c'est ordinairement de lui qu'ils apprennent les premiers élémens; puis ils sont envoyés chez un marabout maître d'école. Les parens leur donnent à chacun deux vaches, dont le lait leur sert de nourriture. Le maître ne reçoit de salaire qu'après avoir fini l'éducation de son élève. Les hassanes apprennent rarement à écrire; leur principale ambition consiste à savoir bien monter à cheval et se battre.

Les Maures font la prière cinq fois par jour; le roi y assiste toujours. La mosquée, chez les Braknas, consiste en un entourage d'épines, quelquefois recouvert d'un mimosa, s'il s'en rencontre un dans la place où elle est située. Les Maures s'y réunissent pour parler politique ou affaires de commerce; souvent ils y passent toute la journée à causer de choses indifférentes. Ce lieu saint est interdit aux femmes; elles font le salam devant leurs tentes. Les hommes mêmes, lorsqu'ils y entrent, observent une sorte de cérémonie religieuse; elle consiste à mettre le pied droit en avant, et à le tenir en arrière en sortant; en entrant dans la mosquée, les Maures font l'ablution. Ils n'ont point de crieurs publics, comme j'en avais vu chez les nègres, pour appeler à la prière, mais, par un ancien usage, c'est l'un des plus vieux marabouts qui appelle, en criant *Allah akbar;* souvent plusieurs marabouts font cet appel avant d'entrer. Ce n'est point une obligation, mais ils paraissent s'en faire un devoir.

La tente du roi n'a rien qui la distingue de celles de ses sujets ; elle a vingt pieds de long sur dix de large ; elle est faite comme toutes les autres en tissus de poil de mouton[1] ; elle est garnie, à chaque bout, de huit cordes en cuir, avec autant de piquets, qui servent à la tendre. Deux montans de dix ou douze pieds de long, croisés par le bout, et s'ajustant dans une petite traverse d'un pied de long sur six pouces de large, se placent au milieu, et servent à l'élever ; cette traverse surmonte les montans, et empêche que leurs bouts ne crèvent la tente. Un tapis fait dans le pays, en poil de mouton, entoure la tente intérieurement ; quatre piquets sont plantés à l'un des bouts, et soutiennent deux traverses où l'on passe une corde ou une courroie en manière de filet, sur laquelle on place le bagage. Les effets sont contenus dans des sacs de cuir carrés en forme de malle, dont l'ouverture est placée à l'un des bouts ; ces sacs ont un couvercle fermant à cadenas.

Les harnais des chevaux et des chameaux entourent

---

(1) Au lieu de laine, le mouton de cette partie de l'Afrique est couvert de poil ; il y en a dont le poil est si ras qu'il est impossible de les tondre.

la tente. Le lit du roi est fait comme celui des nègres ; c'est une claie garnie de nattes, supportée sur des piquets et des traverses, à environ un pied de terre. Une natte étendue par terre remplit le vide de la tente, et sert de lit à la suite du roi. Le commun du peuple couche par terre sur des nattes sous lesquelles ils étendent *quelquefois* un peu de paille. Pour préserver les effets d'être volés, on dresse une natte autour, vers le bout de la tente. La provision d'eau est gardée dans des outres placées sur des piquets dans l'intérieur ; elle est réservée pour les besoins des maîtres, et pour abreuver les veaux. On en refuse aux esclaves, et celle même qui a eu la peine d'aller la chercher n'en obtient un peu qu'à force de prières, et après avoir subi toute sorte de mortifications.

La vaisselle du roi consiste en six ou huit plats creux et ronds, en bois ; ils contiennent environ six litres chaque, et servent à mettre le lait et les autres alimens ; trois chaudières en fonte, et deux pots en terre qu'ils tirent du Fouta, forment la batterie de cuisine et complètent l'ameublement. Cette description de la tente du roi convient également à toutes ; seulement, chez les pauvres, les tapis sont remplacés par des nattes.

Hamet-Dou est presque toujours entouré de guéhués, ou chanteurs ambulans. Il y en a un grand nombre parmi les Maures ; ils marchent toujours à la suite des princes, dont ils obtiennent tout ce qu'ils veulent, en employant tantôt les plus basses adulations, tantôt les menaces. Chaque prince en a un attaché à sa suite; celui de Hamet-Dou le suit par-tout où il va. Souvent, assis dans la tente, il chante ses louanges, et lui débite les flatteries les plus outrées; il faut être roi africain pour les entendre sans rougir : sa femme et ses enfans l'accompagnent ordinairement, et répètent en chœur les sottises qu'il vient de chanter. Cette secte de parasites a trouvé le moyen de se faire craindre autant qu'elle est méprisée des Maures; elle possède au plus haut degré le talent de la persuasion; et bien que les guéhués soient connus pour des imposteurs, et voués par l'opinion publique au feu éternel, leurs calomnies sont si adroites, qu'elles influent toujours sur la réputation de ceux contre lesquels elles sont dirigées. Les marabouts sont ceux qui les méprisent le plus; mais ils les reçoivent toujours bien lorsqu'ils passent chez eux, par la crainte que leur inspirent les faux rapports qu'ils seraient capables de faire contre ceux qui ne les auraient pas traités avec assez d'égards.

Les guéhués ont deux sortes d'instrumens dont ils s'accompagnent en chantant. L'un, fait en forme de guitare, n'est autre chose qu'une petite calebasse ovale, recouverte d'une peau de mouton très-bien apprêtée; un bâton d'un pied de long la traverse horizontalement près de ses bords, et sert à monter les cordes de l'instrument, qui sont au nombre de cinq, faites de plusieurs brins de crin tordus ensemble : cet instrument se touche, et rend des sons très-agréables. Le second est une sorte de harpe à quatorze cordes de boyaux de mouton, montées sur un bâton de deux pieds de long, placé obliquement dans une calebasse ronde, beaucoup plus grande que la première. Une corde en cuir, tendue horizontalement sur la peau qui recouvre la calebasse, sert à fixer les cordes par le bas ; quelquefois c'est à un morceau de bois placé en travers qu'elles sont attachées. A l'extrémité de la calebasse et sous la dernière corde se trouve un morceau de fer très-plat et ovale, de cinq pouces de long, garni de petits anneaux également en fer ; et lorsqu'on touche la harpe, ils font un cliquetis qui accompagne agréablement le son de cet instrument déjà assez harmonieux. Ces musiciens ne négligent jamais de demander quelque chose aux princes dont ils chantent les louanges ; et comme ils sont rarement refusés, ils ont tous de nombreux troupeaux et de bonnes montures. Souvent ils font eux-mêmes des cadeaux aux marabouts pour obtenir leur amitié ; ceux-ci acceptent, mais ne les en méprisent pas moins.

Pendant un mois que je suis resté au camp du roi, je ne l'ai pas vu une seule fois prendre une nourriture solide, mais toujours boire du lait. Lorsque je lui demandai pourquoi il ne mangeait ni sanglé, ni viande, il me répondit qu'il préférait le lait à toute autre nourriture. Pour se distinguer des autres Maures, le roi et tous les grands ne boivent que du lait de chameau, dont ils disent préférer le goût; mais j'ai toujours pensé qu'ils ne lui trouvaient d'autre avantage sur le lait de vache, que la difficulté de se le procurer : étant plus rare, les esclaves ne peuvent en avoir; c'est donc une sorte de distinction à laquelle ils attachent de l'importance. J'ai vu la reine plusieurs fois manger de la viande trempée dans du beurre fondu.

Les Maures en général ne prennent pour nourriture, pendant la saison des pluies, que du lait, qu'ils ont en abondance à cette époque de l'année. Les plus riches tuent quelquefois un mouton, mais cela arrive rarement. Un jour le guéhué du roi en avait tué un et l'avait fait cuire dans la braise; je me trouvais sous sa tente, lorsqu'une trentaine de Maures y entrèrent alléchés par l'odeur qu'exhalait la viande; et semblables à des bêtes carnassières, ils attendaient l'instant de satisfaire leur vorace appétit. Le guéhué crut en être quitte pour quelques morceaux qu'il leur distribua : mais à peine commença-t-il à manger avec sa femme, qu'il ne fut plus le maître; les Maures se précipitèrent sur la viande, l'enlevèrent dans un instant, s'arrachant les uns aux autres les morceaux des mains et de la bouche; ils se disputaient même les os, et dévorèrent le mouton du pauvre guéhué sans qu'il lui restât à peine de quoi en goûter. Il me semblait voir des chiens se disputer un morceau de viande que l'un d'eux aurait volé ; et bien que j'eusse été invité à manger ma part du mouton, je ne fus pas plus heureux que le propriétaire ; ce qui me contraria beaucoup, car j'avais une faim dévorante. On m'assura que cette scène n'aurait pas eu lieu chez tout autre que chez un guéhué, et qu'on n'oserait se permettre de tels excès chez une personne un peu élevée en dignité.

Je représentais quelquefois aux Maures qu'ils pourraient augmenter leur nourriture, en faisant ramasser du haze par leurs esclaves, pour faire du sanglé ; mais leur amour-propre en paraissait blessé ; ils me répondaient : « C'est la nourriture ordinaire du peuple « et des esclaves ; nous nous croirions humiliés d'en « faire usage. »

Ceux qui ont un peu de mil de reste de leur provision, le conservent pour le retour de la sécheresse, époque où le lait devient rare.

Les Maures ont de nombreux troupeaux de bœufs et de chameaux ; ils élèvent aussi de très-beaux chevaux, dont ils prennent le plus grand soin. Lorsque le lait est abondant, ils leur en donnent à boire soir et matin. Quand un cavalier arrive dans un camp, il le parcourt, en quêtant du lait, et de l'eau pour son chev

La garde des chameaux est confiée aux laratines[1] ou aux zénagues, rarement aux esclaves nègres. Quand il naît un chameau, on lui lie les jambes sous la poitrine, pour l'habituer de bonne heure à se tenir couché pendant qu'on le charge. Lorsqu'il est en état de porter, un mois suffit pour lui apprendre à se relever chargé, et à maintenir son fardeau en équilibre. Quand on veut le sevrer, on lui passe une broche de bois dans le nez, à laquelle on attache des épines qui, en piquant la mère, empêchent qu'elle ne se laisse téter; on met de plus à celle-ci sur les mamelles une toile qu'on lui noue sur le dos. Les esclaves noirs sont chargés du soin des bœufs; vers sept heures du matin, ils les mènent aux champs, et les rentrent au coucher du soleil. On ne trait les vaches que sur les dix heures du soir, après la dernière prière : ce sont les gardiens qui sont chargés de ce soin. Ils ont un pot en bois qu'ils ne lavent jamais; ils l'exposent au-dessus du feu pendant environ dix minutes ; c'est la flamme qui le nettoie : mais, par ce moyen, il contracte un goût de fumée qu'il communique au lait, ce qui le rend très-désagréable à boire. Les Maures ont l'habitude de laisser téter leurs veaux; ils pré-

---

[1] Les laratines sont des enfans issus de Maures et d'esclaves négresses ; ils sont esclaves, mais ils ne sont jamais vendus: fiers de leur origine, souvent ils refusent d'obéir à leur maître. C'est une race intermédiaire entre les Maures et les esclaves.

tendent qu'une vache privée de son veau ne donnerait plus de lait. Un enfant est chargé de les faire sortir l'un après l'autre, à mesure que l'on trait. Le veau court à sa mère; on le laisse téter un moment, puis on l'attache par la tête à une des jambes de devant de la mère, qui, trompée, se laisse traire sans difficulté. On laisse les veaux quelque temps avec leurs mères; puis on les enferme dans un petit parc entouré d'épines, où ils passent le reste de la nuit et tout le jour.

Chez les princes, ce sont les esclaves favorites qui reçoivent le lait dans des calebasses, pour le distribuer ensuite à leurs maîtres. La beauté, chez les Mauresses, consiste dans un extrême embonpoint : on force les jeunes filles à boire du lait avec excès; on voit celles qui sont déjà grandes en boire volontairement une énorme quantité; mais les enfans y sont forcés par leurs parens, et souvent par une esclave chargée de leur faire avaler leur ration. Celle-ci profite du moment d'autorité qu'on lui accorde sur ces êtres faibles, pour se venger, avec une sorte de cruauté, de la tyrannie de ses maîtres. J'ai vu de malheureuses petites filles pleurer, se rouler par terre, même rejeter le lait qu'elles venaient de prendre; ni leurs cris, ni leurs souffrances n'arrêtaient la cruelle esclave, qui les frappait, les pinçait jusqu'au sang, et les tourmentait de mille manières, pour les obliger à prendre la quantité de lait qu'elle jugeait convenable de leur donner. Si leur nourriture était plus substantielle, un tel système aurait les suites les plus graves; mais loin de nuire à la santé des enfans, on les voit se fortifier et engraisser sensiblement. A l'âge de douze ans, elles sont d'une grosseur énorme; mais parvenues à vingt ou vingt-deux ans, elles perdent beaucoup de leur embonpoint; je n'ai pas vu une seule femme, à cet âge, être d'une corpulence remarquable.

Les femmes les plus grosses sont réputées les plus belles. Les Maures ne s'attachent ni aux agrémens de la figure, ni à l'esprit; au contraire, ce qui est un défaut essentiel chez nous, est un attrait chez eux; ils aiment que leurs femmes aient les deux dents incisives de la mâchoire supérieure saillantes et en-dehors de la bouche; aussi les mères coquettes emploient-elles tous les moyens possibles pour forcer les dents de leurs filles à prendre cette direction.

Les hommes, comme je l'ai dit, se nourrissent aussi de lait; mais ils en boivent beaucoup moins que les femmes. Les esclaves ont pour toute nourriture le lait d'une vache, et, dans la saison où le lait est rare, une petite mesure de grain de trois quarts de livre environ, et sans lait; alors ils ne font qu'un repas, le soir, à onze heures, après que leurs maîtres ont soupé. Ceux des Maures qui ont de petits esclaves de dix ou douze ans, les font tenir près de l'entourage où sont les veaux pendant qu'on trait; et à chaque vache, on leur laisse boire une gorgée de lait : c'est toute la nourriture qu'ils reçoivent; aussi souffrent-ils beaucoup de la faim.

Lorsque tout le monde a soupé, on met le reste du lait dans un sac en cuir qu'ils appellent *soucou*, pour le faire cailler. Le matin, après qu'on a trait, on déjeûne comme on a soupé, c'est-à-dire, avec du lait; la seule différence, c'est qu'il est moins abondant, parce qu'on laisse téter les veaux dans la matinée.

A midi, une esclave bat le lait pour faire du beurre; elle remplit de vent le soucou qui le contient, puis l'agite sur ses genoux pendant un quart d'heure. Quand le beurre est fait, on le met en petites boulettes de la grosseur d'une noix, et l'on ajoute trois quarts d'eau au lait, qu'on verse dans des calebasses, pour être distribué à dîner. On met les boulettes dans la portion destinée aux femmes, et elles les avalent en buvant; cette boisson de lait coupé d'eau est ce qu'ils nomment *cheni*.

Les Maures sont naturellement malpropres; mais ils semblent choisir de préférence l'esclave la plus sale pour faire le beurre et distribuer le cheni. J'ai vu de ces femmes, faisant des boulettes de beurre avec leurs mains, s'essuyer les doigts à leurs cheveux, puis reporter la main dans la calebasse où étaient ensemble le beurre et le lait. Cette malpropreté me révoltait au point que souvent j'aimais mieux endurer la faim que de prendre une boisson aussi salement préparée.

Si les esclaves sont maltraités chez les hassanes, ils le sont encore plus chez les marabouts. On a vu que chez les hassanes ils ont la faculté d'aller ramasser du haze pour eux, ce qui adoucit beaucoup leur sort, tandis que les marabouts les y envoient pour leur compte, et ne leur en donnent qu'une très-petite mesure, et sans lait.

Les troupeaux des hassanes sont moins nombreux que ceux des marabouts; ils n'ont ordinairement dans leurs camps que des vaches à lait et quelques bœufs porteurs; le reste des troupeaux, les chameaux exceptés, est remis entre les mains des zénagues ou tributaires, qui les leur ramènent quand ils en ont besoin, et en sont responsables. Chaque tribu a une marque particulière pour ses troupeaux, à laquelle les propriétaires ajoutent une contre-marque. Ce sont leurs ouvriers qui font les pots en bois dont ils se servent pour traire : ils prennent un morceau de tronc d'arbre, de la grosseur convenable; ils le couvrent de bouse de vache, ne laissant à découvert que la grandeur qu'ils veulent donner à l'embouchure; puis mettant du feu dessus, ils soufflent à force de soufflet, en chassant toujours la flamme vers le fond; de cette manière, le bois se creuse, et l'humidité que produit la bouse de vache qui enduit le dehors empêche le pot de brûler sur les côtés.

Ils font aussi des entonnoirs en bois par ce moyen, qui est très-long ; mais ils n'en connaissent pas d'autre.

J'ai dit plus haut que j'étais sur le point de continuer mon voyage, et que mon guide m'avait quitté à Lam-Khaté. Le 10 octobre, un des fils de Mohammed-Sidy, Iakariche, me donna un esclave pour me conduire : nous nous mîmes en route à sept heures du matin ; nous fîmes un mille à l'O., en suivant le bord d'une mare très-considérable, sur laquelle je vis beaucoup de canards, de sarcelles et de poules d'eau ; le terrain qui l'environne est argileux et gras ; j'y remarquai des tiges de mil de l'année précédente. Après avoir passé cette mare, nous nous dirigeâmes au S. O. ; nous fîmes quinze milles sur un terrain pierreux, couvert de gramen. Je n'avais rien pour conserver de l'eau ; aussi je souffris beaucoup de la soif. Nous rencontrâmes en route un marabout monté sur un bœuf : je lui demandai un peu d'eau, en accompagnant ma demande d'une courte prière en arabe ; il m'en donna d'assez mauvaise grâce, en me disant que je n'en aurais pas eu sans la prière que j'avais répétée. A midi, nous arrivâmes au camp de Boubou-Fanfale, situé sur le bord du el-Hadjar : il parut satisfait de me voir, et me donna un morceau de mouton pour dîner. Mon guide s'en retourna, et Boubou me donna un de ses fils pour me conduire au camp de mon marabout. A deux heures, nous repartîmes, en nous dirigeant au S. O., sur un sol pierreux. Après avoir parcouru l'espace de dix milles, nous arrivâmes, à six heures du soir, à Ténèque, camp de zénagues, appartenant au roi : nous y passâmes la nuit. J'obtins de mon hôte, pour mon souper, une calebasse de sanglé, qui me fit le plus grand plaisir. Dans la soirée, j'eus la visite de toutes les femmes du camp.

Le 11, à cinq heures du matin, nous continuâmes notre route, toujours dans la même direction. Il se trouva un marabout qui faisait le même chemin que nous ; nous marchâmes de compagnie. Le sol, composé de sable jaune, était couvert de khakhames. Nous passâmes près de huit à dix tombeaux ; du plus loin que mes compagnons les aperçurent, ils s'écrièrent : *Salam-aley-coam la allah ila allahou !* (Que la paix soit avec vous ; il n'y a qu'un seul Dieu.) Nous nous arrêtâmes pour prier, ce qui me donna le temps d'examiner ces tombeaux. Des tertres sont élevés au-dessus des corps, et à la tête de chacun, il y a une pierre plate, sur laquelle est écrit le nom du défunt. Après une courte prière, nous jetâmes chacun une petite branche d'arbre sur les tombeaux ; puis mes compagnons se rendirent à celui d'un grand marabout très-révéré, à la tête duquel se trouvait un trou d'un pied de profondeur ; ils y prirent de la terre, s'en frottèrent le front, le ventre et le dos, et m'invitèrent à en faire autant. Je jugeai que tout passant devait s'acquitter de ce devoir superstitieux.

A onze heures, après avoir parcouru dix milles, nous trouvâmes un camp de la tribu de Dhiéolebeu, dont mon marabout était le chef. Nous nous y reposâmes pour laisser passer la grande chaleur du jour; on ne nous donna qu'un peu d'eau pour nous rafraîchir. A deux heures, nous nous remîmes en route, à l'O., sur un terrain argileux, noir et gras; nous trouvâmes encore le ruisseau; et à six heures, nous fîmes halte à el-Khara Hett-Louhed-lahi. Un peu avant d'arriver, nous fûmes aperçus d'une troupe de femmes rassemblées autour d'un tambour, que deux jeunes gens battaient avec chacun une baguette; ces femmes marquaient la mesure en battant des mains; elles chantaient, et faisaient mille contorsions avec leur corps, sans néanmoins changer de place. Dès qu'elles m'aperçurent, elles quittèrent leur récréation pour me tourmenter : elles entourèrent aussitôt le bœuf sur lequel j'étais monté; elles me tiraient par les pieds, me pinçaient, et jetaient des cris effroyables, au moindre mouvement que je faisais. En vain le marabout qui m'accompagnait chercha-t-il à les écarter, assurant que j'étais musulman; elles s'acharnèrent après moi, en criant : *el-nosrani! el-nosrani!* (le chrétien! le chrétien!), tandis que les enfans me jetaient des pierres. L'une d'elles mit ma patience à bout; elle alla jusqu'à me frapper d'une baguette : je la lui arrachai, et lui en appliquai un si vigoureux coup sur le visage, que toutes les autres furent effrayées et prirent la fuite. Nous descendîmes chez une connaissance de mon guide, où je fus très-bien reçu : on me donna, pour mon souper, du couscous qui me parut délicieux ; c'était la première fois que j'en mangeais depuis que j'étais chez les Maures. Je m'attendais à être tourmenté pendant la soirée ; mais je jouis d'un repos parfait : le coup de baguette avait effrayé les curieuses.

Le 12 octobre, à six heures du matin, nous fîmes route au S. Le sol, pierreux en quelques endroits, était de très-bonne qualité. Je remarquai, sur la route, quelques pieds d'indigo d'une très-grande beauté ; chaque plant avait quatre pieds de haut ; les Maures n'en connaissent pas la propriété. Nous fîmes six milles, et vers neuf heures nous arrivâmes au camp de mon marabout ; tous les habitans me revirent avec joie.

Le 13, le plus jeune des fils de Mohammed-Sidy-Moctar me coupa les cheveux, puis me fit une culotte de mon coussabe, et de la pagne que j'avais il fit un coussabe.

Le 14, nous allâmes visiter sa tante, dont le camp était voisin du nôtre. Tous les marabouts me firent accueil, et je vis avec plaisir que je serais moins tourmenté chez eux que chez les hassanes. Un marabout m'amena une esclave qui avait un cancer au sein, et me pria de lui indiquer quelque plante qui pût la guérir ; il m'offrit six bœufs pour ma récompense : je lui fis observer que les plantes étaient toutes sèches, et qu'il était impossible de s'en procurer dans cette saison. Il fut suivi d'une quantité d'autres malades, qui tous me priaient de leur procurer du soulagement; j'en remarquai de très-souffrans, et j'éprouvais une peine extrême de ne pouvoir les soulager. En vain je leur disais que je n'étais pas médecin, et que je n'avais aucun médicament; ils renouvelaient leurs instances, et je ne pus me soustraire à cette scène de douleur, qu'en quittant le camp. Il était une heure, lorsque je rentrai à celui de mon marabout.

J'ai remarqué que les Maures en général ne sont pas sujets à de graves maladies, ce qu'ils doivent sans doute à leur grande sobriété; mais ils sont très-sensibles aux souffrances; le moindre mal les accable. Un homme, pour un léger mal de tête, se plaint comme un enfant. Voici les remèdes dont l'usage est le plus répandu parmi eux. Dans toutes leurs maladies, ils observent la diète, et ne prennent qu'un peu de lait pour nourriture; mais quand ils sont convalescens, ils ne mangent que de la viande pour accélérer leur rétablissement. Lorsqu'ils ont mal à la tête, ils se la serrent avec un bandeau, le plus fortement qu'ils peuvent. Pour le rhume ils s'introduisent du beurre fondu dans le nez, au moyen d'un petit vase auquel est adapté un tuyau; ils prétendent en obtenir beaucoup de soulagement, sur-tout pour le rhume de cerveau.

Quand ils ont des maux d'estomac, ils font une tisane composée d'un demi-verre d'urine de chameau, mêlée dans deux bouteilles d'eau. L'écorce de mimosa brûlée et réduite en poudre sert pour toute sorte de coupures, brûlures, contusions, etc.; on en fait un onguent en la mêlant avec du beurre, et l'on en frotte la partie malade deux fois par jour. Ils traitent les douleurs avec la feuille du *bauhinia* pilée, mêlée avec de la gomme réduite en poudre et un peu d'eau: ils en mettent une couche sur la partie affectée; la gomme en séchant forme une croûte qu'ils laissent tomber d'elle-même; ils font quelquefois brûler la gomme pour s'en servir. Le froid leur occasionne souvent des douleurs à la figure: ils ont pour cette partie du corps un remède particulier; c'est une pierre rouge, fort dure, qu'ils trouvent sur les montagnes; ils la broient en la frottant fortement sur un caillou; ils en obtiennent une poudre avec laquelle ils frictionnent à sec la partie malade. On voit souvent des personnes qui ont la moitié de la figure rouge, quelquefois un œil ou un coin de la joue. Ils nomment cette pierre *lahméré*; je crois que c'est une espèce de sanguine: ils en font de l'encre rouge en la délayant avec de l'eau gommée. Je desirais en rapporter un échantillon; mais je l'ai cherchée inutilement, et n'ai jamais pu obtenir d'eux de m'en donner. Ils sont sujets à la fièvre: ils n'y connaissent point de remède; mais quand ils en sont atteints, ils boivent du lait gommé. J'ai vu une femme qui l'avait depuis un mois, se frotter la tête avec du beurre très-chaud, dans lequel on avait mis du girofle pilé.

Les purgatifs sont rarement employés, quoiqu'ils en connaissent l'usage. Ils ramassent le séné, qu'ils appellent *falagé;* lorsqu'ils veulent s'en servir, ils le pilent dans un mortier avec quelques fruits de *zizyphus lotus*, délaient la poudre dans une bonne quantité d'eau, et la donnent à boire au malade. Ils ont encore une autre plante qu'ils emploient comme purgatif, et dont l'effet est moins puissant.

La gale, si commune chez les nègres, est assez rare chez les Maures. Quand quelqu'un en est attaqué, il évite tout le monde; l'entrée de la mosquée lui est interdite; une natte placée dans un coin de la tente lui sert de lit, et personne ne boit à sa calebasse, jusqu'à sa parfaite guérison. On le traite avec de la poudre à tirer, détrempée dans l'eau, dont il se frotte tout le corps. Tels sont les traitemens que j'ai vu employer chez les Maures, et dont ils tirent bien peu de soulagement. J'ai vu, pendant mon séjour, un seul homme attaqué de l'éléphantiasis, un seul aveugle, et aucun lépreux; il paraît que cette maladie n'y est pas connue. Je n'y ai jamais rencontré de boiteux.

De retour au camp, je priai le fils de mon marabout, âgé de dix-huit ans, de me dicter quelques versets du Coran, que je desirais écrire pour les apprendre par cœur : à la seconde ligne, il ne voulut plus continuer, disant qu'il ne fallait pas écrire le langage de Dieu avec une main profane ; cependant il consulta un marabout qui, mieux instruit, l'engagea à continuer.

En me promenant dans le camp, je remarquai des pierres noires détachées du sol et très-pesantes ; j'en cassai une, et reconnus qu'elle contenait beaucoup de fer ; j'en ai envoyé un échantillon à M. le commandant et administrateur. Les Maures fondent ce fer ; ils en font des serrures, des entraves et différens ouvrages. Pour le fondre, ils creusent dans la terre un trou d'un pied et demi de profondeur, au-dessus duquel ils élèvent un four, en forme de pyramide, d'environ cinq pieds de haut, en laissant à la base quatre ouvertures pour y adapter des soufflets. Ils remplissent le fourneau de minerai concassé en petits morceaux, puis le chauffent avec de la fiente de mouton qui, lorsqu'elle est séchée, fait un feu très-ardent. Quatre hommes, placés aux ouvertures du fourneau, soufflent continuellement jusqu'à ce que le fer soit fondu, puis le laissent refroidir sans lui donner aucune forme, ce qui le rend très-difficile à travailler ; aussi préfèrent-ils beaucoup celui que nous leur vendons.

Le 15 octobre, les pâturages étant épuisés, nous levâmes le camp pour le transporter à quatre milles S. O. 1/4 O. sur une presqu'île formée par le lit du ruisseau; elle se nomme *Guigué*, et était couverte de pâturages qu'il inonde dans la saison des pluies; les arbres y sont plus beaux qu'ailleurs.

Le 21, j'eus des coliques qui me firent beaucoup souffrir. L'un des fils de mon marabout fit des prières, et me cracha sur le ventre, en m'assurant que c'était un très-bon remède; il en fit autant sur le lait que je devais boire: quelque rebutant que cela fût pour moi, j'eus la patience de le laisser faire sans le contredire, pour ne pas choquer ses opinions.

Dans la soirée, une caravane allant dans le Fouta échanger du sel contre du mil, s'arrêta dans le camp; elle s'établit au milieu; on y porta des nattes qui servirent de lit aux voyageurs qui la composaient. A dix heures du soir, on apporta de tout côté, chez mon marabout, des calebasses de sanglé et de lait, qui furent ensuite distribuées aux *ziafis* (voyageurs).

Quand la caravane n'est pas nombreuse, une partie du camp seulement contribue à ses besoins, et à tour de rôle; lorsqu'elle est nombreuse, tout le camp y contribue. Si elle arrive pendant le jour, le chef du camp, en se rendant à la mosquée pour faire la prière, quête pour les ziafis, et chacun envoie une ou deux mesures de grains, suivant le nombre des voyageurs. Une esclave est chargée de le piler, et de préparer le sanglé. Quand un voyageur arrive seul, il se rend dans la tente qu'il veut choisir, et le propriétaire le nourrit sans recourir à ses voisins. Comme ils préfèrent toujours les tentes qui ont le plus d'apparence, il en arrive souvent cinq ou six jours de suite dans la même. Souvent ils séjournent dans le camp; on les nourrit pendant deux ou trois jours; mais passé ce temps, on est en droit de leur refuser des vivres. Les voyageurs hassanes sont détestés, à cause du ton qu'ils mettent à exiger ce qu'ils veulent. Si on ne les sert pas assez vîte, ils font du bruit, menacent, traitent leurs hôtes d'infidèles, et c'est la plus grande insulte qu'on puisse faire à un marabout. Mais quand un voyageur passe chez eux, il est mal traité, mal nourri; aussi évite-t-on leurs camps, et la charge retombe entièrement sur les marabouts.

Les Maures, comme on vient de le voir, se donnent mutuellement l'hospitalité; mais ils ne méritent pas pour cela l'épithète d'hospitaliers, car rien ne leur fait autant de peine que lorsqu'ils aperçoivent des ziafis. Ce n'est pas par humanité qu'ils les reçoivent, mais bien par crainte, sur-tout lorsque ce sont des hassanes, qui, s'ils étaient mal reçus, ne manqueraient pas de les piller. Ils accordent rarement l'hospitalité aux voyageurs nègres : quand ceux-ci passent dans un camp, ils vont matin et soir, le jatala à la main, lorsqu'on trait les vaches, quêter un peu de lait; mais ils en reçoivent si peu, qu'ils sont souvent obligés de parcourir deux ou trois camps, pour avoir de quoi faire un repas.

Beaucoup de nègres du Fouta-Toro vont chez les Maures pour étudier le Coran; ils y restent souvent cinq à six mois, et n'ont d'autre moyen d'existence que de demander l'aumône. Quoique musulmans, ils sont très-mal vus, et généralement méprisés des Maures, qui disent qu'ils ne sont bons qu'à faire des esclaves. Les nègres ne portent jamais de marchandises avec eux, parce qu'ils seraient sûrs d'être dévalisés par les hassanes; ils vont toujours à pied, et portent sur leur dos une petite planchette sur laquelle sont écrits des versets du Coran.

Il existe chez les Maures un genre de vagabonds nommés *ouadats;* ce sont les hassanes les plus malheureux, qui n'ont souvent ni tentes pour se loger, ni bestiaux pour subvenir à leurs besoins; trop paresseux pour travailler, et d'ailleurs regardant le travail comme un déshonneur, ils préfèrent courir de tente en tente et mendier honteusement leur nourriture. Ces parasites incommodes sont d'une insolence sans égale: quand ils arrivent dans un camp, ils y mettent le désordre; on entend de toute part les disputes qu'ils occasionnent par leur exigence. Malgré leur ton arrogant, on leur accorde tout ce qu'ils demandent; car s'ils allaient se plaindre dans leurs tribus que tel camp les a mal reçus, les hassanes voleraient les troupeaux de ce camp pendant qu'ils seraient à paître dans les bois, et les marabouts seraient obligés de payer plusieurs têtes de bétail pour recouvrer le reste. Les troupes de ouadats sont composées de femmes et d'enfans ; on y voit rarement des hommes : ils vont à pied ou montés sur des ânes ; c'est toujours chez le chef du camp qu'ils se présentent, et celui-ci est chargé de leur procurer des vivres. Lorsqu'on ne veut pas qu'ils séjournent, on leur donne pour trois ou quatre jours de provisions, et on les congédie : alors ils vont dans un autre camp, où ils mendient encore ; et comme ils savent qu'on leur fournira toujours à manger, quand ils ont reçu des denrées au-delà de leurs besoins présens, ils les vendent pour de la guinée, et souvent même aux personnes qui leur donnent l'hospitalité. S'ils n'ont point de bestiaux pour porter ce qu'on leur donne, on leur en prête pour aller jusqu'au camp voisin. Ils ne s'arrêtent que chez les marabouts ; les hassanes et les zénagues ne voulant pas les recevoir.

Lors de la récolte des gommes, ces mendians vont chez les marabouts, les suivent dans les forêts, s'en font nourrir, et en tirent, à force d'importunités, de bonnes parties de gomme, qu'ils portent aux escales[1] et qu'ils vendent pour de la guinée. Les marabouts n'osent les refuser, car les ouadats se réuniraient, les battraient et pilleraient leur gomme. Tel est le genre de vie de ces sortes de gens. Il est bon d'observer qu'étant

---

(1) Marchés.

chez les marabouts, ils sont très-soigneux de faire le salam; mais ils cessent de s'y astreindre dès qu'ils ne sont plus sous leurs yeux.

Il y avait neuf jours que j'étais chez Mohammed-Sidy-Moctar, et l'on ne parlait pas de me faire étudier. Je m'adressai à l'aîné de ses fils, qui me traça l'alphabet arabe sur une planchette et me dit de l'apprendre par cœur : comme je ne le pouvais pas seul, je le priai de me l'enseigner; je m'adressai aussi à ses frères; mais je les trouvais rarement disposés à se déranger pour moi; ils préféraient rester couchés sous leur tente à causer ou dormir. Du reste, ma situation était plus agréable qu'au camp du roi; je ne souffrais pas autant de la faim; on me donnait ordinairement du sanglé deux fois par jour, avec un peu de lait dessus; c'était à midi et à dix heures du soir que je recevais ma ration : cependant à midi le sanglé était souvent remplacé par du cheni; quelquefois aussi il était arrosé de cheni et de beurre; mais ce ragoût était toujours si dégoûtant, que je me passais souvent de dîner à cause de la malpropreté avec laquelle le beurre est préparé : et cependant il est d'un grand luxe chez les Maures; les plus riches seuls en mangent, et encore très-rarement. Les marabouts vivent mieux que les hassanes, parce qu'ils emploient leurs esclaves à ramasser le haze : les hommes mangent du sanglé une fois par jour, et boivent du lait le soir; les femmes ne vivent que de lait. Dans la saison sèche, où le lait devient très-rare, les marabouts vont dans le Fouta acheter du mil en échange pour des bestiaux et de la guinée. Ceux qui n'ont pas les moyens d'en acheter, se contentent de leur lait; et certes ils sont très-malheureux, car j'ai vu, dans les mois de février et mars, les meilleures vaches n'en donner tout au plus que deux bouteilles par jour. Les indigens qui n'ont pas de troupeaux sont nourris par leur tribu; chaque habitant du camp leur donne tour-à-tour le lait d'une vache : mais cet usage n'a lieu que chez les marabouts.

Ceux dont les troupeaux sont nombreux tuent quelquefois un bœuf ou un mouton; mais cela arrive si rarement, que, dans l'espace de sept mois que j'ai habité le camp de Mohammed-Sidy-Moctar, je n'en ai vu tuer que dix, et seulement pendant la saison sèche; car ils n'en tuent jamais quand le lait est abondant, ainsi qu'après la récolte du mil.

Les hassanes les plus riches mangent de la viande une fois par jour; cependant j'ai vu que, par économie, ils restaient plusieurs jours sans en manger. Ils sont extrêmement gourmands; mais s'ils voulaient assouvir leur appétit, leurs troupeaux ne pourraient subvenir à leurs besoins. Ce n'est qu'en voyage qu'ils satisfont leur voracité, lorsqu'ils peuvent faire contribuer leurs hôtes.

CHAPITRE III.

Manière de cultiver le mil et de l'employer. — Caractère des hassanes ou guerriers. — Le *balanites ægyptiaca* : son fruit ; manière d'en extraire de l'huile. — Querelle suscitée par une femme. — Manière de se préserver du froid dans l'intérieur des tentes. — Récolte de la gomme. — Mariages des marabouts ; ceux des hassanes. — Successions. — Manière de tanner le cuir — Costume des Maures.

C'est à la fin de mai que se fait la récolte du mil ; alors les marabouts reçoivent du grain de leurs esclaves ; et les hassanes, de leurs zénagues ou tributaires. Ce mil les soutient jusqu'au mois de juillet, époque où commence la saison pluvieuse, et où ils s'éloignent des bords du fleuve, pour ne plus vivre que de lait ; alors ceux qui ont du mil de reste, le conservent pour le retour de la sécheresse.

Au mois de novembre, quand les eaux du fleuve commencent à baisser, les Maures envoient leurs esclaves ensemencer les terres qui ont été submergées par les pluies ou par le débordement du fleuve. C'est aussi à cette époque que les zénagues se rendent près du fleuve pour y cultiver le mil. Les esclaves d'un même camp se réunissent pour le logement, et établissent leurs cultures dans le même canton; chaque champ est limité, et la récolte de chacun gardée soigneusement à part. La manière dont ils cultivent est extrêmement vicieuse; mais elle leur donne peu de peine. Ils ont un grand piquet avec lequel ils font des trous de six pouces de profondeur; ils mettent trois ou quatre grains de mil dans chaque trou, puis le recouvrent d'un peu de sable ou de terre légère. Ils ne donnent aucune préparation à leurs terres; seulement ils sarclent l'herbe après que le mil est levé. Pour éviter le travail, ils choisissent un sol maigre, parce que le sol gras, produisant plus d'herbes, les obligerait à un sarclage de plus, et qu'ils sont naturellement enclins à la paresse. Quand leurs champs sont ensemencés, ils attendent en repos que le mil soit levé; alors ils l'éclaircissent et nettoient autour du pied, pour lui donner de l'air; beaucoup n'y font rien de plus, et laissent croître l'herbe entre les rangs.

Quand l'épi commence à paraître, ils se tiennent continuellement dans le champ, pour en chasser les oiseaux, qui dévoreraient le grain avant sa maturité: cette occupation ne leur laisse pas un moment de repos; ils vont sans cesse d'un bout du champ à l'autre, en criant, jetant des pierres, et la nuit ils y couchent pour veiller aux gazelles, aux porc-épics et aux sangliers, qui leur feraient de grands dégâts.

Lorsque le mil a atteint sa maturité, on coupe l'épi,

on l'égrenne en frappant dessus avec des bâtons. Le grain est mis dans des sacs de cuir et transporté dans les camps ; ceux qui en récoltent au-delà de leur consommation probable, portent l'excédant aux escales et le vendent aux traitans.

Le 4 novembre, le gendre de Mohammed-Sidy-Moctar vint au camp. Comme il ne logeait pas chez son beau-père, je crus qu'ils étaient brouillés : j'allai lui faire ma visite. Il me témoigna beaucoup d'amitié, et me fit nombre de questions sur la résolution que j'avais prise ; il m'en félicita ; puis il me dit qu'il craignait beaucoup que les chrétiens ne gardassent mes marchandises, ou bien que, si je retournais les chercher, ils ne me retinssent de force. Je m'empressai de détruire une erreur qui lui était suggérée par les principes mêmes de sa religion. Je l'assurai que les chrétiens me laisseraient toujours libre de mes actions ; et quant à mes marchandises, qu'elles étaient aussi en sûreté entre leurs mains qu'entre les miennes. « Les « blancs, lui dis-je, ne volent personne ; leurs lois « punissent sévèrement ce crime, et ils rendraient « justice au dernier musulman comme au premier des « chrétiens ; ils sont égaux devant la loi. » Je saisis cette circonstance pour lui demander pourquoi les musulmans tenaient envers les chrétiens une conduite aussi contraire à la religion ; pourquoi, lorsqu'ils se hasardent à voyager chez eux pour affaires de commerce, ils les maltraitent ou les font esclaves, quoiqu'ils n'en reçoivent aucune insulte. « Je ne crois pas, ajoutai-je, qu'un Dieu bon et miséricordieux approuve une pareille conduite. Si vous desirez la conversion des chrétiens, ce n'est qu'à force de relations, et en les surpassant en justice et en bonté, que les musulmans parviendront à les persuader, et non en les maltraitant. D'ailleurs, la majeure partie d'entre eux n'ont jamais entendu parler du prophète. Moi, je suis musulman, mais je n'approuverai jamais celui qui fait du mal à son semblable. » Le marabout convint de la vérité de ce que je lui disais; mais il répondit qu'il était indigné de voir que quand un musulman parle du prophète à un chrétien, celui-ci lui rit au nez; qu'il n'y a que des infidèles qui puissent en agir de la sorte, et qu'il serait méritoire pour lui de le tuer, parce qu'alors ils iraient tous deux dans le ciel. J'eus intention d'entrer dans quelques détails sur la religion chrétienne; mais je craignais de me laisser emporter trop loin par un zèle imprudent : je me contentai de lui dire que les chrétiens adoraient le même Dieu que les musulmans. Oui, dit-il, je le sais : mais ils ne prient jamais; ils boivent du vin et de l'eau-de-vie, ce qui déplaît à Dieu; enfin, de toutes les religions, celle de Mahomet est la seule qui lui soit agréable, et il condamne au feu éternel ceux qui ne la suivent pas. Il me demanda ensuite si je voulais faire le voyage de la Mecque ; je lui répondis que c'était le devoir de tout bon musulman, et que j'espérais bien m'en acquitter. Il me prit la main en me disant : « C'est bon, Abd-allahi, vous aimez Dieu et le prophète. » Ce fut Boubou-Fanfale qui nous servit d'interprète pendant cet entretien.

Le même jour, un jeune Maure m'engagea à le suivre dans les bois, où il avait rendez-vous avec les autres jeunes gens du camp. Lorsque nous fûmes parvenus dans un lieu très-épais, on s'assit ; et un moment après, un esclave amena un mouton : ce nègre ramassa du bois et alluma du feu, après avoir creusé un trou en terre, en forme de fourneau. Un marabout ayant égorgé le mouton[1], l'esclave le dépouilla. Les marabouts prirent les boyaux, les vidèrent en les pressant entre les doigts et sans les laver, firent des andouilles avec toutes les tripes, ensuite ils les mirent sur le feu et les mangèrent, quand elles furent à moitié cuites. Lorsqu'il y eut beaucoup de braise, on l'ôta du trou : on y plaça le mouton ; puis on le recouvrit de braise et de cendre, et on ralluma du feu par dessus. Au bout d'une demi-heure, mes compagnons jugeant qu'il était assez cuit, le retirèrent, donnèrent la tête et

---

(1) Chez les Maures et même chez les nègres, c'est toujours un marabout qui coupe la gorge à l'animal ; ils ne mangeraient pas de la viande qui aurait été tuée par un esclave, ou même par un homme qui ne serait pas marabout.

un morceau du cou à l'esclave, puis dépecèrent le reste en autant de parts que nous étions de personnes; ensuite on jeta les pièces pour déterminer celle de chacun. Ces sortes de réunions sont en usage parmi les Maures : cinq ou six jeunes gens se rassemblent, fournissent à tour de rôle chacun un mouton, et vont le manger dans les bois, pour éviter les importunités auxquelles ils seraient exposés dans le camp. Quand ils sont rassasiés, ils portent le reste de leur part à leurs parens; mais cela se réduit toujours à très-peu de chose, souvent à rien. C'est avec la peau des moutons et des chèvres qu'ils font leurs sacs en cuir et leurs outres. Pour cela, ils fendent la peau de l'animal depuis la saignée jusque près des épaules; ils dégagent la peau avec la main, la retournent et sortent toute la chair par cette ouverture.

Le 6 novembre, on leva le camp; on se rendit à trois milles O. 1/4 N. O., en suivant toujours les bords du ruisseau, où les pâturages sont abondans. Une partie du camp resta, et ne nous rejoignit que le 8. Un marabout m'apprit que Mohammed-Sidy-Moctar était en route pour se rendre à son camp.

Les terrains qui environnent el-Hadjar sont partout de très-bonne qualité, couverts d'une riche végétation. Le débordement périodique du ruisseau y dépose un limon qui les fertilise, et ils sont encore engraissés par le séjour des nombreux troupeaux que les pâturages y attirent. Cette terre vierge n'attend que la main du cultivateur pour produire en abondance toutes les plantes qu'on voudrait y cultiver. Mais on le proposerait en vain aux Maures, et l'éloignement de ce lieu ne permettra jamais aux Européens de s'y établir. A une demi-lieue de ses bords, la nature du terrain change ; le sol devient ferrugineux ; on ne voit de végétation que sur de petits îlots de sable jaune, fort dur, où les pluies font germer quelques graminées.

Le 9 novembre, plusieurs Maures vinrent me trouver pour que je leur indiquasse la manière de prendre le basilic : l'aîné des fils de la maison me dit que je ne devais la leur indiquer qu'après m'être fait donner un coussabe ; je répondis que, si j'étais assez heureux pour pouvoir rendre quelques services aux Maures, je le ferais pour l'amour de Dieu, et n'en retirerais jamais aucun paiement. Je rapporte ce fait pour faire voir combien ces peuples sont peu généreux.

J'ai dit plus haut que les fils de mon marabout ne me donnaient que rarement des leçons ; je ne négligeai pas pour cela de m'instruire ; je m'adressai aux autres marabouts, qui m'apprirent des versets du Coran par cœur ; j'appris aussi par les mêmes à connaître les caractères arabes. Mais la nouvelle de la prochaine arrivée de leur père rendit mes hôtes plus attentifs ; ils me donnèrent une planchette d'écolier, et matin et soir je fus soumis à chanter les louanges de Dieu et du prophète, à la lueur d'un petit feu.

Le 10, j'étais à faire bouillir un peu de lait pour mon déjeuner : deux hassanes qui venaient d'arriver au camp s'approchèrent de moi ; l'un d'eux jeta un chiffon sale dans mon lait, puis fit semblant de gronder son camarade, comme pour me faire croire que ce n'était pas lui qui l'avait jeté, et qu'il prenait intérêt à moi. Ce trait et celui que je vais raconter donneront une idée du caractère de cette classe. Ces deux hommes se trouvaient encore au camp le 12, au moment où l'on se disposait à aller plus loin. Ils trouvèrent un malheureux haddad (ouvrier en fer), et voulurent le forcer à leur donner un coussabe ; ce malheureux n'en avait pas pour lui-même, car il était nu : ils le frappèrent, lui firent des menaces, puis lui mirent une corde au cou, et l'attachèrent à un chameau pour l'emmener avec eux ; mais au moment de partir, un marabout obtint sa grâce à force de prières. Comme je demandais la cause de tant de cruauté, on me dit que c'est ainsi que les hassanes traitent les zénagues (tributaires), quand ils veulent leur extorquer quelque chose ; qu'ils leur font suivre leur chameau à la course, en les frappant impitoyablement, et qu'ils ne les lâchent qu'après en avoir obtenu ce qu'ils demandent.

Les ouvriers sont toujours des zénaques ; ils sont généralement méprisés des autres classes, et sans cesse exposés au pillage des hassanes. Quand ils ont gagné quelque chose par leur travail, ils le donnent à garder à un marabout, car ils ne pourraient le conserver chez eux. Ils sont ou cordonniers ou forgerons : les cordonniers font tous les ouvrages en cuir, sandales, porte-feuilles, selles, etc : les forgerons font les serrures, les entraves, les poignards, et généralement tous les ouvrages en fer; ils sont, de plus, orfèvres, et travaillent avec beaucoup d'adresse ; ils ont peu d'outils, et font des ouvrages étonnans. On leur fournit ordinairement le métal, et on leur donne en paiement du mil, du lait, ou de l'étoffe pour faire des vêtemens.

Il était huit heures lorsque le camp se mit en route. Nous fîmes six milles au N. N. O., sur un terrain couvert de pierres ferrugineuses, et trois milles sur un sable jaune. L'arbre nommé *balanites ægyptiaca* y croît en abondance ; les nègres du Sénégal l'appellent *soump*. Les Maures ramassent le fruit de cet arbre ; et de l'amande qu'il renferme, ils font un sanglé qu'ils aiment beaucoup, parce qu'il est très-gras. Cette amande contient beaucoup d'huile ; quelques habitans du Sénégal en font pour leur consommation, quand l'huile d'olive est rare. J'en ai mangé à Saint-Louis, et l'ai trouvée passablement bonne ; je pense qu'elle pourrait être beaucoup meilleure, si l'on apportait plus de soin à la récolte du fruit et à la fabrication de l'huile. Si le gouvernement accordait des encouragemens à ce genre de culture, ce fruit pourrait devenir une branche de commerce importante. Cet arbre croît dans tous les terrains du Sénégal. Quand les habitans veulent en extraire l'huile, ils pilent les amandes dans un mortier; lorsqu'elles sont réduites en pâte, ils font un trou au milieu : l'huile coule promptement et abondamment dans ce trou; ils la puisent à mesure, jusqu'à ce qu'il n'en vienne plus; alors ils pressent la pâte dans les mains, et elle fournit encore beaucoup d'huile; mais elle est moins limpide que la première. Deux litres d'amandes donnent ordinairement une bouteille d'huile; on peut juger de la quantité qu'on en retirerait en employant un meilleur procédé. Les nègres mangent la pulpe du fruit crue, ou cuite sous la cendre; le tronc du balanite fournit un bois jaune, facile à travailler, et solide; les Laobés[1] en font des mortiers, des pilons, des baganes (grandes sébiles), et divers autres ouvrages.

Le 24 novembre, je fus témoin d'une scène qui m'amusa beaucoup. J'aperçus hors du camp quantité de femmes qui poussaient des cris glapissans, et des

---

[1] Nation errante répandue dans toute la partie occidentale de l'Afrique. Les Laobés sont charpentiers et brocanteurs : ce sont les Juifs de cette contrée.

enfans qui jetaient des pierres; je m'approchai par curiosité. Je vis une femme en pleurs, enveloppée dans ses vêtemens, et soutenue par ses amies : comme je m'informais du sujet de son affliction, je vis plus loin plusieurs hommes disputant à une foule de femmes la charge de deux bœufs porteurs; trois esclaves armés de courroies rossaient les femmes qui s'approchaient des bœufs; celles-ci, avec des bâtons, ripostaient et renversaient les charges. Tandis que les hommes s'occupaient à les relever, elles en arrachaient ce qu'elles pouvaient, puis l'emportaient en chantant vers le camp, comme un trophée de leur victoire. Cette lutte dura plus de deux heures, et le bagage était sensiblement diminué, lorsque la femme et la fille du grand marabout s'en mêlèrent : elles s'assirent sur le reste du bagage, et les deux partis commencèrent à s'entendre.

La belle éplorée était née dans ce camp, et était mariée depuis quelque temps à un marabout d'un camp éloigné; desirant voir ses parens, elle avait engagé son mari à l'accompagner à leur camp. Quelques jours après leur arrivée, le mari voulut repartir; mais à la prière de sa femme, il retarda son départ : cependant ses affaires l'appelant, il s'était décidé à se mettre en route, lorsque sa femme, voulant le retenir encore, lui suscita une querelle, le frappa même, et attroupa les femmes du camp contre lui. Celles-ci, comme des furies, s'acharnèrent sur le mari, qui fut secouru par quelques-uns de ses amis : mais lorsqu'ils voulaient relever les effets que les femmes jetaient par terre, elles les poussaient, les tiraient par leurs vêtemens, les faisaient rouler avec les ballots; quatre fois les bœufs furent déchargés et rechargés en ma présence. Trois vigoureux nègres, esclaves du mari, avaient beau fouetter les femmes par ordre de leur maître, ils ne purent venir à bout d'écarter la foule; ils reçurent eux-mêmes des coups de bâton; et les enfans, toujours amis du désordre, faisaient pleuvoir une grêle de pierres sur eux et sur les marabouts.

Enfin, la fille et la femme du grand marabout s'étant emparées du bagage, on capitula : elles furent priées de faire écarter la foule, et les marabouts promirent de ramener les effets au camp jusqu'au lendemain. Mais quand tout le monde se fut éloigné, ils chargèrent les bœufs, et s'en allèrent emportant tout au plus le quart de leurs effets. Dans la soirée, la femme se mit en route pour rejoindre son mari.

Les femmes mauresses ont beaucoup d'ascendant sur leurs maris, et souvent elles en abusent. La polygamie n'est pas en usage chez les Maures de cette partie de l'Afrique; leurs femmes ne souffriraient pas qu'ils eussent des concubines. Le roi lui-même n'a qu'une femme, comme ses sujets.

Le 25 novembre, un hassane vola les bœufs d'un

marabout de notre camp, ce qui causa une grande rumeur; tout le monde fut sur pied toute la soirée : deux amis de celui qui avait été volé partirent pour le camp du hassane, afin de réclamer les bœufs. On me dit que si le roi s'était trouvé là, le voleur aurait été sévèrement puni. Le même soir, Mohammed-Sidy-Moctar arriva : je m'attendais à voir éclater la joie dans sa famille; je fus fort surpris qu'on n'allât pas même au-devant de lui. Il entra dans la tente, salua tout le monde : on lui rendit froidement son salut; sa fille seule se leva, et lui posa respectueusement les mains sur la tête, sans aucune démonstration d'amitié. Je n'ai jamais vu les Maures s'embrasser : un amant même n'embrasse pas sa maîtresse; il lui pose la main sur la bouche, puis la reporte à la sienne pour recueillir sans doute le baiser qu'elle y a déposé.

Le lendemain, les marabouts qui étaient allés réclamer les bœufs, revinrent sans les avoir obtenus.

Le 28 novembre, le grand marabout alla lui-même les réclamer, et les fit rendre; mais il eut beaucoup de peine, et ce ne fut que le 6 décembre qu'il revint; les bœufs arrivèrent peu de temps après lui.

Les Maures ont des lois très-sévères contre le vol; mais elles sont rarement exécutées. Si le voleur est pris en présence du roi, sa majesté peut, sans aucune forme de procès, lui faire appliquer cinquante ou soixante coups de fouet sur le dos ou lui faire couper les oreilles. La peine de mort est quelquefois infligée aux tributaires, mais jamais aux hassanes ni aux marabouts. Suivant la loi de Mahomet, le voleur doit avoir le poignet coupé : mais tous ont intérêt à l'adoucir ; car si elle était rigoureusement exécutée, tous les Maures seraient manchots. Cette loi n'est pas applicable à ceux qui volent les chrétiens; au contraire, ils font une bonne action : aussi saisissent-ils toutes les occasions de les piller.

Le 10 décembre, le camp se transporta à douze milles O. 1/4 N. O., et se trouva éloigné de trois milles E. du lac Aleg, où l'on alla chercher de l'eau pour les besoins du camp. Ce sont les femmes qui sont chargées de ce soin; elles mettent les outres sur des ânes : elles partaient du camp à neuf heures et revenaient à une heure.

Le froid commençait à se faire sentir; le vent du nord soufflait avec force, et rendait les nuits très-pénibles. Les Maures, dans cette saison, ont l'habitude de tendre le varroi : c'est une grande couverture faite de peaux d'agneau tannées, et cousues solidement ensemble ; ils la tendent dans leurs tentes sur des piquets, les côtés retombant à terre, de manière à les garantir de l'air pendant la nuit. Ils ont en outre des couvertures ou manteaux en laine, qu'ils achètent des marchands kounts qui les apportent de Ouâlet ou autres grandes villes de l'intérieur; ils s'enveloppent dans ces couvertures pendant la nuit, et même le jour lorsque le froid est vif. Les esclaves couchent aussi sous le varroi, par terre, et n'ont d'autre couverture que la peau de mouton qui leur sert de vêtement.

Le 11, je vis tuer un bœuf. Des esclaves lui lièrent les quatre pieds, et l'abattirent, puis lui plantèrent un piquet à travers la peau de la gorge pour l'empêcher de remuer la tête; un marabout le saigna, et les esclaves le dépouillèrent. La viande, coupée en tranches étroites, fut exposée sur des traverses en bois soutenues par quatre piquets, pour la faire sécher. On fit un entourage d'épines pour en écarter les chiens, et on la couvrit de nattes pour l'empêcher de se corrompre au soleil. Un esclave coucha auprès jusqu'à ce qu'elle fût séchée, et entretint la nuit un petit feu au-dessous pour chasser l'humidité. Cette viande ainsi séchée fut mise dans des sacs en cuir pour être conservée. Lorsqu'elle est bien préparée, elle peut se garder long-temps sans se corrompre et n'a pas de goût désagréable. Les Maures la mangent ordinairement sans autre préparation et sans la faire cuire. Les esclaves qui ont dépouillé le bœuf reçoivent le cou et quelques os; la tête est donnée aux haddads; le reste des os est distribué en cadeaux.

Les Maures n'invitent jamais leurs amis, ni même leurs parens, à manger de la viande : quand ils en ont, ils la conservent pour eux. Quelquefois plusieurs se réunissent, fournissent chacun un bœuf qu'ils tuent l'un après l'autre, et mangent la viande en commun, comme je l'ai déjà dit pour les jeunes gens qui tuent des moutons. C'est pour eux une sorte de carnaval, auquel ils donnent un nom qui signifie *partie à manger de la viande*.

Le 12 décembre, j'allai visiter le lac Aleg ; il était entouré de camps de marabouts ; c'est le rendez-vous ordinaire de tous ceux qui vont sur les bords du fleuve. Les environs sont entrecoupés de petits monticules couverts de pierres ferrugineuses. Le *boscia integrifolia* croît abondamment dans la plaine ; on en récolte le fruit qu'on mange cuit avec de la viande : les Maures le nomment *izé*. Les bords du lac sont couverts de *mimosa*, de *zizyphus lotus* et de *nauclea africana*. Sa largeur n'excède pas trois milles ; il s'étend du S. au N. et se termine en tournant au N. O. ; son circuit peut être évalué à douze lieues. Il déborde périodiquement comme le fleuve, et inonde les terrains qui l'environnent à un mille au large ; ces terrains sont très-fertiles, et sont cultivés par les Maures après la retraite des eaux. Le lac est alimenté par le el-Hadjar, et par une infinité de ravins qui lui apportent les eaux des pluies dans la mauvaise saison.

L'époque de récolter la gomme était arrivée ; chacun s'occupait de ses préparatifs : je montrai le desir de me joindre à ceux qui devaient y aller, mais je ne pus en obtenir la permission. J'attribuai ce refus opiniâtre à leur défiance; car ils s'imaginent que les Européens cherchent à s'emparer de leur pays, qu'ils croient le meilleur et le plus beau du monde. Ne pouvant satisfaire le desir que javais d'observer moi-même la manière dont se fait cette récolte, je tâchai au moins de me procurer là-dessus des renseignemens positifs.

Le 13, les esclaves destinés à ce travail partirent sous la conduite de quelques marabouts; ce ne fut que les jours suivans que j'obtins de la femme de mon hôte les détails que je vais rapporter.

On a cru mal à propos jusqu'à ce jour qu'il se trouvait des forêts de gommiers dans le désert; cette erreur a été accréditée par tous les voyageurs qui ont écrit sur des renseignemens inexacts tirés des Maures, qui, pour élever leur pays, répondent toujours que tout s'y trouve en abondance. L'acacia qui fournit la gomme, croît isolément dans toutes les parties élevées du désert, jamais dans les terrains argileux ou d'alluvion, mais sur un sol sablonneux et sec; il est très-rare sur les bords du Sénégal. Ce n'est pas le *mimosa gummifera* des botanistes, que j'avais appris à connaître sur nos établissemens; ses feuilles, également pennées, ont les folioles plus larges, plus épaisses et d'un vert plus foncé : il se rapproche davantage, par son port et sa forme, de l'acacia cultivé en France.

Des puits creusés dans l'intérieur, où se fait ordinairement la récolte, donnent leur nom à la contrée où ils se trouvent; telle a été l'origine des noms qu'on a donnés aux forêts supposées. C'est près de ces puits que les marabouts s'établissent. Les esclaves coupent de la paille pour faire des cases: un même marabout surveille les esclaves de toute sa famille ou de plusieurs amis; il les réunit tous, souvent au nombre de quarante ou cinquante, sous la même case. Chaque marabout envoie ce qu'il a d'esclaves disponibles; il s'y joint quelquefois des zénagues malheureux. Le propriétaire donne à chacun de ses esclaves une vache à lait pour le nourrir, une paire de sandales, et deux petits sacs en cuir. Le marabout surveillant emmène deux vaches et emporte un sac de mil pour sa provision.

Lorsqu'il se joint un zénague aux esclaves, il s'adresse à un marabout, qui lui fournit une vache et ce qui lui est nécessaire; puis, à la fin de la récolte, il reçoit la moitié de la gomme qu'il a ramassée. Les zénagues ne sont admis à la récolte qu'à cette condition; s'ils y allaient pour leur compte, ils seraient pillés par les hassanes. Chaque escouade est munie d'une poulie, d'une corde pour les puits, et d'un sac en cuir qui sert de seau pour tirer de l'eau. On m'a assuré que ces puits sont très-profonds : les cordes que j'ai vues avaient de trente à quarante brasses de longueur. On fixe la poulie à deux piquets plantés de chaque côté du puits et réunis à leur extrémité : le bout de la corde passé dedans est attaché au cou d'un âne, qui, chassé par un marabout, enlève le seau ; un autre reste pour le recevoir et le verser dans une auge en bois, où ils abreuvent leurs vaches. Ce sont les marabouts surveillans qui sont chargés de cette fonction. Les esclaves, chaque matin, remplissent d'eau l'un de leurs sacs de cuir, et, armés d'une grande perche fourchue, vont courir les champs en cherchant de la gomme : les gommiers étant tous épineux, la perche leur sert à détacher des branches élevées les boules qu'ils ne pourraient atteindre avec la main. A mesure qu'ils en ramassent, ils la mettent dans leur second sac de cuir. Ils passent ainsi la journée sans prendre d'autres alimens qu'un peu d'eau pour se désaltérer. Au coucher du soleil, ils reviennent à la case ; une femme prépare le sanglé pour le souper du marabout : une autre trait les vaches, et chacun boit le lait de celle qui est destinée à le nourrir. Lorsque la gomme est abondante, chaque personne en ramasse par jour environ six livres : ce qui prouve que les gommiers sont isolés, et non réunis en forêts, comme ils le disent ; car alors ayant moins à courir, ils en ramasseraient davantage.

Le marabout surveillant reçoit une rétribution qu'il

prélève sur la gomme : les esclaves travaillent pendant cinq jours pour leur maître, et le sixième est au bénéfice du surveillant ; de cette manière, celui-ci se trouve avoir la meilleure part de la récolte. Les Maures n'ont ni vases ni sacs pour emporter la gomme ; quand ils en ont une certaine quantité, les esclaves de chacun font un trou en terre, et y déposent celle qu'ils ont ramassée. Lorsque les trous sont pleins, on les recouvre de peaux de bœuf, de paille et de terre : on a soin, en recouvrant, d'imiter le sol qui est autour ; car si la cachette était découverte, la gomme serait volée par d'autres Maures. Quand on change de lieu, on fait une marque, soit à un arbre, soit à une pierre des environs, et la récolte reste là jusqu'à ce qu'on la transporte aux escales pour la vendre ; alors elle est mise dans de grands sacs de cuir, et chargée sur des bœufs et des chameaux.

Les gommiers n'ont pas de propriétaires particuliers ; tous les marabouts ont le droit d'y envoyer autant d'esclaves que bon leur semble, sans être assujettis à aucune formalité ni à payer aucune rétribution. Ce pourrait être, pour quelques-uns d'eux, une source de grandes richesses, s'ils entendaient mieux leurs intérêts ; mais par suite de leur indolence naturelle, non-seulement ils ne cherchent pas à augmenter le nombre de leurs esclaves, mais encore ils négligent d'en envoyer autant qu'ils le pourraient à la récolte.

Leurs besoins sont très-bornés ; un seul vêtement leur suffit.

Le 14, un jeune homme d'une tente voisine, ayant une maîtresse dans un camp de la tribu de Oulad-Biéry, m'engagea à l'accompagner chez sa prétendue, avec quelques-uns de ses amis : ce camp était à un mille au N. du nôtre ; j'acceptai, car je recherchais toujours les occasions qui pouvaient me fournir quelque trait du caractère ou des usages de ce peuple. Je fus très-bien reçu : toutes les femmes se réunirent autour de moi, m'entretinrent long-temps, me firent beaucoup de questions ; et comme notre conversation était assez gaie, elles me demandèrent si je voulais me marier ; sur ma réponse affirmative, elles m'engagèrent à choisir une femme parmi elles, et me pressèrent de leur dire à laquelle je donnerais la préférence. Je leur répondis que le choix m'embarrasserait trop ; que je préférais les épouser toutes, car je les trouvais toutes également belles et aimables. Cette plaisanterie les amusa beaucoup ; elles parurent m'en savoir gré, et m'adressèrent même des remerciemens. M'étant aperçu de l'absence du marabout amoureux, je demandai où il était ; mais je ne pus le savoir : on me répondit simplement qu'il ne reviendrait qu'à la nuit. Plusieurs femmes étaient occupées à parer la fiancée ; elles venaient de lui mettre le henné, pour la rendre plus belle aux yeux de son amant.

Le henné, *lawsonia inermis*, croît abondamment dans l'intérieur ; les Mauresses pilent ses feuilles, qui procurent une couleur rouge pâle, en usage pour leur parure. Les feuilles étant pilées et réduites en pâte, cette pâte est appliquée sur la partie du corps que l'on veut colorer ; on la préserve de l'action de l'air en la couvrant, et on l'arrose souvent avec de l'eau, dans laquelle on a fait macérer de la fiente de chameau. La couleur est cinq à six heures à se fixer ; après ce temps, on enlève le marc, et la partie qui en a été recouverte reste teinte d'un très-beau rouge. Elles se mettent le henné sur les ongles, sur les pieds et dans les mains, où elles se font toute sorte de dessins ; je n'en ai jamais vu mettre à la figure. Cette couleur reste un mois sans s'altérer, et ne s'efface qu'au bout de deux mois. C'est, chez les Maures, non-seulement un très-bel ornement, mais encore un usage consacré par la religion, pour les femmes qui se marient. Lorsqu'on a mis le henné à une femme, elle affecte de le faire voir ; elle a soin, en parlant, de faire remarquer ses mains et ses pieds, pour qu'on lui fasse compliment. Par-tout les femmes sont coquettes.

La parure des Mauresses ne consiste pas seulement dans le henné. Notre fiancée se fit aussi coiffer : ses cheveux, enduits d'une pommade faite avec du beurre, du girofle pilé et de l'eau, furent mis en tresses qui lui retombaient sur les épaules, et garnies de boules d'ambre, de corail et de verroteries de diverses couleurs. C'était la première fois que je voyais une Mauresse ainsi parée.

A la fin du jour, je cherchai l'amant ; un jeune Maure m'accompagna. Nous le rencontrâmes près du camp : je crus qu'il se rendrait directement chez sa future ; mais au contraire, il évita de passer devant sa tente, et alla chez un de ses amis. Je lui en témoignai mon étonnement ; il me dit qu'il évitait de voir ceux qui allaient devenir ses parens. Nous eûmes sur ce sujet une conversation très-étendue ; en voici le résumé.

Lorsqu'un jeune homme devient amoureux d'une fille et qu'il veut l'épouser, il cherche en secret à obtenir son consentement. Dès qu'il en est assuré, il charge un marabout de négocier les conditions du mariage avec les parens de la fille ; celui-ci convient des présens que devra faire le prétendu, du nombre de bœufs qu'il donnera à sa belle-mère, etc. Quand les conditions sont réglées, le négociateur en instruit les autres marabouts, lorsqu'ils se réunissent à la prière et en présence de l'amant. Dès ce moment, il est privé pour toujours de voir le père et la mère de celle qui doit être son épouse ; il a grand soin de les éviter ; ceux-ci, quand ils aperçoivent leur gendre futur, se couvrent la figure ; enfin, de part et d'autre, les liens de l'amitié semblent rompus : coutume bizarre dont j'ai en vain tâché de découvrir la source ; on m'a toujours répondu : C'est l'usage.

Il serait pénible de penser qu'une alliance détruisît les sentimens d'amitié et d'estime entre les familles ; c'est ce dont je cherchai à m'assurer avec le plus grand soin. Je parlais quelquefois d'un gendre à son beau-père, et réciproquement : j'ai toujours remarqué que l'indifférence n'était que feinte; ils conservent les mêmes sentimens d'affection, et tâchent au contraire, dans la conversation, de rehausser le mérite l'un de l'autre.

Cet usage ne concerne pas seulement les parens ; mais quand l'amant est d'un camp étranger, il se cache à tous les habitans, excepté à quelques amis intimes, chez lesquels il lui est permis d'aller. On lui fait ordinairement une petite tente sous laquelle il se tient renfermé toute la journée ; et lorsqu'il est obligé de sortir ou de traverser le camp, il se couvre le visage. Il ne peut voir sa future pendant le jour ; ce n'est que la nuit, quand tout le monde repose, qu'il se glisse dans la tente qu'elle habite, y passe la nuit avec elle, et ne s'en sépare qu'à la pointe du jour. Cette manière peu décente de faire l'amour dure un ou deux mois ; puis le mariage est célébré par un marabout. La mère de la mariée donne une fête ; elle tue un bœuf, si elle en a les moyens ; puis fait faire beaucoup de couscous et de sanglé pour régaler les convives, qui sont toujours nombreux. Les femmes se réunissent autour de la jeune épouse, chantent ses louanges, et se divertissent toute la journée. Je ne les ai jamais vues danser.

Les hassanes ne s'assujettissent pas à l'usage de se cacher des parens; ils continuent de se voir après comme avant le mariage. Leurs fêtes sont aussi plus gaies et plus brillantes; ils y admettent les guéhués. Enfin, quels que soient les usages dans l'une ou l'autre classe, la femme y est soumise, comme son mari, envers les parens de ce dernier.

Lorsque le mariage est célébré, si le mari possède un chameau, il peut emmener de suite sa femme : alors sa belle-mère se charge de l'équipement de la monture; elle fournit le berceau et le tapis qui le recouvre; elle pare sa fille de ses plus beaux ornemens, lui donne une natte pour se coucher, et une couverture en peau de mouton; le mari conduit le chameau, et se tient la figure cachée jusqu'à ce qu'il soit hors du camp. S'il n'a point de chameau, il laisse son épouse dans le camp jusqu'à ce qu'il en ait acquis un; car ce serait un grand déshonneur pour une femme de se rendre au camp de son mari montée sur un bœuf. Quelquefois il se fixe dans le camp de sa femme; alors il fait venir ses troupeaux, devient habitant du camp, et cesse de se cacher.

Il arrive souvent que les époux ne peuvent s'accorder ensemble, ou desirent de se séparer : alors l'un d'eux suscite une querelle à l'autre, et ils se quittent sans avoir recours aux marabouts qui les ont unis. Celui qui veut rompre, fait un cadeau à l'autre. Quand il y a des enfans, les garçons suivent le père, les filles restent avec la mère ; si elle est enceinte, et que, lors de l'accouchement, il naisse un garçon, il est envoyé à son père, qui le fait allaiter par une femme zénague.

Si le mari vient à mourir, la femme prend le deuil, et le porte quatre mois et dix jours ; pendant tout ce temps, elle se couvre de ses plus mauvais vêtemens, ne reçoit sous sa tente que ses plus proches parens, et ne sort que le visage couvert. Le mari ne porte point le deuil de sa femme, et peut se remarier dès le lendemain, si cela lui plaît. Voici comment se règlent les successions.

A la mort d'un homme, sa femme reçoit le quart de son héritage ; la mère du défunt retire le dixième des trois autres quarts, ensuite le père prend encore le quart du reste : la part des enfans, ainsi réduite de moitié, est partagée de manière que la part de chaque garçon soit double de celle de chaque fille. Si le mari succède, il prend la moitié de la succession de sa femme, et l'autre moitié est partagée entre les aïeuls et les petits-enfans dans les proportions ci-dessus. Si les deux époux meurent sans enfans, la succession retourne aux ascendans ; les collatéraux n'héritent jamais.

Après la mort de l'un des époux, les enfans sont confiés à un oncle du défunt, qui en prend soin jusqu'à l'âge de dix-huit ans, âge auquel ils deviennent majeurs ; jusque-là, leurs bœufs sont déposés chez leurs aïeuls. Ceux qui sont encore à la mamelle, sont mis chez les zénagues jusqu'à l'âge de deux ans, puis reviennent chez leur oncle.

Les Maures ne s'affligent de la mort de personne ; ils trouveraient au contraire très-mauvais qu'on pleurât sur le défunt, dans la persuasion que son ame monte droit au ciel. On lui rase tout le corps, à l'exception de la barbe ; on l'ensevelit dans un linceul blanc, après l'avoir lavé exactement ; puis on le laisse exposé sous sa tente pendant quatre jours, durant lesquels les marabouts se réunissent près de lui, et chantent le Coran.

Si les parens du défunt sont riches, ils tuent un bœuf pour régaler les chanteurs ; s'ils sont pauvres, ils leur donnent seulement du sanglé chaque soir. Le cinquième jour, on fait une fosse de deux pieds et demi de profondeur ; on met le corps dedans, couché sur le côté et la face tournée du côté de la Mecque. On garnit d'épines le dessus de la fosse pour en écarter les bêtes féroces. Si le défunt est d'un rang distingué, on tapisse de nattes le dedans de la fosse. Le tombeau recouvert, on y place une inscription ; les marabouts font le salam, puis s'en retournent au camp.

Les hassanes et les zénagues n'enterrent pas eux-mêmes leurs morts ; ils ont recours aux marabouts, qui se chargent de les inhumer moyennant une légère rétribution. Les femmes n'assistent jamais à l'enterrement des hommes, et réciproquement.

Lorsqu'il naît un enfant, on lui frotte tout le corps avec du beurre frais ; on en fait prendre à l'accouchée ; on en frotte aussi sa figure, et on ne la nourrit que de viande jusqu'à son entier rétablissement. Le mari a soin de s'absenter lors des couches de sa femme; car dès qu'elle ressent les premières douleurs, elle pousse des cris horribles, et adresse à son mari les injures les plus grossières et les plus indécentes : c'est encore un usage. Quand l'enfant a acquis un peu de force, on attache une pagne par les quatre coins, en forme de hamac, pour lui servir de lit et de berceau. C'est ordinairement la mère qui allaite son enfant.

Le pays des Braknas est situé à environ soixante lieues E. N. E. de Saint-Louis ; il a pour limites, au S. le fleuve du Sénégal, à l'E. le pays des Douiches[1], au N. E. celui des Kounts[2], au N. la tribu de Oulad-Lême[3], à laquelle s'est réunie une autre tribu voisine : elles forment à elles deux un corps de nation redouté,

---

(1) Ou Dowichs. Voir la *carte du cours du Sénégal*, au-dessous de Moussala.

(2) Peut-être les Teja-Kants, ou Takants, réputés plus loin vers l'E.

(3) Ou Ouled-Doulyme.

à cause des brigandages qu'elles exercent ; elles ne suivent pas la religion mahométane. La tribu des Labôs[1] se trouve au N. E., et à l'O. les Trarzas. Ce royaume est formé de plusieurs tribus, les unes de hassanes, les autres de marabouts. Les principales sont : (Hassanes), *Oulad-Sihi, Oulad-Aly, Oulad-Hamet, Oulad-Makhso, Oulad-Abdallah, Oulad-Baccar, Oulad-Pis-nem-Nematema;* (Marabouts), *Dhiédhiébe-Touaryk, Oulad-Tandora* et *Oalad-Biéry-Togatt*. Chacune de ces tribus a son chef particulier et indépendant. Hamet-Dou est reconnu roi par le gouvernement français; c'est à lui que l'on paie les coutumes pour favoriser la traite de la gomme : il reçoit celles que paient les navires traitans; mais les marchandises qui en proviennent sont partagées entre tous les chefs et princes, et ceux-ci les distribuent ensuite à leurs sujets. Les marabouts ne reçoivent rien des princes.

Ces tribus se font souvent la guerre entre elles, et peuvent l'entreprendre sans le consentement du roi. La couronne n'est héréditaire qu'autant que le roi laisse en mourant un fils majeur: s'il meurt sans enfans, ou même s'il ne laisse que des fils mineurs, la couronne revient à son frère, qui la conserve jusqu'à sa mort; alors, s'il y a eu des fils mineurs du roi précédent, l'aîné rentre dans ses droits, et reprend la couronne

---

[1] Peut-être el-Abou-Sebâs.

de son père. La population des Braknas n'est pas très-nombreuse; elle se divise en cinq classes déjà nommées : les *hassanes*, les *marabouts*, les *zénagues*, les *laratines* et les *esclaves*.

Les hassanes sont regardés comme les premiers du pays. Ce sont eux qui font la guerre : leurs armées se composent d'eux et de leurs esclaves; les zénagues s'y joignent aussi par l'appât du pillage. La même cause y attire quelquefois le commun du peuple, c'est-à-dire, les hassanes pauvres; mais ils y vont toujours volontairement, car les princes n'ont pas le droit de forcer les hommes libres de les suivre à la guerre.

Lorsqu'un chef de tribu est dur ou injuste envers ses sujets, ou même peu généreux, chacun est libre d'enlever ses troupeaux et d'aller se joindre à telle autre tribu qu'il lui plaît : aussi rien de moins régulier que la population d'une tribu; elle augmente ou diminue suivant le caractère et la générosité de son chef; celle du roi même n'est pas exempte de désertion.

Lorsque les Maures ont la guerre entre eux, ils ne font pas de prisonniers ; si quelques-uns de leurs ennemis tombent entre leurs mains, ils les mettent à mort sur-le-champ; les dépouilles du vaincu appartiennent au vainqueur. Ils ne se battent qu'en tirailleurs, et n'attaquent que par surprise. Les chefs de tribu se battent comme leurs soldats. Cependant on m'a dit que quand Hamet-Dou va à la guerre, il se fait toujours accompagner d'un de ses ministres, qui a soin de le retenir à une distance respectueuse par son coussabe, qui, ajoute-t-on, n'a jamais été déchiré : c'est peut-être une calomnie. Ce sont toujours les hassanes qui font des descentes chez les nègres pour les piller et faire des esclaves; rarement les zénagues les accompagnent. Ils sont hautains et fiers : ils traitent inhumainement leurs malheureux tributaires, et les méprisent au point que la plus grande insulte qu'on puisse faire à un hassane, c'est de l'appeler zénague. Les hassanes sont paresseux, menteurs, voleurs, gourmands, envieux, superstitieux; enfin ils réunissent toutes les mauvaises qualités. Un hassane qui possède un cheval, un fusil et un coussabe, se regarde comme le plus heureux des hommes. La saleté chez eux paraît être une vertu. Les hommes sont couverts de vermine, et ne se nettoient jamais. Les femmes sont dégoûtantes : continuellement étendues sur leur lit, les cheveux oints d'une couche de beurre que la chaleur fait fondre et ruisseler sur leur visage et sur tout leur corps, elles exhalent une odeur infecte, capable d'incommoder un Européen. La paresse est poussée encore plus loin chez elles que chez les hommes : elles ne se lèvent même pas pour prendre leurs repas; elles s'appuient sur les deux coudes pour recevoir le lait que leur présente l'esclave, et lui rendent la calebasse lorsqu'elles ont bu.

Le commerce des Braknas est entre les mains des marabouts. Ce sont eux qui récoltent toute la gomme, sans payer aucun droit; lorsqu'ils l'ont livrée aux Européens, ils vont dans les pays éloignés vendre les fusils et les guinées qu'elle leur a produits. Ils s'arrêtent souvent à Adrar, à sept journées N. du lac Aleg : cette ville donne son nom à un petit royaume; elle est habitée par des marabouts qui ne s'occupent que de culture et élèvent de nombreux troupeaux. Le pays fournit beaucoup de dattes; leurs champs sont entourés de dattiers. Ils ne vivent pas sous des tentes comme les Braknas; ils ont des maisons construites en terre surmontées de terrasses, et qui n'ont que le rez-de-chaussée. Ces marabouts changent leurs dattes et leur mil contre la guinée et les fusils des Braknas : la guinée leur sert à faire des vêtemens; ils ne cultivent pas le coton. Ils ont beaucoup d'esclaves, qu'ils emploient à la culture du riz et du mil et à garder leurs troupeaux. Les pâturages sont peu abondans autour de la ville; ils sont obligés d'envoyer paître leurs bestiaux fort loin : on dit que les esclaves qui les gardent sont souvent un mois ou deux absens. Cette nation est paisible; elle ne prend les armes que pour défendre son pays contre les rapines de ses voisins. C'est pendant la saison des pluies que les Braknas entreprennent ce voyage ; ils traversent, pour y arriver, un désert de quatre jours de marche. Ces détails m'ont été fournis par des marabouts qui ont visité plusieurs fois ce pays. Je me proposais de les accompagner le printemps suivant, si j'étais resté parmi eux.

Les marabouts braknas sont aussi paresseux que les hassanes ; ils ne font d'autre exercice que d'aller à la mosquée, et leur seule distraction est la lecture du Coran. Quelquefois ils font la conversation, couchés sur le sable, et s'endorment en causant religion ou politique.

De toutes les classes des Maures, les marabouts sont ceux qui donnent le moins et demandent le plus. Leur qualité de prêtres les faisant considérer comme les dipensateurs de la grâce, on ne les refuse jamais, dans la persuasion où sont les autres Maures de gagner le ciel par ces libéralités. Ce n'est pas seulement aux hassanes qu'ils adressent leurs demandes ; ils s'obsèdent aussi entre eux : mais c'est sur-tout envers les zénagues. Cette classe, méprisée de toutes les autres, est harcelée par toutes : si les marabouts ne les maltraitent pas comme le font les hassanes, ils les menacent des foudres de la religion et du feu éternel ; ainsi le malheureux tributaire, dans l'espoir d'une autre vie plus heureuse, se dépouille pour satisfaire la cupidité de ses insatiables maîtres. Ceux des marabouts qui n'ont pas d'esclaves pour ramasser la gomme, trop paresseux pour se liver eux-mêmes au travail, resteraient sans vêtemens, si les zénagues ne leur fournissaient les moyens d'en acheter; c'est encore de ces malheureux qu'ils obtiennent un sac de beurre qu'ils vont vendre aux escales pour de la guinée. On pensera peut-être qu'ils savent reconnaître tant de bienfaits, et apprécier les privations que s'impose le crédule zénague pour les satisfaire : non, l'ingratitude est encore un de leurs vices ; à peine ont-ils obtenu ce qu'ils desirent, qu'ils décrient leur bienfaiteur, le maudissent, et le vouent au feu éternel.

Quelques-uns des plus misérables, qui n'ont aucun moyen d'existence, se fixent dans les camps zénagues pour instruire les enfans ; outre leur nourriture, ils reçoivent comme paiement des moutons, du beurre, des cuirs tannés, ou de l'étoffe pour faire une tente.

Les marabouts ne sont pas plus susceptibles d'amitié que de reconnaissance. Un jour que je témoignais à Mohammed-Sidy-Moctar le desir d'aller voir son gendre, il voulut m'en détourner, en me disant qu'il n'était pas bon. « S'il était bon, me dit-il, il
« vous aurait donné un bœuf, quand vous êtes allé
« le voir la première fois, et il ne vous a pas même
« donné un coussabe : il ne me donne jamais rien ;
« je ne l'aime pas. » Je lui demandai s'il aimait Hamet-Dou, qui lui avait fait des cadeaux en ma

présence : « Ah ! dit-il, Hamet-Dou est riche, etc. »

Je me souviens qu'en quittant le camp du roi, je donnai une pagne à l'esclave qui avait eu soin de me fournir du sanglé : mon marabout, qui s'en aperçut, lui ôta la pagne en la grondant sévèrement. J'insistai pour que ce cadeau lui fût rendu ; mais il ne céda pas, me gronda à mon tour, et me dit de me souvenir qu'un marabout ne doit jamais donner, et toujours recevoir. Il remit la pagne à mon guide, pour la joindre à mes autres effets. Ce trait peint bien leur caractère.

S'ils sont ingrats, ils ne sont pas moins inhumains Ils traitent leurs esclaves avec barbarie ; ils ne leur donnent que des noms insultans, les frappent, exigent d'eux beaucoup de travail, ne leur fournissent que très-peu de nourriture, et, pour tout vêtement, une peau de mouton. Je me récriais quelquefois sur la dureté avec laquelle on commandait à ces malheureux ; on me répondait : « Ce sont des esclaves, des infidèles ; vous voyez qu'ils ne prient jamais ; ils ne connaissent ni Dieu ni le prophète. » J'en ai vu cependant qui faisaient régulièrement la prière, et qui n'étaient pas mieux traités ; cela n'empêchait pas qu'on ne ne les appelât du nom flétrissant d'esclave.

Les fonctions que remplissent les marabouts les rendent plus dissimulés que les hassanes : ils se montrent moins cruels et plus hospitaliers ; mais j'ai eu mille occasions de reconnaître que c'est toujours avec humeur qu'ils reçoivent les étrangers, et que la crainte des représailles ou du pillage, plus que l'humanité, les porte à en agir bien avec eux.

Un voyageur européen qui ne prendrait pas le parti de feindre, comme je l'ai fait, s'il échappait à la fureur fanatique des hassanes, ne serait peut-être pas assassiné par les marabouts ; mais ils lui interdiraient l'entrée des tentes, et ne lui accorderaient aucun secours ; ou s'ils lui donnaient un peu de lait pour l'empêcher de mourir de faim, ce serait dans l'espoir d'en tirer une riche rançon. Si un chrétien tombait entre les mains des hassanes ou des zénagues, il n'est sorte de tourmens auxquels il ne fût exposé.

Les marabouts s'éloignent moins des bords du fleuve que les hassanes ; ils lèvent le camp moins souvent ; ils ne changent de place que pour se procurer des pâturages.

Les zénagues ou tributaires sont les plus malheureux des Maures : ce sont les serfs des hassanes ; ces derniers en ont tous, plus ou moins. Ils exigent d'eux des contributions annuelles, qui consistent ordinairement, pour chaque zénague, en un matar de mil (le quart d'une barrique), une calebasse de beurre, quelques peaux de mouton tannées, et une laize d'étoffe pour tente, ou une vache et une calebasse de beurre. Le tributaire paie exactement son maître ; mais celui-ci, injuste et exigeant, demande toujours plus qu'il ne lui est dû, et fait endurer au malheureux les tourmens les plus atroces pour lui extorquer ce qu'il veut. On a vu plus haut comment il est traîné à la queue d'un chameau. La cruauté va plus loin encore : si, après lui avoir fait souffrir les plus grands tourmens, il ne peut rien obtenir, souvent le barbare le poignarde. Ils ne sont nulle part à l'abri des persécutions : les hassanes les poursuivent jusque dans leurs camps ; ils vont s'y établir pour plusieurs jours, et se font nourrir comme ils le veulent.

Les zénagues ont peu de bœufs, mais de nombreux troupeaux de moutons et de chèvres, qui leur produisent beaucoup de lait avec lequel il font du beurre, qu'ils vont échanger aux escales contre de la guinée. On leur permet la possession de quelques esclaves, qu'ils emploient à la culture et à garder leurs troupeaux ; mais ils ne peuvent pas les envoyer à la récolte de la gomme ; les hassanes les leur voleraient. Ils s'écartent peu du fleuve, et campent toujours au milieu d'un bois épais, pour se soustraire autant que possible aux visites importunes des hassanes et des voyageurs. Ils préfèrent habiter les pays marécageux, parce que leurs troupeaux y trouvent une nourriture plus abondante. Ils ont beaucoup de lait ; mais il est désagréable à boire, à cause du goût qu'il retient des herbes fortes que mangent les brebis et les chèvres ; il est si mauvais, que quand les hassanes et les marabouts passent chez eux, ils n'en boivent qu'avec répugnance et quand ils ne peuvent s'en procurer d'autre.

Aussitôt après la retraite des eaux, ils descendent vers le fleuve pour semer le mil; ils travaillent à leurs champs avec leurs esclaves.

Les femmes zénagues, laborieuses par besoin, filent et tissent le poil de mouton et de chameau, pour faire des tentes; ce sont elles aussi qui les cousent. Elles tannent le cuir, font les varrois, en un mot tous les ouvrages, excepté ceux en fer. Voici leur manière de tanner : si c'est un cuir de bœuf, elles le coupent par le milieu; elles font un trou en terre, le garnissent de bouse de vache; elles mouillent le cuir et le frottent avec de la cendre, le mettent dans la fosse, le recouvrent exactement de cendre ; après avoir versé de l'eau sur la cendre jusqu'à ce qu'elle soit bien délayée, elles ferment la fosse avec une couche de bouse de vache. On laisse le cuir ainsi pendant six ou huit jours; au bout de ce temps, on le râcle avec un couteau pour enlever le poil, puis on le lave bien, afin d'en ôter toute la cendre. Quand il est nettoyé, on le met dans une grande calebasse avec l'écorce de *boscia* et de la graine de *mimosa* (la même qui est connue dans le commerce sous le nom de *babela*, et au Sénégal sous celui de *nem-nem*), avec l'attention de bien le frotter et le mêler; on verse de l'eau dessus jusqu'à ce qu'il trempe bien, et on le laisse dans cette calebasse pendant quatre jours au plus; puis on le retire pour le râcler de nouveau, afin d'ôter le poil qui pourrait être resté à la première opération. Lorsqu'il est bien nettoyé, on le remet dans la même calebasse, en augmentant la quantité de graine réduite en poudre, et mouillant toujours convenablement. Quatre jours suffisent pour achever de le tanner parfaitement. Alors on le lave bien, et on l'écharne avec des coquilles tranchantes, que les Maures se procurent sur les bords de la mer. Les peaux de chèvre et de mouton se tannent de la même manière, mais beaucoup plus promptement, étant moins épaisses. Le cuir tanné de cette manière a exactement la même couleur que le nôtre, et est d'un bon usage. Ils l'emploient ordinairement sans autre apprêt ; mais lorsque l'usage auquel ils le destinent exige une grande souplesse, ils le graissent avec du beurre avant de s'en servir.

Les femmes font aussi du savon avec du suif de bœuf et de la lessive: ce savon est très-mauvais, blanchit mal, et communique une odeur très-désagréable au linge.

Quand un tributaire a trop à souffrir avec son maître, il peut s'en donner un autre. Il conduit ses troupeaux et tout ce qu'il possède, chez celui auquel il veut se donner, et tâche de lui couper une oreille s'il le trouve endormi, ou de tuer son cheval : dès ce moment, il est le tributaire de ce nouveau maître, qui a sur lui d'immenses droits, tandis que son ancien maître perd tous les siens.

Mais si le fugitif est repris avant qu'il ait pu couper l'oreille ou tuer le cheval, il est fouetté, dépouillé de tout ce qu'il possède, et chassé sans miséricorde. Alors il devient extrêmement malheureux : rarement on lui accorde l'hospitalité ; sa vie n'est plus qu'une longue angoisse ; souvent il succombe sous le poids de sa misère, sans qu'aucun de ses semblables daigne jeter sur lui un regard de pitié. J'en ai vu un dans le camp où j'étais ; il était absolument nu : il vint demander l'aumône et l'hospitalité ; mais loin d'obtenir le moindre rafraîchissement ou même le moindre signe de pitié, on le chassa en le frappant inhumainement, et l'on excita tous les chiens du camp à sa poursuite. Que devint ce malheureux, et sur quoi reposait une telle cruauté ? Parce qu'il avait voulu changer d'oppresseur, avait-il pour cela perdu la qualité d'homme ? Avec quel plaisir je me serais privé de mon souper pour le lui offrir ! mais ses impitoyables compatriotes ne me laissèrent pas cette satisfaction.

On m'a dit que, dans les temps de disette, les zénagues mangent les sauterelles, après les avoir fait sécher simplement au soleil : mais je crois que c'est un conte que l'on m'a fait pour rabaisser cette race à mes yeux ; car, cultivant le mil et nourrissant des troupeaux, ils vivent généralement mieux que les autres tribus, et, en temps de disette, ils doivent moins souffrir que les classes fainéantes. D'ailleurs, dans le cours de mes voyages, quoique j'aie vu des peuplades bien misérables, je n'ai jamais vu nulle part les Maures manger des sauterelles.

Les haddads (ouvriers en fer) sont de cette classe, et peut-être plus malheureux encore que ceux qui se livrent à la culture et au soin des troupeaux. Ils ne peuvent habiter de camp particulier; les hassanes les pilleraient; ils sont obligés, pour se soustraire à leur rapacité, de se tenir dans les camps des marabouts, et de les faire dépositaires de ce qu'ils possèdent.

Malgré tous mes efforts, je n'ai rien pu découvrir sur l'origine de cette race, ni savoir comment elle avait été réduite à payer tribut à d'autres Maures : lorsque j'adressais des questions à ce sujet, on me répondait que Dieu le voulait ainsi; que c'étaient des infidèles qui faisaient rarement le salam. Seraient-ce les restes de tribus vaincues, et comment ne s'en conserverait-il aucune tradition parmi eux? Je ne puis le croire; car les Maures, fiers de leur origine, n'oublient jamais les noms de ceux qui ont illustré leurs familles; et les zénagues, formant la partie majeure de la population, et étant d'ailleurs exercés à la guerre, se souleveraient sous la conduite d'un descendant de leurs anciens chefs, et secoueraient le joug de la servitude, en exterminant leurs oppresseurs. Ils le pourraient ; ils sont assez nombreux.

La quatrième classe de la population se compose des enfans nés d'un Maure et d'une esclave noire ; on les nomme *laratines*. Quoique esclaves par leur naissance, ils ne sont jamais vendus ; ils ont des camps particuliers, sont traités à-peu-près comme les zénagues, et assujettis aux travaux. Les laratines fils de hassanes sont guerriers ; ceux qui sont fils de marabouts reçoivent de l'instruction, et embrassent la profession de leur père. Fiers du privilége attaché à leur naissance, ils sont peu soumis à leurs maîtres ; ce n'est que par la force que ceux-ci peuvent les contraindre à leur payer la rétribution qui leur est due. Ils ne possèdent que peu de bestiaux ; car, dans la crainte qu'ils s'affranchissent s'ils devenaient riches, on ne leur permet pas d'augmenter leurs troupeaux. Ce sont eux et les zénagues qui prennent soin des troupeaux de bœufs et de chameaux que les hassanes font garder hors de leur camp.

Les esclaves forment la cinquième classe, et sont tous nègres. Ils sont chargés de tous les travaux du camp, du soin des troupeaux, de la provision d'eau et de bois, et de la culture des champs. Les femmes pilent le mil, préparent les alimens, servent leurs maîtresses, abreuvent les veaux, vont chercher de l'eau, et, chez les marabouts, vont à la récolte du haze et de la gomme. En voyage, les esclaves portent sur leur tête ce qui ne peut être chargé sur les bœufs. Ils sont, comme je l'ai déjà dit, mal traités, mal nourris, et fouettés au moindre caprice du maître, sans même avoir commis la plus légère faute. Rarement on les appelle par leur nom, mais par celui d'*esclave*. En un mot, il n'est sorte de vexations qu'on ne leur fasse endurer.

Les Maures quittent les bords du fleuve au commencement de la mauvaise saison, c'est-à-dire, au commencement d'août; car, outre que les inondations les incommoderaient beaucoup, ils y seraient exposés à toutes les maladies qu'elles occasionnent, et leurs troupeaux seraient dévorés par les moustiques. Ils vont dans le N. E., sur les confins du grand désert, où ils trouvent des pâturages abondans, un climat sain et exempt des incommodités qu'ils auraient à redouter aux environs des marécages. Ils s'en rapprochent à la retraite des eaux, et y passent tout le temps compris entre les mois de mars et d'août.

Le costume des Maures consiste, pour les riches, en un *drâh*, tunique de guinée qui leur descend aux jarrets, et dont les manches, aussi larges que le corps, tombent jusqu'à terre. Une culotte faite de dix coudées de guinée les couvre depuis la ceinture jusqu'aux genoux : une pagne complète le vêtement ; ils la mettent par-dessus la tunique, et quelquefois sur leur tête, en turban ; ils portent rarement des sandales. Ceux qui n'ont pas les moyens d'acheter une tunique, portent simplement un coussabe[1] fait de cinq coudées de guinée.

Les Maures se rasent toutes les parties poilues du corps, excepté la barbe, qu'ils laissent croître, et pour laquelle ils ont une grande vénération. Une belle barbe est la plus belle parure d'un musulman.

Les femmes ont pour vêtement une demi-pièce de guinée (environ sept aunes), dans laquelle elles s'enveloppent à triple tour. Dans l'un des bouts, avec le tiers environ de l'étoffe, on pratique une sorte de coussabe, ouvert d'un côté, en repliant l'étoffe sur elle-même, et cousant les lisières à deux endroits, de manière à former trois ouvertures, une pour la tête et deux pour les bras. On voit que les ouvertures ne sont pas sur le côté comme aux coussabes des hommes ; mais l'étoffe retombe de chaque côté en se drapant, et ne gêne point les mouvemens : à l'endroit de la couture, sur chaque épaule, se trouve une agrafe d'argent, qui sert à soutenir le second tour de l'étoffe ; le troisième leur passe sur la tête, et leur sert de

---

[1] On nomme *coussabe* une pièce d'étoffe de deux aunes de long sur trois quarts au moins de large, pliée en deux, et les laizes cousues ensemble, en laissant par le haut des ouvertures pour passer les bras ; on en fait une autre au milieu de l'étoffe pour passer la tête. C'est une chemise sans col et sans manches.

coiffure. Pendant le deuil, ou en présence des étrangers, des chrétiens sur-tout, elles se l'entortillent autour de la tête, de manière qu'on ne leur voie que les yeux. Ce vêtement se nomme *malafé* : jamais elles n'en ont de rechange ; elles le portent deux ou trois mois sans le laver, et sont souvent deux ans sans pouvoir le renouveler.

Elles ont de beaux cheveux, qu'elles réunissent en tresses sur leur tête, en forme d'ovale ; deux petites tresses, se joignant au-dessous de chaque oreille, sont garnies de verroteries, et leur tombent de chaque côté de la tête. Quelques-unes placent à côté deux autres tresses plus longues, auxquelles elles suspendent un collier mélangé d'ambre, de corail et de verroteries, qui leur tombe sur la poitrine ; d'autres enfin multiplient les tresses à l'infini, en les garnissant toujours d'ornemens. Celles qui ne suspendent pas leur collier à leurs cheveux, l'attachent aux agrafes de leur vêtement ; elles n'ont pas l'habitude de le porter autour du cou. Une bande de guinée, de cinq pieds de long sur cinq à six pouces de large, complète leur coiffure ; elles s'en enveloppent la tête à plusieurs tours. Tous les jours elles se graissent les cheveux avec du beurre ; cet usage conserve très-bien les cheveux, mais leur communique une odeur de rance insupportable.

Les jeunes filles ont une grande boucle en or au

bas de chaque oreille, et quatre autres à la partie supérieure, que leur poids force à se renverser. Les femmes de vingt-quatre ans n'en mettent plus qu'une petite en haut.

Les enfans vont tout nus jusqu'à l'âge de douze ou quatorze ans; on leur rase la tête, en y faisant des dessins, ou laissant des touffes de cheveux; souvent ils n'ont que la moitié de la tête rasée. A douze ans, on laisse croître les cheveux des filles, et à dix-huit on rase totalement la tête des garçons. L'opinion de quelques voyageurs, accréditée au Sénégal par des récits populaires sur la manière de couper les cheveux aux jeunes gens, en leur laissant plusieurs touffes que l'on retranche à mesure qu'ils se distinguent par quelque action d'éclat, est absolument fausse, au moins chez les Braknas. J'ai eu plusieurs occasions de me convaincre que ces touffes de cheveux sont de pure fantaisie, et que le nombre dépend de la volonté de celui qui rase ou de celle du jeune homme. C'est une mode qui varie suivant le goût de chacun; il est rare de voir deux têtes rasées de la même manière, excepté chez les hommes au-dessus de l'âge de dix-huit ans, qui se la tondent entièrement.

J'ai déjà dit que les femmes mauresses ont beaucoup d'ascendant sur leurs maris; je le répète ici, pour détruire une erreur dans laquelle M. Durand est tombé, et qu'il a pu transmettre à ses lecteurs. Le mari n'a d'autre autorité sur sa femme que celle que lui donne une raison plus éclairée ; je dirai même que les Mauresses conservent plus d'empire sur leurs maris que nos dames françaises. Rarement elles les servent ; il faudrait qu'elles n'eussent pas d'esclaves ; et encore j'ai toujours vu que, dans ce cas, une voisine prêtait une femme pour piler le mil et faire le sanglé. J'excepte les femmes zénagues ; mais si celles-ci servent leurs maris, c'est quand leurs esclaves sont occupées, et d'ailleurs elles travaillent ordinairement. M. Durand dit encore que les femmes ne sont jamais admises aux repas de leurs époux : j'ai été témoin du contraire ; je les ai vues manger avec leurs fils et leur mari ; rarement, à la vérité, mais j'ai remarqué que cela dépendait de l'usage qu'ont les femmes de ne boire que du lait, qu'on leur sert dans de petites calebasses.

Il est encore inexact de prétendre que la mère porte respect à son fils, et que le père et la mère affectent de l'indifférence pour leurs filles : le fils est toujours soumis à sa mère et l'honore infiniment ; et si les parens ont quelque préférence pour les garçons, ils n'en chérissent pas moins leurs filles. D'ailleurs, je n'ai jamais vu de réjouissances, ni à la naissance d'un garçon, ni à celle d'une fille.

La majeure partie des Maures croient que nous habitons sur la mer, et que nous n'avons que quelques petites îles semblables à celle de Saint-Louis : sous ce rapport, ils s'imaginent que nous voulons nous emparer de leur pays, qu'ils estiment être le meilleur du monde. Cependant les marabouts ne partagent pas cette erreur; ils savent que nous habitons une terre infiniment meilleure que la leur. Aussi me disaient-ils souvent qu'ils étaient fâchés de n'avoir rien de bon à m'offrir; mais que Dieu me récompenserait des privations que je m'imposais volontairement, en abandonnant l'heureux pays des chrétiens pour habiter parmi eux. Cependant ils n'ont aucune idée de nos arts ni de nos manufactures. Ils m'interrogeaient souvent pour savoir à quel usage nous employions la gomme; mais ils ont toujours cru que je les trompais : ils sont persuadés que nous la transformons en ambre, dont la couleur s'en rapproche un peu, et en autres marchandises de grand prix; que nous ne pouvons nous passer de gomme, et que sans elle nous ne pourrions exister. Il m'a été impossible de les détromper sur ce point; aussi, quand il y a quelques discussions aux escales ou marchés, ou qu'on refuse ce qu'ils demandent, ils menacent de ne plus apporter de gomme.

CHAPITRE IV.

Difficulté pour aller au marché. — Vol de bœufs par une peuplade voisine. — Le ramadan. — La circoncision. — La fête de tabasky. — La traite de la gomme avec les Européens. — Mon retour à Saint-Louis.

Nous séjournâmes sur les bords du lac Aleg jusqu'au 20 janvier. Les vents du N. soufflaient avec force et étaient très-froids : pendant une partie du temps qu'ils durèrent, je fus retenu dans ma tente par la fièvre. Dans le courant du mois, on envoya des esclaves à quelque distance avec une partie des troupeaux, parce que l'herbe diminuait autour du camp ; on ne garda que les vaches à lait indispensablement nécessaires à la nourriture des habitans : ils emploient ce moyen quand ils ne veulent pas encore transporter leurs tentes ailleurs.

Le 21 janvier 1825, les pâturages étant entièrement épuisés, nous levâmes le camp, et nous fîmes deux milles à l'E. sur un sol hérissé de monticules ferrugineux. Le lieu où nous fîmes halte était de même nature, et cependant couvert d'herbes. On allait chercher de l'eau au lac; les esclaves partaient le matin et ne revenaient que le soir; le camp restait sans eau jusqu'au coucher du soleil : heureusement qu'il ne faisait pas chaud, car nous aurions beaucoup souffert.

Le 6 février, nous retournâmes vers l'O. : à trois milles O. S. O. de là, nous traversâmes le ruisseau, et ce ne fut qu'à neuf milles plus loin que nous campâmes sur un sol sablonneux, fort dur, et couvert de fourrages. J'avais remarqué sur les bords du ruisseau quelques *zizyphus lotus*; ici, il ne se trouvait que des *balanites ægyptiaca*. On continuait d'envoyer au lac chercher de l'eau; elle était très-rare au camp, à cause de l'éloignement : souvent elle manquait pour préparer les repas.

Je n'avais encore vu jusque-là que quelques ouadats isolés; je ne les avais pas vus en troupe. Le 10, il en arriva une grande quantité, qui vint descendre devant la tente de mon marabout. Cette bande était toute composée de femmes : elles demandèrent à me voir; on le leur refusa; mais on oublia de m'en prévenir, et malheureusement je sortis de la tente. Alors elles m'environnèrent, et me firent souffrir plus de tourmens que je n'en avais encore enduré. Je voulus rentrer sous la tente pour me soustraire aux insultes de toute espèce qu'elles me faisaient; mais elles s'y opposèrent, et ce ne fut pas sans peine que je parvins à m'échapper et à me cacher dans une tente voisine. Elles m'avaient tant maltraité, que les habitans, indignés de leur conduite, ne leur permirent pas de séjourner; on leur fit leur provision de mil, et on les congédia. Le 19, les hommes et les bagages du camp du roi avaient passé près de nous pour se rendre sur les bords du Sénégal, et le 21 février nous délogeâmes de nouveau; on avait fait provision d'eau pour deux jours, car nous devions être cet espace de temps sans en trouver sur la route.

Nous traversâmes un pays sablonneux, où l'on remarquait de très-beaux balanites et quelques mimosas. La provision d'eau n'était pas abondante; d'ailleurs, la meilleure partie était réservée pour les veaux : nous souffrîmes horriblement de la soif pendant les deux jours que nous passâmes en route. Ce même jour, nous fîmes quinze milles O. S. O. Les troupeaux étaient restés derrière, et tout le monde se passa de souper. Le 22, nous fîmes douze milles dans la même direction, et nous arrivâmes à trois heures du soir au lieu marqué pour la halte : nous nous trouvions à trois milles S. E. d'el-Awanil, mare où l'on envoya chercher de l'eau. Le 29, pour me distraire, j'allai visiter cette mare; je suivis les esclaves qui y allaient puiser : le sol qui l'environne est légèrement argileux, et produit beaucoup de *zizyphus lotus*, de *mimosa* et de *nauclea*. Dans cette promenade, je vis avec plaisir les esclaves jouir d'un moment de bonheur. Ces malheureuses, si tristes, si mornes en présence de leurs cruels maîtres, profitant de l'instant de liberté que leur procurait l'éloignement du camp, se livrèrent à leur joie naturelle, et passèrent une heure à danser, chanter et folâtrer. Je jouissais autant de leur plaisir qu'elles-mêmes, car j'étais tous les jours témoin des cruautés qu'on exerçait envers elles. Leurs jeux finis, elles remplirent leurs outres, et reprirent la route du camp, nous y arrivâmes à deux heures.

J'espérais que le camp continuerait à s'approcher du fleuve; mais on me dit qu'il n'avancerait pas plus à l'O. J'étais dans un état de dénuement complet; mes vêtemens étaient en lambeaux ; il me répugnait infiniment de vivre d'aumônes, comme je l'avais fait depuis mon arrivée chez les Maures. Je desirais informer M. le commandant et administrateur du Sénégal de ma situation, et lui demander des secours; mais je ne pouvais y parvenir qu'en allant à l'escale. Je témoignai donc à mon marabout le desir que j'avais de faire ce voyage, prétextant le besoin de renouveler mes vêtemens, et de faire venir mes marchandises. Il y consentit d'abord ; puis, après avoir réfléchi un moment, il me proposa de me conduire au camp du roi, d'où j'écrirais, et l'on enverrait ma lettre par un fils de Moctar-Boubou, chef de Podor, qui me rapporterait mes marchandises. Cette proposition ne pouvait me convenir : j'affirmai que cela ne pouvait se faire ainsi ; qu'on ne remettrait pas mes effets à un envoyé, et qu'il était indispensable que j'écrivisse à l'escale ; que d'ailleurs, j'avais besoin d'y aller pour me procurer des vêtemens. Il fit encore des difficultés qui n'étaient que l'effet de ses soupçons. Je m'en aperçus, et lui déclarai que, si mon voyage le contrariait, j'y renoncerais, et abandonnerais plutôt mes marchandises que de faire quelque chose contre son gré. Cette déclaration lui inspira de la confiance, et il me promit de me procurer les moyens de m'y rendre ; mais ce ne fut pas sans y apporter beaucoup d'hésitation et de lenteur, car je ne pus partir que le 9 mars. Les préparatifs de mon départ ne furent pas longs, mais très-embarrassans pour moi, car je n'avais aucun moyen de cacher mes notes, les graines que j'avais recueillies, et quelques échantillons de minerais que je voulais emporter. J'imaginai d'emprunter à la femme de mon marabout deux sacs en cuir, pour mettre, lui dis-je, les marchandises que je rapporterais de l'escale ; mais quand je voulus prendre le mien, Fatmé s'y opposa, en me disant que je n'en avais pas besoin : j'en sortis quelques-unes de mes notes, et lui dis que tous ces papiers étaient l'inventaire et les reçus de mes marchandises, et qu'ils m'étaient indispensables pour faire mes réclamations : elle me les abandonna. Je mis par-dessus les sacs qu'elle m'avait prêtés et une pagne; et quand des curieux voulaient voir ce que je portais, je leur faisais voir ces derniers objets, sans que le reste fût aperçu.

Le 9 mars, à neuf heures du matin, je partis accompagné d'un des fils de mon marabout. A six milles O., nous rencontrâmes le marigot de Koundy, que j'avais passé huit mois auparavant avec Boubou-Fanfale; nous le franchîmes à gué, et continuâmes notre route à travers un bois épais, en suivant un vallon magnifique par la végétation des plantes qui le bordaient.

Tous les terrains inondés qui se trouvent entre le marigot et le fleuve sont ensemencés de mil parmi les arbres, sans que la terre ait été remuée, et sans même qu'on ait ôté les branches mortes qui l'obstruent. Tous les bas-fonds sont de nature argileuse; j'ai remarqué en plusieurs endroits des roches ferrugineuses.

Nous avions fait trois milles depuis le marigot, lorsque nous aperçûmes de la fumée dans le plus épais du bois : quelques voyageurs qui nous avaient joints en route allèrent voir ce que c'était; ils me dirent à leur retour que des zénagues avaient fait du feu pour faire cuire de la viande. Ils regrettèrent longtemps de n'y être pas arrivés assez tôt pour mettre ces malheureux à contribution; ils n'avaient trouvé que les traces, les zénagues s'étant sans doute cachés à leur approche. Nous sortîmes du vallon pour nous rendre à un camp qui se trouvait à un demi-mille S. dans un lieu si boisé qu'il y avait à peine de la place pour tendre les tentes : ce lieu se nomme *Ténèque*. Nous y passâmes la nuit : on nous donna pour notre souper du lait de brebis d'un goût détestable ; mais il fallut le boire, n'ayant pas autre chose, et nous mourions de faim, car nous n'avions rien pris de toute la journée. Il nous restait neuf milles à faire pour nous rendre sur le bord du fleuve ; et le lendemain, dès le point du jour, nous nous remîmes en route. Nous rencontrâmes beaucoup de voyageurs qui venaient de Podor et de l'escale. A deux heures, nous arrivâmes sur le bord du fleuve, que nous traversâmes en pirogue. Nous descendîmes chez Moctar-Boubou, où j'avais déjà logé en me rendant chez les Maures. Nous y restâmes trois jours, pendant lesquels mon conducteur ne cessa de me détourner d'aller à l'escale ; il craignait que, dès que j'y serais arrivé, je ne le quittasse pour retourner chez les chrétiens.

Les Braknas ne mangent pas de poisson ; ils l'ont en horreur : il n'est cependant pas défendu par Mahomet ; mais l'odeur forte qu'ils lui trouvent leur est très-désagréable. Le marabout qui m'accompagnait resta trois jours sans manger de couscous, plutôt que de goûter à celui qu'on avait fait avec du bouillon de poisson. Ce goût n'est pas général chez les

Maures ; j'en ai vu manger aux Trarzas ; et j'ai entendu dire que ceux qui avoisinent les côtes sont pêcheurs. Je fis ces observations à mon compagnon de voyage ; il me répondit que les Trarzas, étant plus rapprochés des chrétiens, s'habituent facilement à manger de tout, même à boire du vin, et que ce sont des infidèles.

Le 14, mon conducteur se décida enfin à me conduire à l'escale ; nous y arrivâmes de bonne heure. Je me rendis à bord de la goëlette *la Desirée*, appartenant à un négociant de Saint-Louis : j'empruntai de son traitant une pièce de guinée, du sucre, du tabac et un peu de papier ; puis j'écrivis à M. le commandant, pour lui faire connaître ma position, et le prier de donner ses ordres pour qu'on me délivrât quelques marchandises dont j'avais le plus pressant besoin. Comme il eût été trop long d'attendre à l'escale la réponse, et que les inquiétudes du Maure qui m'accompagnait allaient toujours croissant, je résolus de ne pas m'y arrêter, et de retourner au camp; et à sa grande surprise, je lui dis que nous allions repartir : mais il me pria d'attendre au lendemain; nous passâmes la nuit à bord. Le 15 mars, nous retournâmes à Podor prendre notre monture, et nous repassâmes le fleuve à deux heures. Un hassane de la tribu de Oulad-Sihi se joignit à nous : en route, nous rencontrâmes un laratine auquel il demanda du tabac; celui-ci n'en avait pas; le hassane voulut lui prendre son coussabe; l'autre refusant de le lâcher, il tira son poignard pour en frapper le laratine. Cette action me révolta, et m'indigna d'autant plus que nous sortions de faire la prière; je ne pouvais comprendre comment un homme qui se flattait d'être musulman, pouvait passer d'un devoir religieux à un acte de brigandage. A ma prière, mes compagnons allèrent au secours de ce malheureux. Je ne pus m'empêcher de réprimander l'agresseur, je le menaçai de rendre compte de sa conduite à Hamet-Dou; mais il me répondit d'un ton arrogant, que je pouvais le dénoncer, qu'il ne me craignait pas. Ce fait prouve assez combien les gens de cette classe méprisent l'autorité; aussi ne connaissent-ils d'autre droit que celui du plus fort. Mes réprimandes l'irritèrent, et je crois que, sans mon caractère de marabout, j'aurais payé cher mon zèle imprudent. Cette scène me fit faire de pénibles réflexions; je me disais : s'ils agissent ainsi envers les membres de leur nation, comment serait traité un étranger, un chrétien, dénué de protection, dans un pays où il n'y a point de lois qui défendent le malheur, et où ce titre même semble le dévouer davantage à leurs persécutions?... Que deviendrais-je, si mon secret était découvert? Une prompte mort serait le plus grand bien que je pusse obtenir de leur haine pour les chrétiens.

Cependant mon retour m'attirait de nombreuses et franches félicitations. Tous les Maures, lors de mon départ, étaient persuadés que je ne reviendrais jamais, et que je m'enfuirais de l'escale ; plusieurs avaient conseillé à Mohammed-Sidy-Moctar de ne pas me permettre d'y aller. Mais lorsqu'ils me revirent, tous firent éclater leur joie; ils ne doutèrent plus de ma conversion; c'était à qui me fêterait le mieux.

Nous passâmes la nuit dans un camp de marabouts qui surveillaient la culture de leurs champs. Je remarquai une grande quantité de graines de *nymphæa* que l'on faisait sécher ; j'appris que cette graine était employée comme assaisonnement dans le sanglé : j'en mangeai ; son goût n'a rien de désagréable. Ils se nourrissent aussi de la racine bulbeuse cuite à l'eau ; le goût en est moins bon, et elle est légèrement astringente. Cette plante, le plus bel ornement des lacs et marigots, croît avec profusion dans tous les terrains profondément inondés, et est d'un très-grand secours pour les Maures qui habitent les bords du fleuve. J'ai su depuis qu'aux environs de Saint-Louis, les nègres font aussi usage de cette plante : ils en mangent la racine bouillie, et emploient la graine plus particulièrement à l'assaisonnement du poisson.

Le 16, nous arrivâmes à notre camp, où je reçus de nouvelles félicitations. Le grand marabout sur-tout était fier de mon retour; il semblait l'attribuer à l'effet qu'avait produit sur moi sa haute sagesse : comme il n'était pas dans mes intérêts de le détromper, je le laissai se bercer tout à son aise de cette erreur.

Hamet-Fal, son fils aîné, me prit à part pour m'interroger sur la réception qu'on m'avait faite à bord des bâtimens. Je lui dis (ce dont son frère avait été témoin) qu'on m'avait engagé à retourner parmi les blancs, mais que j'avais repoussé leurs propositions, que j'aimais mieux ne manger qu'un peu de sanglé chez les musulmans que de retourner chez les chrétiens vivre dans l'opulence, et que j'espérais que ce sacrifice serait agréable à Dieu. Il me prit la main, la porta à son front, et me dit avec transport : « N'en « doutez pas, Abdallah; tous les biens de la terre ne « sont rien en comparaison de ceux qui vous attendent « dans le ciel; tout est passager dans ce monde, mais « les richesses que Dieu réserve aux fidèles ne finis-« sent jamais. Les chrétiens sont riches, ils ont de « tout en abondance, ils mangent beaucoup, boivent « du vin et de l'eau-de-vie; ils ne veulent pas recon-« naître le prophète; ils iront dans l'enfer : ce monde « est leur paradis. Nous, nous n'avons que des bœufs, « des moutons; nous ne mangeons qu'un peu de sanglé « et ne buvons qu'un peu de lait ou d'eau : mais « nous prions Dieu, qui nous donnera la récompense

« dans le ciel. Rien n'est comparable aux jouissances
« qu'on y éprouve; elles se renouvellent à toute heure,
« à toute minute; on n'a besoin que de souhaiter pour
« obtenir en abondance ce qu'on desire. Quatre grands
« fleuves arrosent le paradis : un d'eau, un de lait,
« un de miel, et le quatrième d'eau-de-vie; mais
« cette eau-de-vie est bien meilleure que celle que
« boivent les chrétiens, et que Dieu défend; c'est ce
« qu'on peut boire de plus exquis. On y trouve des
« bassins de beurre, de dattes, de sanglé, enfin tout
« ce qui peut rendre la vie agréable, et des beautés
« dont la fraîcheur éclatante ne se flétrit jamais.
« Voyez, dit-il encore, ce fruit (et il tenait un fruit
« de *zizyphus lotus*); il est bien petit sur la terre : eh
« bien! dans le paradis, il est aussi gros qu'une dame-
« jeanne. (Il choisit cette comparaison, parce qu'il
avait vu des dames-jeannes à bord des bâtimens à
l'escale.) « Vous, Abdallah, continua-t-il, vous
« aurez la première place; vous aurez plus de mérite
« auprès de Dieu que tous les musulmans ensemble,
« parce que vous avez abandonné les commodités
« de la vie et toutes les jouissances que vous étiez
« appelé à partager, pour venir parmi nous vous as-
« sujettir à des privations sans nombre, et qui jusqu'à
« ce jour vous étaient inconnues. »

Tel fut le discours que me tint le fils de mon marabout. Cet homme était âgé de quarante ans; il avait

été à Saint-Louis, et il pouvait apprécier l'étendue du sacrifice que je faisais : aussi devint-il un de mes amis les plus zélés. Enfin, tous les doutes qu'on avait conçus sur ma conversion furent dissipés, et dès ce moment je fus considéré comme un vrai sectateur du prophète. J'étais au mieux dans l'esprit de tous les Maures : la considération dont je jouissais me fit espérer de mettre bientôt à exécution le projet que j'avais formé depuis long-temps de visiter toutes les parties intéressantes du désert, en voyageant comme marchand et comme pèlerin jusqu'à la Mecque, et d'effectuer mon retour en France par l'Égypte. Mais, comme on le verra, ma proposition fut très-mal accueillie.

Les jours suivans, j'allai visiter les marabouts du camp; tous me reçurent également bien. Je vais citer ici un trait qui servira à faire connaître leur caractère. L'un d'eux avait tué un bœuf pendant mon absence, et il savait que j'avais rapporté quelques marchandises : il me proposa un repas de viande, à condition que je lui donnerais du tabac ; j'en avais un peu, et j'avais bon appétit; j'acceptai. Il fit apporter un petit morceau de viande sur un layot, et se mit à manger avec moi. Tout en se dépêchant d'avaler, il me prêchait la sobriété, et me disait que celui qui mange peu est chéri de Dieu, parce qu'il aime mieux prier que de satisfaire sa faim (ce qu'ils appellent avoir le ventre du Coran), et que celui qui ne pense qu'à se rassasier est un infidèle. Il me flattait beaucoup, et me disait que *j'avais le ventre du Coran*. Je lui fis sentir que sa ruse était trop grossière, et lui dis qu'il était vrai que, comme tous les Maures, je mangeais peu, mais parce que je n'avais pas de quoi satisfaire mon appétit, et que j'étais persuadé que tous les musulmans n'étaient sobres que par force. Je lui montrai un vieillard qui était assis à côté de nous, et qui me paraissait affamé, et lui dis : « Tiens, vois cet honnête homme; il n'a rien mangé de toute la journée : je gage que si tu lui donnes une calebasse de sanglé, il ne fera pas le ventre de Coran, et qu'il mangera tout. » Le pauvre homme prit la parole, et dit : « Il est très-vrai que je n'ai rien pris depuis hier que je bus un peu de lait pour mon souper, et je bénirais celui qui me ferait faire un bon repas aujourd'hui. » Je fis observer à mon hôte que, si lui-même ne faisait qu'un repas par jour, c'était faute de moyens, et non par amour pour la religion; et j'ajoutai que, s'il se trouvait quelqu'un qui voulût lui donner un régal à discrétion, certainement il ne se ferait pas prier pour accepter. « Ah ! dit-il, les hassanes peut-être en profiteraient pour se gorger sans raison; mais un marabout ne le ferait jamais. » Je lui citai pour exemple un fait arrivé à l'escale, à bord du *Désiré*, et dont le fils de Mohammed-Sidy-Moctar avait été témoin. Quatre marabouts vinrent à bord pour vendre une partie de gomme : comme il est d'usage de les nourrir jusqu'à parfaite livraison, on leur prépara à souper. On remit à l'un d'eux, qui paraissait être le chef, un énorme plat de riz cuit avec de la viande, sur lequel on versa une bonne quantité de beurre, qu'ils aiment beaucoup, et dont ils mangent rarement chez eux; il alla se cacher dans un coin, et, un moment après, revint demander le souper de ses trois camarades. Le traitant, étonné, lui demanda où était le plat de riz qui contenait le souper des quatre : « Bah ! dit le Maure, j'ai tout mangé, et je ne suis pas rassasié. » On refit à souper pour les trois autres. Mais celui-ci manqua de payer bien cher sa gourmandise; il eut une indigestion qui faillit le faire périr. Mon hôte blâma beaucoup l'intempérance de son confrère; toutefois je suis persuadé qu'en pareille occasion il n'eût pas été plus sage.

Le 29 mars, je retournai à l'escale, espérant y trouver la réponse de M. le commandant; il s'était écoulé treize jours depuis que je lui avais écrit. Afin d'arriver directement à l'escale sans passer par Podor, nous nous dirigeâmes à l'O. N. O. On me fit remarquer sur la route beaucoup de vrais gommiers dont on avait retiré la gomme. Le 31, j'arrivai à bord des bâtimens. La péniche qui avait porté ma lettre était de retour de Saint-Louis, sans m'apporter de réponse; je présumai qu'elle n'avait pas séjourné. Je pris à bord quelques marchandises de M. René-Valentin, habitant de Saint-Louis : je ne puis faire trop d'éloges des procédés généreux de ce négociant à mon égard. Le 3 avril, je retournai au camp.

Nous voulûmes suivre la même route que nous avions tenue en venant ; mais les bois étaient tellement touffus et le chemin si mal tracé, que nous nous perdîmes. Nous marchions au hasard, lorsque, sur les dix heures du soir, nous rencontrâmes un marabout qui gardait un troupeau ; nous le priâmes de nous indiquer le chemin de son camp. Il nous fit des réponses ambiguës, et nous montra plusieurs directions, ce qui nous laissa encore plus incertains sur celle que nous devions prendre. Nous souffrions horriblement de la soif, car nous n'avions pas trouvé d'eau sur la route : nous suivîmes le gardien pas à pas pendant long-temps, le suppliant, au nom de Dieu, de nous indiquer le chemin ; mais le saint homme s'amusait à nos dépens, et retardait exprès la marche de son troupeau. Nous comprîmes qu'il craignait que nous n'allassions descendre chez lui, parce qu'il aurait été obligé de nous donner à souper ; et bien que nous fussions encore à jeun, nous l'assurâmes que nous n'avions pas besoin de manger, que nous ne désirions qu'un peu d'eau pour nous désaltérer. Il hésita encore long-temps ; puis, cédant enfin à nos prières, il nous donna une vache pour nous servir de guide. Dès que cette pauvre bête fut détachée du troupeau, elle se dirigea vers le camp en beuglant, et bientôt nous entendîmes son veau lui répondre; elle se dirigea vers le parc, et nous vers les tentes, où nous fûmes bien mieux reçus que la conduite du gardien ne nous permettait de l'espérer. Tous les marabouts me firent le plus grand accueil, et voulurent juger de mon instruction par le nombre de prières que je savais, et qu'ils me firent réciter; puis on nous donna, au fils de mon marabout et à moi, du sanglé pour souper: nos compagnons n'eurent que du lait.

Le 5 avril, nous arrivâmes au camp; il avait rétrogradé de trois milles vers l'E. et se trouvait près d'une mare nommée *Tiartiaka*.

Le 6, on m'apprit que M. le commandant avait passé à l'escale pour aller à Podor, et qu'à son retour il s'y arrêterait pour avoir une entrevue avec le roi Hamet-Dou; on me dit aussi qu'il avait manifesté le desir de me voir. Je desirais ardemment avoir un entretien avec lui : je fis tous mes efforts pour repartir de suite; mais ce ne fut que le 8 que je pus me remettre en route pour l'escale, où j'arrivai le 10, deux jours après le départ du commandant pour Saint-Louis. Je m'attendais à une lettre : j'eus la mortification d'apprendre qu'il n'en avait pas laissé pour moi; que cependant il avait autorisé l'officier de marine commandant le brig stationnaire, à me faire quelques avances; et lorsque je m'adressai à cet officier, il me dit qu'il n'avait à son bord aucune marchandise du gouvernement, que les avances qu'il avait ordre de me faire se réduisaient à fort peu de chose.... Mes besoins étaient pourtant bien pressans : je demandai deux pièces de guinée, et j'obtins deux pièces de birampot[1] tellement mauvaises, qu'elles ne purent servir à acheter du mil. J'écrivis de nouveau à M. le commandant; ma lettre resta sans réponse. Dès-lors je pensai qu'on mettrait des obstacles à l'exécution de mon projet; mes craintes n'ont été que trop justifiées.

Avant de quitter l'escale, je pris encore quelques marchandises à bord de M. René-Valentin, qui eut la générosité de me les prêter sans aucune garantie. Je me remis en route pour le camp, le cœur déchiré et la tête fatiguée par les réflexions qui se succédaient avec rapidité, en voyant s'évanouir l'espoir que je m'étais plu à nourrir d'obtenir du gouvernement les moyens d'effectuer mon projet. Je voyais à peine ce qui se passait autour de moi : ce ne fut qu'à une halte que nous fîmes près d'une mare nommée *Ti-*

---

[1] Espèce de guinée, toile bleue de Calcutta, d'un tissu clair et grossier, que les Maures et les nègres emploient à faire des moustiquaires, et quelquefois des coussabes à leurs esclaves. Cette étoffe se vend au Sénégal de 10 à 15 francs la pièce de quatorze aunes.

chilite el-Bédane, que je m'aperçus que mes compagnons avaient acheté un mouton avec la guinée que j'avais reçue à bord. Deux zénagues qui nous avaient suivis dans l'espoir de manger un morceau du mouton qu'ils avaient vendu, furent chargés de l'apprêter. Lorsqu'il fut cuit, mes deux marabouts firent les généreux à mes dépens, et nous nous trouvâmes une quinzaine à le partager : cependant ils eurent la précaution d'en garder un morceau non cuit pour le lendemain; ils prélevèrent leur part de la viande, et ne mangèrent pas avec les autres. En route, ils affectent toujours d'être de grands personnages, et mettent beaucoup de fierté dans toutes leurs actions.

Le lendemain, lorsqu'il s'agit de faire cuire le morceau de réserve, nous nous trouvâmes embarrassés, car nous n'avions ni fusil ni briquet pour faire du feu. Je vis alors employer un moyen connu depuis long-temps, mais que je n'avais pas encore vu mettre en usage ; les Maures prirent deux morceaux de bois, les frottèrent fortement l'un contre l'autre jusqu'à ce qu'il en jaillît du feu : cela demanda beaucoup de temps ; le bois dont ils se servirent était très-dur.

Le camp avait encore changé de place ; il était reculé d'un mille à l'E. et se trouvait près d'un ruisseau nommé *Rekiza*. A notre arrivée, on nous apprit que Hamet-Dou faisait la guerre aux Oulad-Hamet, et que ceux-ci prenaient la fuite pour éviter leurs ennemis, auxquels ils étaient de beaucoup inférieurs. Voici le sujet de cette guerre.

Les esclaves laratines de la tribu de Oulad-Hamet avaient cherché querelle à ceux du roi, et avaient ravagé leurs champs de mil ; ceux-ci s'en plaignirent à leur maître, qui alla avec ses gens prendre les troupeaux des Oulad-Hamet pour leur faire payer le dégât commis sur ses terres. Toutes les femmes de la tribu vinrent implorer la clémence du roi, qui rendit les troupeaux sans exiger aucune indemnité. Mais ces perfides, loin d'être touchés de la bonté du prince, attaquèrent de nouveau les gens d'Hamet-Dou, les surprirent dans leurs tentes, et en tuèrent quatre ; ils éprouvèrent cependant une vigoureuse résistance, car ils se retirèrent avec une perte de sept hommes, que les assaillis leur tuèrent. Cette conduite atroce excita la colère du roi ; il jura de s'en venger et déclara la guerre à toute la tribu. Les agresseurs, sachant qu'il n'y aurait rien à gagner pour eux dans cette guerre, entrèrent en négociation, et le roi leur pardonna de nouveau.

La tribu des Oulad-Hamet est de celles des Braknas la plus perfide ; ils ne respectent rien, pas même leurs compatriotes. Lorsqu'ils rencontrent des voyageurs, ils les dévalisent s'ils sont les plus forts ; et si le hasard conduit ces derniers dans leurs camps, ils n'en sortent pas sans être dépouillés de tout ce qu'ils possèdent : aussi a-t-on soin de les éviter soigneusement. Leur caractère atroce les fait détester de toutes les autres tribus ; on ne parle d'eux qu'avec une espèce d'horreur.

Le même jour on vint dire que les Trarzas[1] venaient de voler des bœufs dans les bois, et qu'ils les emmenaient : on fut fort embarrassé ; il ne se trouvait que peu d'hommes dans le camp, car tous avaient pris la fuite à l'approche du ramadan ; il ne s'en présenta que sept ou huit pour courir après les voleurs. Je remarquai qu'ils n'avaient pas de fusils ; mais on m'assura que les hassanes-trarzas ne se serviraient pas des leurs, et qu'on ne se battrait qu'à coups de bâton. Pendant leur absence, toutes les femmes se réunirent par groupes, et discutèrent sur le résultat qu'aurait cette affaire ; plusieurs querelles s'élevèrent entre elles, car les unes prétendaient que les Trarzas emmeneraient les bœufs, tandis que d'autres soutenaient au contraire qu'ils auraient le dessous, et que les marabouts leur feraient lâcher prise. Vers la fin du jour, les différens furent réglés ; les marabouts revinrent, et dirent que les voleurs avaient pris la fuite à leur approche, et avaient abandonné les bœufs.

Le soir, on aperçut la nouvelle lune : c'était celle

---

(1) **Nation de Maures**, habitant le bas du fleuve, à l'O. du pays des Braknas.

du ramadan ; le carême allait commencer. On fit de longues prières et beaucoup de sanglé. On soupa plus tard qu'à l'ordinaire, attendu qu'on devait jeûner le lendemain. Avant le jour, on me réveilla pour boire, car la loi défend de rien prendre tant que le soleil reste sur l'horizon.

Les Maures véritablement dévots observent le jeûne le plus rigoureux ; ils ne font qu'un repas au milieu de la nuit, et non-seulement ne prennent aucune nourriture pendant le jour, mais encore se privent de boire, et même de respirer du tabac. Comme le ramadan arrive souvent dans la saison chaude, et que le jeûne est plus pénible à cause de la soif dévorante qu'on éprouve, les moins zélés choisissent cette époque pour voyager, parce qu'alors ils sont dispensés de jeûner. Voilà pourquoi, lors du vol des bœufs, il ne s'était trouvé que quelques hommes dans le camp ; tous étaient partis les jours précédens. Cette émigration ne les dispense pas pour cela du carême ; mais elle leur procure l'avantage de choisir la saison ; et c'est toujours celle du froid qu'ils préfèrent, parce qu'alors la soif est plus supportable.

Le premier jour, je soutins assez bien le jeûne ; je souffris pourtant beaucoup de la soif, et je soupirais après le coucher du soleil : ce ne fut qu'un quart d'heure plus tard qu'on nous apporta du cheni à boire, et ce quart d'heure me parut le plus long de la journée.

L'impatience augmenta ma soif au point que je ne pus vaincre le desir de boire, et je bus avec excès. Mon corps se couvrit de sueur; les jambes me manquèrent; je tombai sans mouvement sur ma natte, où je restai étendu pendant une demi-heure, sans cependant perdre connaissance. Enfin mes forces revinrent peu à peu, et je pus me lever pour aller à la prière.

A onze heures du soir, on nous apporta du sanglé pour souper; je remarquai qu'on en avait fait plus qu'à l'ordinaire : je mangeai très-peu; la soif m'avait ôté l'appétit; je me sentais un peu de fièvre. Toutes les femmes s'étaient proposé de jeûner; mais sur le midi, elles furent obligées de boire, et leur jeûne fut rompu. Moi, je continuai les jours suivans, et mes souffrances augmentaient à mesure que mes forces diminuaient. Le sixième jour, je crus que je ne pourrais supporter plus long-temps ces pénibles privations. Le vent d'E. soufflait avec force; la chaleur augmentait; ma soif était insupportable : j'avais la gorge desséchée; ma langue aride et gercée me faisait l'effet d'une râpe dans la bouche; je crus que je succomberais. Je ne souffrais pas seul; tout le monde autour de moi endurait les mêmes tourmens. Enfin les marabouts se baignèrent la figure, la tête et une partie du corps : on me permit d'en faire autant; mais j'étais observé avec la plus grande attention, et je ne pouvais tromper mes argus qu'au risque de me faire massacrer, si j'avais été surpris à avaler un peu d'eau. Quand mes souffrances étaient excessives, et qu'il m'échappait quelques plaintes, ils me disaient, pour m'encourager, qu'à ma mort Mahomet me recevrait dans le ciel, en me présentant un vase de nectar [1] pour me désaltérer, et me récompenser des peines et des privations que j'éprouvais. Un jour, je trouvai le moyen de jouir d'avance de cette béatitude : comme la loi permet de se laver la bouche, de respirer de l'eau par le nez, mais qu'on doit rejeter de suite, je saisis le moment où mon marabout, étant occupé à se laver, ne pouvait m'observer, pour avaler une partie de l'eau que j'avais dans la bouche; il me sembla qu'en ce moment le prophète m'ouvrait les portes du ciel; jamais je n'avais trouvé l'eau si délicieuse. C'est la seule fois que j'aie pu tromper leur vigilance, et encore je ne le fis pas sans effroi. Je jeûnai ainsi pendant dix-sept jours, et le dix-huitième je fus attaqué de la fièvre; alors on m'en dispensa, si toutefois on peut appeler ne pas jeûner, boire un peu d'eau dans la journée, car on ne me donna absolument rien à manger.

Outre qu'on me faisait observer le jeûne le plus

---

[1] Les Maures me disaient, d'une boisson exquise, délicieuse. Je rends leur idée par une expression plus courte.

rigoureux, j'avais encore à souffrir les insultes sans nombre des hassanes voyageurs, pour qui mes souffrances étaient un sujet de divertissement. S'ils me trouvaient couché expirant de soif et de besoin, ils me tiraient par mes vêtemens, me pinçaient, me tourmentaient de mille manières, pour m'obliger à répondre à leurs questions, qui toutes insultaient à ma position. Ils finissaient toujours par me demander si je voulais boire un peu d'eau-de-vie et manger du cochon, et enfin si je voulais subir la circoncision. A chacune de ces questions, auxquelles je refusais de répondre, ils riaient aux éclats, et répondaient pour moi en affectant le plus ironique mépris. Les marabouts voyaient cela avec peine; mais ils ne pouvaient me délivrer de ces importunités; seulement, après le départ des hassanes, ils les blâmaient et les traitaient d'infidèles.

Je remarquai que les marabouts n'étaient pas aussi sévères à l'égard de leurs compatriotes qu'envers moi; je voyais souvent des jeunes gens qui mangeaient pendant le jour. Quand je demandais pourquoi ils n'étaient pas, comme les autres, soumis au jeûne, on me répondait que la veille ils n'avaient pris que peu de chose pour souper, et qu'ils n'auraient pu passer la journée sans manger. Ce prétexte leur servait toutes les fois qu'ils voulaient se dispenser de jeûner.

Pour se distraire et leur faire trouver les jours moins longs pendant le ramadan, les Maures ont un jeu qu'ils nomment *sigue*. Il consiste en six morceaux de bois plats et arrondis par les bouts en forme d'ovale, blancs d'un côté et noircis de l'autre. Ce jeu se joue à deux, quatre ou six personnes, mais toujours divisées en deux partis. On fait dans le sable trois rangs de trous, de vingt-quatre chacun. Les rangs des côtés sont pris par chacun des partis, qui en couvrent tous les trous d'un brin de paille, en observant toujours que les pailles de l'un et de l'autre soient de couleur différente pour les reconnaître facilement. Le rang du milieu reste libre. L'un des joueurs prend cinq des morceaux de bois dans sa main, les mêle et les laisse tomber par terre : s'il amène tous les morceaux de bois de la même couleur, ou tous moins un, c'est ce qu'on appelle *faire la sigue;* le coup compte un, et le joueur continue avec les six morceaux de bois, jusqu'à ce qu'il manque de faire la sigue; alors un autre prend le jeu. Chaque fois qu'un joueur fait la sigue, il met une paille dans un des trous du rang du milieu, et l'avance d'autant de places qu'il a amené de morceaux de bois de la couleur adoptée par son parti. Quand un des joueurs a atteint le dernier trou du rang du milieu, il y laisse sa paille; et si son adversaire y arrive aussi, sa paille est rejetée, et il recommence à jouer comme la première fois. Quand on a pris tous les trous du milieu, on entre dans le rang de son adversaire, et l'on continue de se promener en prenant les pailles de toutes les places qu'on lui gagne; et quand celui-ci a perdu toutes ses pailles, la partie est finie.

Ils ont un autre jeu qu'ils jouent plus rarement, parce qu'il occasionne plus d'exercice. Ils élèvent en rang, des piles de petits os plats, et plusieurs hommes, avec chacun quatre pierres, les lancent sur les os à une grande distance; celui qui en abat le plus donne des chiquenaudes sur le nez de ses camarades. Les princes s'amusent quelquefois à ce jeu. Les enfans, moins paresseux que les hommes, et aimant à courir, ont un jeu qui les met vraiment en action : ils forment un grand cercle ; l'un d'eux se met au milieu ; tous les autres le harcellent en courant autour de lui : l'un le frappe, l'autre le pousse, ou le tire par son coussabe, etc. Celui-ci cherche à attraper un des assaillans; et lorsqu'il y parvient, il lui fait prendre sa place. Ce jeu est très-bruyant, car tous poussent de grands cris en tournant et sautant autour de celui qui sert de but. Les petites filles jouent aussi à ce jeu entre elles.

C'est pendant le ramadan que les enfans subissent la circoncision, depuis l'âge de quatre ans jusqu'à douze; c'est toujours un marabout qui fait cette opération. L'enfant ne doit laisser apercevoir aucun signe de douleur : il tient un morceau de bois dans la bouche, avec lequel il se nettoie les dents, tant que dure l'opération. On ne met sur la plaie qu'un peu de crottin d'âne délayé avec de l'eau; on laisse tomber ce cataplasme de lui-même. Les nouveaux circoncis vont courir dans les bois, armés d'arcs et de flèches, et s'amusent à tirer les oiseaux : ils ne rentrent au camp qu'à deux heures pour manger le sanglé; le soir ils ne mangent que du lait pour souper. De peur qu'ils ne se blessent la nuit en dormant, on plante des piquets à l'endroit où ils sont couchés, de manière qu'ils ne puissent pas se retourner. Tout le temps qui s'écoule depuis le moment de la circoncision jusqu'à leur parfaite guérison, est considéré comme une fête, pendant laquelle ils font mille espiégleries à leurs parens; mais on m'a assuré qu'ils ne volent pas, comme j'ai eu occasion de voir que le font les nègres. On circoncit les filles à l'âge d'un an : les hassanes, comme les zénagues, appellent toujours un marabout pour faire cette opération.

A la fin du carême, on célèbre une fête (le tabasky) à laquelle on donne une grande solennité. Chacun se revêt de ce qu'il a de plus beau; on tue un mouton mâle et qui n'a pas subi la castration; on fait beaucoup de sanglé; tout le monde a abondamment de quoi se rassasier; c'est peut-être le seul jour de l'année où leur appétit soit complètement satisfait. Ils se font mutuellement l'aumône d'un moule de mil; mais c'est plutôt un échange qu'un don, car ils le font toujours à ceux qui sont en état de le leur rendre, et jamais aux malheureux.

Cette fête est purement religieuse chez les marabouts : la plus grande partie du jour se passe en prières ; c'est pour eux une espèce de pâque, où l'usage permet de manger plus qu'à l'ordinaire. Mais les hassanes en font un jour de réjouissance : les hommes tirent des coups de fusil, font des courses à cheval et des évolutions, tandis que les femmes, réunies autour des guéhués, chantent au son de la musique et en s'accompagnant de battemens de mains. En général, les fêtes sont plus gaies chez ces derniers que chez les marabouts, parce que les guéhués, qui y sont admis, y répandent la joie par des chants, de la musique et leurs jongleries.

Dans la journée du 18 avril, les fils de mon marabout revinrent de l'escale, où ils étaient allés porter des gommes, et nous dirent que Hamet-Dou se proposait d'aller à Saint-Louis. Mohammed-Sidy-Moctar me conseilla d'y aller aussi pour chercher mes marchandises. On n'osera pas, disait-il, vous retenir de force en présence du roi ; et si l'on refuse de vous les rendre, il vous protégera. Cette proposition me mettait à mon aise ; car, ne pouvant rester plus longtemps comme j'étais parmi eux, j'avais besoin de solliciter auprès de M. le commandant les moyens d'achever mon éducation et de continuer mon voyage. Cependant je ne montrai aucun empressement; j'eus l'air de céder à ses avis, et partis pour l'escale, accompagné d'Abdallah, son second fils : nous y arrivâmes le 20. En route, nous passâmes la nuit dans un camp de zénagues, où j'entendis un Maure qui s'entretenait de moi, dire : « Je voudrais qu'il mourût chez moi lorsqu'il reviendra avec ses marchandises. » Une femme lui répondit : « Ne dis donc pas cela. » — « Ah! reprit-il, ne serait-il pas bien heureux? il irait en paradis, et moi j'aurais ses marchandises. » J'entendis très-distinctement; mais je ne me donnai pas la peine de le remercier de ses bonnes intentions à mon égard.

Il y avait deux jours que le roi était parti pour Saint-Louis, lorsque nous arrivâmes à l'escale; il nous fallut attendre une occasion pour y descendre. Pendant ce temps, j'allai visiter tous les traitans à bord de leurs bateaux : mon guide me suivait partout, et prenait des informations sur moi, sur mon naufrage et sur mes marchandises. Il paraissait fort inquiet; mais comme j'avais prévenu tous ces messieurs, il n'obtint que des réponses conformes à ce que je lui avais dit. Cependant sa curiosité m'inquiétait; car je savais qu'à Saint-Louis il trouverait des gens qui le détromperaient, même sans intention de me nuire; et comme je prévoyais que j'aurais de la peine à obtenir ce que j'allais solliciter, je craignais que les propos qu'on lui tiendrait sur mon compte ne détruisissent en partie la bonne opinion que ses compatriotes avaient de moi, et qu'ils n'apportassent plus tard des obstacles à mes projets. J'aurais bien désiré de l'éloigner; j'en conçus un moment l'espoir, à la suite d'une conversation que nous cûmes ensemble.

Chaque fois que nous quittions un bateau, il me grondait, parce que je ne demandais rien aux chrétiens; lorsque je lui répondais que je n'avais besoin de rien, il me disait : « C'est égal, il faut toujours « demander : s'ils donnent, tant mieux; s'ils refusent, « tant pis. Ce sont tous des infidèles; nous devons « leur attraper leurs marchandises. Crois-tu que tous « les musulmans qui sont ici n'y viennent que pour « voir les blancs? Non : ce n'est que pour attraper « leur guinée quand ils le peuvent. Tu penses peut-« être, Abdallah, que je vais à Saint-Louis pour le « plaisir de voir la ville et tous les chrétiens qui l'ha-« bitent? » Je répondis que je le croyais en effet, parce qu'il avait manifesté ce désir avant notre départ du camp; d'ailleurs, lui dis-je, qu'irais-tu y faire? « Ce « que j'y vais faire? Ne crois pas que ce soit pour voir « les infidèles et leur pays; c'est pour tâcher de leur « arracher quelques marchandises, et dans l'espoir « que tu me donneras trois ou quatre pièces de guinée « et un fusil, pour t'avoir accompagné. » Quoique j'eusse été à même de juger de l'avidité de ses pareils, cet aveu me surprit autant qu'il m'indigna. Je n'osai pourtant faire éclater ma colère : je me contentai de lui répondre que, s'il avait compté sur ma générosité, il s'était trompé ; qu'il n'y avait acquis aucun droit ; que je ne me croyais obligé qu'envers son frère, et que lui seul recevrait les récompenses qui étaient dues aux bontés qu'il avait eues pour moi. Il fut déconcerté, et me dit que, s'il en était ainsi, il allait retourner au camp et me laisser seul aller à Saint-Louis. J'en eusse été bien aise ; mais lorsqu'il me vit partir, il s'embarqua avec moi. Avant de quitter l'escale, je vais indiquer sommairement comment se fait la traite de la gomme.

A l'époque fixée pour l'ouverture, l'administration de Saint-Louis envoie à l'escale un navire du roi, sous le commandement d'un officier de marine : il est chargé de la police de l'escale, en tout ce qui concerne la navigation et le stationnement des bateaux ; il règle aussi les différens qui s'élèvent entre les traitans et les Maures.

Le roi maure envoie, de son côté, des ministres chargés de ses pouvoirs : ils stationnent à l'escale, pour régler les coutumes[1] que doit payer chaque traitant. Ils s'entendent avec l'officier commandant le sta-

---

(1) On nomme *coutumes* les droits que paient les traitans aux divers chefs des lieux où ils vont faire le commerce. Aucun n'est admis en traite sans payer ces coutumes. Elles se règlent ordinaire-

tionnaire, toutes les fois qu'il survient des difficultés.

Lorsqu'un bâtiment traitant arrive à l'escale, il reste mouillé au milieu de la rivière, jusqu'à ce que ses coutumes soient réglées. Les débats sont ordinairement très-longs; car, bien que ces droits se taxent relativement au tonnage du navire, les Maures ne veulent jamais terminer, dans l'espoir d'obtenir davantage : souvent, pour en finir, on est obligé d'avoir recours au roi. Ce n'est qu'après l'accord signé que le bateau peut commencer à traiter; jusque-là, des agens des Maures, nommés *aloums*, restent à terre pour empêcher les gommes d'aller à bord. Ce sont ces mêmes agens qui surveillent les bâtimens dont la traite est suspendue.

Les droits que paient les traitans sont considérables. Un bateau jaugeant de vingt-cinq à trente milliers de gomme, paie ordinairement cent vingt ou cent trente pièces de guinée[1] de coutumes fixes ; à quoi il faut ajouter trois ou quatre pièces de cadeau aux princes, ce qu'on nomme *leur souper*, et deux ou trois pour les aloums, qui, sans cela, détourneraient les gommes au profit des autres embarcations.

---

ment d'après le tonnage du navire et l'importance des denrées que l'on traite. Le gouvernement en paie annuellement à tous les princes des bords du fleuve avec lesquels les habitans de Saint-Louis sont en relation, pour assurer leur protection à notre commerce.

(1) Valeur d'environ 4,000 francs.

Toutes ces conditions étant arrêtées, le bateau entre en traite : il accoste la rive ; on établit un pont pour faciliter la communication ; le traitant fait construire une case sur la grève pour loger ses pileuses[1], faire la cuisine de l'équipage, et pour se reposer lui-même quand il descend à terre. Pour traiter, il lui faut encore un maître de langue, qui sert d'interprète entre lui et les marabouts : il est payé et nourri à bord. Les aloums sont aussi nourris par tous les traitans en commun. On nourrit également les princes et princesses, quand ils viennent à l'escale ; celui qui refuserait de se conformer à cet usage, aurait sa traite arrêtée.

Souvent, lorsqu'un prince arrive, il va s'établir à bord d'un bateau, où on le reçoit, et l'on se soumet à toute sorte de vexations de sa part, dans la crainte qu'il ne fasse suspendre la traite. Il s'empare de la chambre, se couche sur le lit du traitant, se fait servir de la mélasse et de l'eau pour boire, et ne cesse d'importuner son hôte de demandes réitérées. A l'heure des repas, il se met à table sans y être invité, porte les doigts à chaque plat, en goûte tous les mets, et remet les morceaux qui ne lui plaisent pas, après les avoir portés à sa bouche ; touche tout de ses

(1) On nomme *pileuses* les femmes chargées de préparer le manger de l'équipage, parce qu'elles pilent le mil dans un mortier pour en retirer la farine.

mains sales, prend le pain, le sucre, et tout ce qui lui convient, affectant toujours de ne rien trouver à son goût, et vantant la chère qu'il fait à son camp, etc.

On concevra aisément qu'un mulâtre né au Sénégal, habitué dès son jeune âge à ces manières rustiques, et n'ayant d'ailleurs qu'une idée bien imparfaite de notre politesse, supporte patiemment toutes ces vexations; mais qu'un Européen, qu'un Français s'y soumette, voilà ce que je n'ai pu comprendre, et ce dont j'ai pourtant été témoin. Il est vrai que, le plus souvent, ce sont des commis de négocians de Saint-Louis, qui sont obligés de se conformer à l'usage, dans la crainte de compromettre les intérêts de la maison dont ils sont les mandataires. Ils n'ont qu'un moyen d'éviter une partie des importunités de pareils hôtes et de manger tranquilles; c'est en faisant entrer du lard ou du saindoux dans l'assaisonnement de tous leurs mets : alors le Maure mange dans un coin le morceau de viande qu'on lui a fait cuire à part. Mais il exerce toujours la même rapacité sur le pain, le sucre, et tous les objets sur lesquels il peut assouvir sa gourmandise. Les traitans, ennuyés, s'efforcent quelquefois de les renvoyer; mais ils évitent toujours une querelle sérieuse; car si, dans un moment de colère, on portait la main sur eux, la traite du bateau serait arrêtée, et il faudrait entamer une négociation dont on ne sortirait qu'en payant une amende de plusieurs pièces de guinée. Lorsque les zénagues sont à bord seulement dans l'intention de se promener, ils n'en sortent jamais sans avoir obtenu un cadeau, ou au moins sans avoir bu une calebasse d'eau et de mélasse.

C'est ordinairement au mois de janvier que la traite s'ouvre, et elle se termine le 31 juillet. Vers la fin de mai, le roi vient à l'escale; il va quelquefois se loger à bord du stationnaire, mais le plus souvent il reste à terre avec sa suite, dans une case que les traitans lui font construire. Pendant son séjour, qui dure environ deux mois, les traitans sont obligés de le nourrir ainsi que ceux qui l'accompagnent, et de lui payer une contribution journalière d'une ou deux pièces de guinée; c'est, comme je l'ai dit, ce qu'on appelle *le souper du roi.* Il visite chaque jour un bateau, se fait donner des présens, et n'oublie jamais de se faire servir, pour lui et sa suite, une énorme calebasse d'eau sucrée. Il est toujours parfaitement accueilli à bord de tous les bâtimens; et s'il arrivait qu'il fût mal reçu d'un traitant, il interromprait sa traite. C'est un sûr moyen d'obtenir tout ce qu'il desire.

Pendant son séjour, il lève une autre contribution établie depuis peu d'années, sous le nom de présent forcé. Il fait demander aux traitans cent pièces de guinée, ou plus; et si cette quantité ne lui est pas remise dans un court espace de temps limité, il interrompt la traite. Alors tous les traitans se cotisent;

chacun contribue suivant le tonnage de son navire ; et lorsque la quantité demandée est obtenue, elle est remise au roi, qui permet de continuer la traite. Un caprice, la moindre plainte d'un prince, suffisent au roi pour l'interrompre ; je l'ai vue arrêtée parce que Fatmé-Anted-Moctar, sa tante, s'était plainte qu'un traitant lui avait donné du café qu'elle n'avait pas trouvé bon.

On pensera peut-être que le prix auquel on traite la gomme dédommage de tant de sujétions par les bénéfices qu'il offre : eh bien, non ! ils pourraient en effet être immenses, si les traitans entendaient mieux leurs intérêts ; mais ils établissent entre eux une concurrence ruineuse, qui tourne toute à l'avantage des Maures. Savent-ils qu'une caravane est en route pour l'escale, chacun envoie son interprète au-devant faire des propositions aux marabouts. Ils vont eux-mêmes à terre pour tâcher de gagner le chef par des promesses et des cadeaux, et de l'attirer à leur bord. Il résulte de cet empressement que le Maure devient exigeant, opiniâtre, croit toujours vendre sa gomme trop bon marché, hésite long-temps avant de l'accorder, va, vient, à bord de tous les bateaux, et, au bout de huit jours, se décide enfin en faveur de celui qui lui fait les offres les plus séduisantes et les plus avantageuses.

Depuis l'arrivée de la caravane jusqu'à parfaite

livraison de la gomme, les marabouts qui la composent sont nourris par les traitans; et toutes les fois qu'un Maure va à bord d'un navire pour vendre une partie de gomme, quelque petite qu'elle soit, il y est nourri avec ceux qui l'accompagnent. Souvent ils vont cinq ou six pour offrir douze ou quinze livres de gomme, la promènent pendant deux ou trois jours; et, après l'avoir vendue et en avoir reçu le prix, exigent qu'on leur donne à dîner. En général, les marchés se font très-lentement; les marabouts, craignant d'être trompés, mesurent leur gomme avant de la mettre en vente, avec une petite mesure dont ils connaissent le poids, afin d'être fixés sur la quantité de guinée quelle doit leur produire. On convient ordinairement d'un certain poids de gomme pour la valeur d'une pièce de guinée. Ce prix varie suivant que la récolte est plus ou moins abondante : lors de mon passage à l'escale du Coq, la pièce se vendait de cinquante à soixante livres de gomme; on en obtient quelquefois cent livres, quelquefois aussi seulement trente et même au-dessous.

Lorsque le prix de la pièce de guinée est convenu, le marché n'est pas terminé; il faut encore régler les cadeaux qu'on fera au marabout : ces cadeaux consistent en poudre à tirer, sucre, petites mallettes, miroirs, couteaux, ciseaux, etc.; et cette seconde partie du marché est quelquefois plus longue à conclure que la première ; enfin, après la livraison achevée, il reste encore long-temps à tourmenter le traitant pour en obtenir des cadeaux. Ses demandes, quelque outrées qu'elles soient, lui paraissent toujours au-dessous de la valeur de la gomme, tant les Maures croient que nous y attachons de prix.

Ces frais, ces cadeaux, joints au prix d'achat, portent la gomme à un taux exorbitant, et beaucoup au-dessus de ce qu'elle vaut à Saint-Louis. Les traitans cherchent à se couvrir par mille ruses qu'ils inventent pour tromper les Maures; mais ceux-ci se tiennent tellement sur leurs gardes, qu'ils y réussissent difficilement. Souvent les Européens éprouvent des pertes considérables, et ils en éprouveront toujours tant qu'ils seront obligés d'agir de ruse. Tous leurs momens de loisir sont employés à la recherche de quelque nouvelle supercherie : quand quelqu'un en a découvert une qui lui a réussi, il la tient cachée, et, comptant sur son adresse, baisse le prix de sa guinée pour attirer les gommes à son bord. Mais ses concurrens l'épient si bien, et leur imagination est tellement exercée, qu'ils ne tardent pas à découvrir sa ruse, ou à trouver eux-mêmes un moyen de traiter au même prix. On voit que tout le monde n'est pas propre à ce genre de commerce ; on pourrait dire que, pour être bon traitant, il faut une étude particulière.

On rendrait sans doute un grand service aux habitans du Sénégal, en ramenant ce commerce à des principes loyaux ; mais quand on leur parle de traiter de bonne foi, ils se récrient en disant que cela est impossible avec les Maures. Le gouvernement seul pourrait les convaincre en formant une société dans laquelle chacun entrerait suivant l'étendue de ses moyens ; deux commissaires de la société traiteraient dans chaque escale sous les yeux d'un délégué du gouvernement, qui veillerait à ce que les conditions et statuts fussent observés. Par ce moyen, la concurrence serait détruite et les frais considérablement diminués, parce qu'un seul navire suffirait à chaque escale, et la gomme serait transportée à Saint-Louis à l'aide d'un certain nombre d'alléges. Les Maures feraient bien quelques difficultés de livrer leur gomme à de nouvelles conditions ; mais quand ils auraient reconnu qu'on ne veut pas les tromper, il s'établirait entre eux et les traitans une confiance, qui permettrait à ceux-ci de conserver la dignité qui convient au caractère français. Les traitans allèguent encore que les Maures porteraient leur gomme à Portendik ; mais tous ne l'y porteraient pas ; et d'ailleurs le gouvernement pourrait prendre des mesures pour diminuer la concurrence que les Anglais établissent à cette escale.

Pendant la traite, plusieurs camps de zénagues s'installent aux environs de l'escale, pour être à portée de vendre le produit de leurs troupeaux. Chaque matin et chaque soir, les femmes viennent apporter du lait et du beurre en échange de guinée, poudre, verroterie, etc.: la livre de beurre est évaluée quinze sous environ; le lait coûte cinq sous la bouteille.

Les Maures qui n'ont pas de gomme et qui ne peuvent se procurer de quoi vivre à l'escale, vont dans les camps de ces malheureux, s'y font nourrir, et absorbent les bénéfices qu'ils peuvent faire en vendant leurs denrées aux traitans. Mais il est convenu que cette classe doit être constamment dépouillée par les autres.

Le commerce attirant sur ce point beaucoup de marchands et de curieux, il en résulte un mouvement continuel. Tant que dure la traite, l'escale offre l'aspect d'une foire tumultueuse: d'un côté, ce sont les chameaux et les bœufs des caravanes que l'on mène paître ou que l'on fait boire à la rivière; de l'autre, c'est un troupeau de moutons qu'un zénague cherche à vendre; plus loin, des traitans qui assiégent une caravane arrivant du désert ou qui discutent entre eux, des laptots[1] qui se battent, et des femmes qui disputent; enfin des hassanes à cheval ou montés sur des chameaux, qui courent çà et là, et mettent par leur turbulence la confusion dans tous les groupes, dont la réunion est toujours très-bruyante.

---

(1) C'est ainsi qu'on nomme les matelots nègres.

Le 31 juillet au soir, le stationnaire tire un coup de canon; c'est le signal de la clôture de la traite et du départ des navires. Ceux des Maures qui n'ont pas encore vendu leur gomme, la remportent, et font des trous dans la terre, où ils la conservent jusqu'à la traite prochaine. C'est à cette époque que les coutumes achèvent d'être soldées, parce que les traitans ne les paient jamais d'avance, dans la crainte que les chefs ne fassent diriger les gommes sur un autre point pour avoir doubles coutumes. Ce n'est également qu'après le retour du stationnaire à Saint-Louis que le roi reçoit celles qui sont consenties par le gouvernement pour assurer la protection du commerce. Le 1.er août, le stationnaire met à la voile, et ordinairement tous les navires traitans le suivent.

Je reprends la suite de mon journal.

Le 11 mai, je m'embarquai sur une péniche pour Saint-Louis; mon compagnon me suivit; nous y arrivâmes le 16. En route, je fis mon possible pour éviter qu'il n'eût une entrevue avec Schims, chef de la tribu des Daoualaches[1]. Je ne fus pas assez heureux pour empêcher leur réunion; ils se rencontrèrent dans un village voisin de son escale. Ils eurent ensemble une longue conversation, dans laquelle Schims instruisit

---

(1) Cette tribu a un marché dans le bas du fleuve, connu sous le nom d'escale des *Darmancours* ou *Darmankous*.

mon marabout que l'année précédente j'avais été en relation avec lui, avant de me rendre chez les Braknas; il ajouta que je lui avais proposé d'aller faire mon éducation chez lui, et entra dans de grands détails sur les raisons qui l'avaient empêché d'y consentir, fondées principalement sur les rapports qui lui avaient été faits à mon sujet. Dès que Schims m'aperçut, il dissimula, et me félicita sur ma conversion : je lui fis des reproches du refus qu'il avait fait de me recevoir dans son camp; il me répéta ce qu'il venait de dire, et appuya beaucoup sur la mauvaise opinion que *les enfans du Sénégal*[1] lui avaient donnée de moi : autrement, disait-il, il n'aurait pas hésité à m'emmener et à me traiter comme son fils.

Je m'efforçai, pendant le reste de l'entretien, de détruire l'impression que ces propos avaient faite sur mon marabout : mais je m'aperçus que j'avais perdu toute sa confiance, et qu'à moins d'un prompt retour et d'une feinte résolution de m'établir dans son pays, je ne pourrais en imposer plus long-temps, ni à lui, ni à sa nation.

(1) C'est le nom qu'on donne aux mulâtres.

CHAPITRE V.

Contrariétés éprouvées pendant mon séjour à Saint-Louis. — J'occupe divers emplois. — Nouveau départ. — Détails sur les environs de Kakondy. — Les Nalous, les Landamas (1) et les Bagos.

En arrivant à Saint-Louis, j'appris que M. Roger était parti pour la France, et que son successeur avait payé quatre pièces de guinées que j'avais prises à bord des bâtimens, à l'escale du Coq. Je reçus d'abord l'hospitalité chez un négociant de mes amis; mais ayant fait connaître mes besoins, l'administration de Saint-Louis m'accorda un ordre pour quinze jours de vivres, qu'on devait renouveler au bout de ce temps. Cette réception me fut extrêmement sensible. Étais-je donc devenu étranger à mon pays, pour avoir voulu le servir? pouvait-on me considérer comme un aventurier? n'avais-je pas reçu, huit mois auparavant, les instructions de M. le baron Roger, qui m'avait promis la protection du gouvernement?

(1) Autrement les Lantimas.

Cependant j'espérais encore qu'après avoir vu mon journal, M. le commandant me rendrait justice, qu'il apprécierait mon zèle. En le lui remettant, je lui soumis mon projet; mais je ne tardai pas à m'apercevoir que ma position était changée : non que celui qui avait remplacé M. le baron Roger manquât de lumières et d'amour pour les sciences; mais il n'avait pas les mêmes vues que son prédécesseur; enfin, ce n'était pas lui qui m'avait envoyé chez les Braknas. Voici en substance le plan que j'avais conçu.

Je réclamais de la part du gouvernement la modique somme de 6,000 francs, avec laquelle je me proposais d'acheter un troupeau et deux esclaves, que j'emmenerais chez les Brak'nas. Je desirais de m'y établir pour quelque temps encore, afin d'y achever de m'instruire; j'étais sûr, par ce moyen, de dissiper les soupçons qu'avaient fait naître les propos que l'on tenait sur mon compte, et qui, sans nul doute, étaient connus de mon marabout. D'ailleurs, me voyant revenir parmi eux avec des moyens d'existence analogues aux leurs, j'aurais facilement obtenu des marabouts de les accompagner dans leurs excursions commerciales. J'avais l'intention de visiter cette année le pays d'Adrar, de pénétrer le plus avant possible dans le nord du désert, et, dès que j'aurais trouvé une occasion favorable, de tourner mes pas vers l'E., sous prétexte d'un pélerinage à la Mecque, en passant par les villes de Walet et de Temboctou. Enfin je me proposais de parcourir cette immense étendue de désert en plusieurs sens, de recueillir toutes les notions qui pouvaient intéresser le commerce et la géographie, et de rentrer en Europe par l'Égypte.

J'ignore si ce projet parut trop vaste à M. le commandant, ou s'il crut y apercevoir du charlatanisme : cependant le parti que j'avais pris de feindre d'embrasser l'islamisme, m'assurait le succès d'un voyage jusqu'alors impossible aux chrétiens. Quoi qu'il en soit, il ne put m'accorder ce que je lui demandais, et m'objecta qu'il n'était pas autorisé à faire une dépense aussi considérable : n'étant point employé du gouvernement, me dit-il, il ne vous est rien dû ; au surplus, attendez l'arrivée de M. Roger. Cette réponse m'atterra. Je représentai au commandant que son refus me mettait dans une position critique, qu'il me compromettait envers les Maures qui m'accompagnaient, et détruisait l'espoir que j'avais de pénétrer à Temboctou par le désert. Alors il me proposa de me donner 1,200 francs en marchandises, pour retourner chez les Braknas : comme cette somme ne pouvait me suffire, je la refusai, et je congédiai mon marabout; de plus, il fallut que je me tinsse caché pendant plusieurs jours, parce que les Maures qui m'avaient conduit à Saint-Louis, ayant entendu parler de mes intentions secrètes, et furieux d'avoir été dupes de mon faux zèle pour leur religion, se proposaient de me faire un mauvais parti.

Je me serais trouvé heureux, si je n'avais eu à redouter que la vengeance des Maures ; mais tout m'accablait, la froideur de mes protecteurs, les sarcasmes de toute espèce auxquels j'étais en butte ; enfin, on allait jusqu'à dire que je m'étais soumis à l'opération sacramentelle de l'islamisme.

Un de mes amis, me voyant réduit à la simple ration de soldat, que l'on m'avait accordée pour vivre, m'engagea vivement à renoncer aux voyages, à quitter mon costume, et à me remettre dans le commerce : mais cet ami connaissait mal mon caractère persévérant, et doutait trop de mon courage. Les sarcasmes des Européens me rendirent plus cher le costume africain ; je fus fier de le porter : je bravai les railleries, je méprisai la calomnie ; et faisant peu de cas des avantages que pouvait m'offrir le commerce, je persistai dans mes projets. D'ailleurs, je voulais attendre M. Roger ; car je comptais beaucoup sur son appui, et je ne doutais point qu'il ne finît par me procurer les moyens de parvenir à Temboctou.

Je demandai au commandant de profiter du bateau à vapeur, pour aller à Galam ; mais il me dit que M. Beaufort, qui avait déjà reçu 20,000 francs pour exécuter un projet semblable au mien, y était malade ; que cet officier verrait avec peine une autre personne le devancer ; qu'enfin, s'il se décidait à revenir, une partie de la somme qu'il avait reçue serait employée pour mon voyage. Je pris donc le parti d'attendre à Saint-Louis.

Mais il fallait vivre. Malgré la répugnance que j'éprouvais à demander, je m'adressai au gouverneur par intérim, pour obtenir de quoi payer ma pension à l'auberge. Ma demande fut accueillie plus tôt que je ne l'espérais ; on m'accorda un salaire de 50 francs par mois, pour remplir l'emploi de surveillant des ouvriers nègres dans un de nos établissemens du fleuve.

Dans la position où je me trouvais, cette faveur, loin de me satisfaire, me contrariait horriblement ; bien que ce ne fût qu'un moyen de justifier la dépense, les fatigues et les privations que je venais d'éprouver me donnaient peut-être le droit d'espérer quelque chose de mieux : aussi ne consentis-je pas à l'accepter, et, dans mon désespoir, au lieu de me rendre à Richard-Tol[1], où j'avais ordre d'aller, je partis pour M'pâl, village voisin de Saint-Louis, sans autre dessein que celui de chasser et d'empailler des oiseaux, afin de gagner ma vie. Un puissant de la colonie, à qui je fis demander des instrumens pour empailler, répondit à celui que j'avais chargé de cette

---

[1] Cet établissement a été appelé ainsi du nom du jardinier Richard, qui l'a créé, et de *Tol*, qui signifie *jardin* en langue ouolofe.

commission : « Bien volontiers ; au moins il sera utile à quelque chose. » Cette réponse, qu'on me rapporta, m'indigna, et, la rage dans le cœur, j'abandonnai M'pâl, pour me rendre à Richard-Tol.

A mon arrivée dans cet établissement, j'y trouvai les consolations de l'amitié, auprès de M. Lelièvre, jardinier, qui eut la bonté d'ajouter quelque chose de ses provisions à la ration de soldat à laquelle seulement me donnait droit mon emploi.

Je me mis à herboriser pour acquérir quelques connaissances botaniques : pendant cet intervalle, j'appris l'arrivée de M. Roger. A cette nouvelle, je fus transporté de joie : je courus de tous côtés pour trouver une embarcation qui me descendît à Saint-Louis ; si je l'avais pu, j'y serais allé à la nage. En débarquant, je m'empressai de me rendre chez notre ancien gouverneur ; je lui remis le même jour les notes que j'avais recueillies durant mon séjour chez les Braknas ; je les accompagnai aussi d'une nouvelle demande de secours ou d'appointemens, pour faire mon grand voyage : elle ne fut pas accueillie.

Pour tout autre, c'eût été un coup de foudre ; mais ma détermination prenait chaque jour de plus profondes racines : j'eus le courage de revenir à la charge. Ce fut alors qu'on eut la bonté de me promettre une certaine somme à mon retour de Temboctou... A mon retour de Temboctou!!! Et si je mourais en route!!! Cette idée effrayante pour un homme qui, par ce malheur, eût laissé sans secours, sans ressource, une sœur qu'il adore, me traça ma réponse. Je refusai tout arrangement; et dussé-je mourir, je voulus au moins laisser à l'amie de mon enfance une propriété incontestable, le mérite d'avoir tout fait par moi seul. Je changeai donc tous mes projets ; je ne demandai plus rien qu'une somme de cent francs qu'on me devait pour mes appointemens, et que j'avais d'abord dédaigné de prendre, mais que ma misère et l'abandon dans lequel on me laissait me rendaient indispensable. Toujours vêtu de mon costume arabe, je n'eus garde de demander un passe-port pour Albréda[1], où je voulais aller, sachant qu'on me l'aurait refusé, parce que je n'étais pas habillé à la française. Je partis donc sans passe-port et sans lettres de recommandation. Je me fis conduire en canot à la grande terre; puis seul, n'ayant d'autre ressource que mes cent francs, je m'acheminai vers Gorée. Huit ans auparavant, j'avais suivi la même route, pauvre, découragé, prêt à renoncer à des projets qu'on eût peut-être alors favorisés; à présent, je n'étais pas plus riche, mais j'avais toute l'ar-

---

[1] Comptoir français sur la Gambie.

deur, toute l'énergie d'un âge plus avancé, et j'étais bien résolu, ne fût-ce que par fierté, à entreprendre ce qu'on ne me croyait pas capable d'achever.

Débarqué à Gorée, je n'allai voir personne ; je craignais trop de subir dans cette île dépendante de Saint-Louis, les avanies dont on m'avait accablé dans le chef-lieu de nos établissemens. Je pris passage sur un brig français qui faisait voile pour Albréda ; de là je passai à Sierra-Leone. Le général Charles Turner, gouverneur de cet établissement anglais, m'accueillit avec bonté, et, pour me retenir dans la colonie qu'il commandait, il me chargea de diriger une fabrique d'indigo, et attacha à cette place, qu'il créa pour moi, un traitement de 3,600 francs.

Ce gouverneur avait mal compris le besoin d'activité qui me dévorait ; il s'était imaginé qu'il le satisferait avec de l'argent : erreur généreuse dont je lui sus gré. Peu après, en 1826, ce gouverneur fut remplacé par sir Nill Campbell, auquel je m'adressai afin d'obtenir 6,000 francs pour faire mon grand voyage ; j'éprouvai le même refus qu'on avait fait par-tout à la simplicité de mon extérieur, et à ce qu'on appelait l'extravagance de mes projets. Sir Nill Campbell ne me parla pas de M. Beaufort, mais du major Laing, à qui il ne fallait pas tenter d'arracher la gloire d'arriver le premier à Temboctou, et sous ce prétexte il rejeta ma proposition.

Mais si le refus des gouverneurs français m'avait affligé, celui des Anglais ne m'affecta nullement; je me sentis plus libre. Je bénis le ciel de pouvoir rompre tous mes engagemens avec des étrangers à qui je devais une généreuse hospitalité, et qui en retour auraient pu revendiquer la gloire d'une découverte dont je voulais rapporter tout l'honneur à la France. Je donnai donc ma démission, avec le même empressement que j'avais mis à renoncer à mon petit traitement de 50 francs par mois. D'ailleurs ce sacrifice me semblait d'autant plus aisé, que j'avais près de 2,000 francs d'économies, et que ce trésor me paraissait suffisant pour aller au bout du monde. Ensuite, une espérance tranquillisait mon esprit, occupé du sort de ma pauvre sœur : j'avais eu connaissance du prix que la Société de géographie de Paris avait promis au premier Européen qui pénétrerait à Temboctou, et je me disais : Mort ou vif, je l'obtiendrai; si je n'en jouis pas, ma sœur le recueillera.

Toutes ces espérances, toutes ces idées de gloire, de patriotisme, d'amour fraternel, ne me laissèrent plus un instant de repos, et je ne commençai à retrouver un peu de calme que la veille du jour où je devais quitter Sierra-Leone.

N'ayant pu obtenir nulle part les secours nécessaires pour effectuer le voyage de Temboctou, je devais me décider à l'entreprendre uniquement à mes frais. D'ailleurs je pensais qu'à mon retour, le gouvernement du roi, toujours juste appréciateur des efforts courageux, reconnaîtrait le service que j'aurais rendu à la géographie, en faisant connaître les pays nouveaux que je me proposais de visiter.

Soutenu par ces espérances, j'avais donné sans regret ma démission; je m'occupai ensuite avec activité de me procurer les marchandises nécessaires, et j'employai mes économies à faire des achats de papier, verroterie, etc.

Pendant mon séjour à Freetown, chef-lieu de la colonie de Sierra-Leone, je me liai avec des Mandingues et des séracolets[1]. J'obtins leur confiance, et j'en profitai pour les interroger sur les contrées que j'avais l'intention de parcourir. Enfin, pour gagner tout-à-fait leur amitié, je leur donnai quelques bagatelles; puis un jour, d'un air très-mystérieux, je leur appris, sous le sceau du secret, « que j'étais né en Égypte « de parens arabes, et que j'avais été emmené en « France dès mon plus jeune âge par des Français « faisant partie de l'armée qui était allée en Égypte; « que depuis j'avais été conduit au Sénégal pour y « faire les affaires commerciales de mon maître, qui, « satisfait de mes services, m'avait affranchi. » J'ajoutai:

---

[1] On appelle séracolets, ou sarakolais, une corporation de marchands voyageurs qui parcourent l'Afrique; c'est à tort que l'on a dit que les sarakolais forment une nation.

« Libre maintenant d'aller où je veux, je desire natu-
« rellement retourner en Égypte pour y retrouver ma
« famille et reprendre la religion musulmane. » D'a-
bord les Mandingues ne parurent pas ajouter foi à
mon histoire, et sur-tout à mon zèle religieux. Mais ils
n'en doutèrent plus en m'entendant leur réciter par
cœur plusieurs passages du Coran, et me voyant le
soir me joindre à eux pour faire le salam ; ils finirent
par se dire l'un à l'autre que j'étais un bon musulman.
Ai-je besoin de prévenir qu'en secret j'adressais les
plus ferventes prières au dieu des chrétiens, pour
qu'il bénît mon voyage.

Cependant les Mandingues, trompés par mon ardeur apparente à observer les cérémonies de leur
culte, m'accordèrent toute leur confiance. Notre liai-
son devint intime ; bientôt ils ne purent se passer de
moi ; chaque jour j'étais invité, à mon grand déplai-
sir, à venir partager leur dîner, composé de riz à
l'eau, arrosé d'huile de palme. On verra quel fond
je devais faire sur ces démonstrations amicales.

Un jour, en rentrant chez moi, je fus accosté dans
la rue par l'un de mes nouveaux amis mandingues,
qui me demanda si je ne lui avais pas pris un cure-
dent d'argent qu'il avait perdu ; puis le fripon ajouta
tout bas : *Ne fais pas de bruit ; rends-moi le cure-dent,
et je ne dirai rien.* Qu'on juge de ma surprise et de ma
colère ! Je n'eus pas de peine à comprendre l'inten-

tion du nègre qui me parlait : je lui reprochai cet indigne procédé envers un de ses frères sans appui, dans un pays étranger; puis, emporté par mon indignation, je m'attachai à ses pas, j'allai chez lui, j'y pris à témoin les marchands qui s'y trouvaient réunis, mais tous refusèrent de se mêler de cette affaire. Alors, j'allai chercher un nègre qui parlait anglais et mandingue, pour mieux nous entendre. Dès que mon accusateur eut aperçu mon interprète, il eut peur, et dit que j'avais mal compris ses paroles, puisqu'il était venu simplement me demander si, par hasard, j'avais vu ou trouvé l'objet qu'il cherchait ; ajoutant qu'il serait désolé d'avoir avec moi le moindre différent. Je me contentai de cette explication; mais je quittai mes anciens compagnons, en leur jetant à tous des regards de mépris, et en leur déclarant qu'ils s'y étaient mal pris pour avoir de moi quelque chose. Toutefois, réfléchissant bientôt que je pourrais rencontrer en route ces Mandingues, je crus devoir faire semblant d'oublier leur accusation, et je fis quelques cadeaux à leur chef; nous redevînmes amis comme auparavant.

Ce petit incident me servit de leçon; il m'apprit que j'avais bien des précautions à prendre, et que je devais sur-tout feindre d'être très-pauvre, pour n'éveiller la cupidité de personne.

Malgré mon raccommodement avec mes marchands mandingues, je ne jugeai pas qu'il fût prudent de partir avec eux, et je m'occupai de chercher une meilleure occasion pour traverser le Fouta-Dhialon. Je crus l'avoir trouvée, après avoir fait la connaissance d'un Mandingue, homme soi-disant très-dévot, et qui de plus était décoré du titre de chérif. Je ne balançai donc pas à lui demander la permission de l'accompagner jusqu'à Timbo, capitale du Fouta-Dhialon : il y consentit de bonne grâce ; et même, lorsque je lui parlai de récompense, il me répondit, les yeux baissés, qu'il ne voulait rien faire que pour l'amour de Dieu et du prophète ; qu'il ne me demandait qu'une chose, c'était de prendre un passe-port du gouverneur de Siera-Leone.

Malgré toutes mes démarches et mes instances, le gouverneur ne m'avait encore, le jour fixé pour notre départ, donné aucune réponse. J'allai prévenir de ce contre-temps Ibrahim (c'était ainsi que s'appelait mon guide) ; mais il ne voulut pas prolonger son séjour pour m'attendre. Il se hâta de se mettre en route, emportant un costume arabe que je m'étais fait faire, et que je lui avais remis la veille. Dès que je me le rappelai, je courus après le dévot chérif, pour lui demander mon paquet. Il fit d'abord l'étonné ; puis, se frottant le front, il s'écria d'un air affligé : « Ah mon Dieu ! les coquins d'esclaves ont pris les devans, et ont emporté tes vêtemens ; mais sois tranquille, je te les renverrai. » Le plus sûr eût été d'arrêter le voleur pour gage ; mais comme il eût été dangereux de me faire des ennemis, je le laissai continuer sa route, et je rentrai chez moi, réfléchissant tristement au caractère pillard de mes nouveaux amis d'Afrique. Depuis que j'étais employé à Freetown, j'avais repris le costume français. Peut-être, me disais-je, ont-ils reconnu mon imposture ; je me donne pour Arabe et pour musulman, sans quitter mes vêtemens et mes habitudes d'Europe ; je ne puis soutenir mon rôle qu'en y renonçant. Mais je ne pouvais effectuer ce changement à Sierra-Leone, car les habitans blancs, qui me connaissaient tous, n'auraient pas été plus indulgens pour moi que ceux de Saint-Louis. Je songeai donc à quitter Freetown, et je me proposai d'aborder dans un lieu où je pourrais débarquer sans inconvénient avec mon costume arabe. Je choisis Kakondy, village situé sur le Rio-Nunez, à cinquante lieues au N. de Sierra-Leone, et où je savais qu'il n'y avait pas d'établissemens européens.

Avant de partir pour Kakondy, je convertis mes 2,000 francs, partie en argent, partie en marchandises. On sait que c'était toute ma fortune ; mais je crus devoir la consacrer toute entière à l'exécution de mon voyage. J'employai 1,700 francs à acheter de la poudre, du papier, du tabac, diverses verroteries, de l'ambre, du corail, des mouchoirs de soie, des couteaux, des ciseaux, des miroirs, des clous de girofle, enfin trois pièces de guinée bleue, et un parapluie : toutes ces marchandises ne formaient pas un gros volume ; elles ne pesaient pas cent livres, car je n'avais pu acheter qu'une petite quantité de chaque espèce, le prix des produits des fabriques d'Europe étant alors très-élevé dans tous les comptoirs. Je mis dans ma ceinture le reste de mes 2,000 francs, moitié en argent, et moitié en or. Grâce à l'obligeance de quelques amis que j'avais à Sierra-Leone, je n'eus pas besoin d'acheter des médicamens ; ils me procurèrent de la crême de tartre, du jalap, du calomel, et divers sels purgatifs, du sulfate de quinine, des emplâtres de diachylon, enfin du nitrate d'argent.

Muni de toutes ces choses utiles, et de deux boussoles de poche pour connaître la direction de ma route ; vêtu de mon costume arabe, dont les poches étaient remplies des feuillets d'un Coran que j'avais déchiré, je m'embarquai à Sierra-Leone, le 22 mars 1827, pour le Rio-Nunez, sur la goëlette *le Thomas*. Contrariés par les vents, nous n'arrivâmes que le 31 du même mois à l'embouchure du Rio-Nunez, où j'eus le bonheur de rencontrer un Français, nommé Castagnet, qui, sans me connaître, m'engagea à loger chez lui, me promettant de faire tout ce qu'il pourrait pour faciliter mon voyage dans l'intérieur. Lorsque je le trouvai, il allait au Rio-Pongo ; et comme il devait employer quinze jours à ce voyage, il m'engagea à différer le mien jusqu'à son retour. Je me gardai bien de ne pas suivre ce conseil obligeant, car j'avais appris que M. Castagnet tenait une des principales factoreries de Kakondy, où descendaient chaque jour des caravanes de l'intérieur, notamment de celle de Kankan, pays que je desirais ardemment visiter. Je dois le déclarer ici; la rencontre de M. Castagnet fut un coup de fortune pour moi; la généreuse hospitalité que je reçus dans la maison de cet estimable compatriote, pendant mon séjour à Kakondy, méritera toujours ma reconnaissance.

Le 5 avril, je fus conduit à Rebeca par M. Bethmann, négociant anglais, propriétaire d'un établissement voisin de M. Castagnet, qui voulut bien me présenter à l'héritier présomptif des Landamas, lequel se nomme Macandé. Le roi étant mort depuis quelques mois, on attendait la saison des pluies pour nommer son successeur.

M. Tudsberry, qui habite une belle factorerie au bas de la montagne, eut la complaisance de nous accompagner chez le prince, qui nous reçut sans cérémonie sous la galerie de sa maison. Cette galerie est soutenue par des poteaux, et fait le tour de la propriété.

On lui fit connaître en langage landamas le sujet de mon voyage et le desir que j'avais de me rendre dans le Fouta-Dhialon, auprès de l'almamy. Le prince des Landamas n'est pas musulman ; aussi boit-il des liqueurs fortes comme tous ses sujets.

Ma visite lui parut assez indifférente ; il dit même en riant qu'il croyait que j'étais chrétien ; on lui assura le contraire, ajoutant que j'étais véritablement Arabe. Il ne m'adressa point la parole, mais il ne pouvait se lasser de me regarder, tant mon costume arabe lui paraissait étrange.

La nouvelle de mon arrivée fut bientôt répandue dans le village; et une partie des habitans, attirés par la curiosité, vinrent me voir. Tous me donnèrent la main en signe de paix. Dans la foule se trouvait un Mandingue établi depuis long-temps dans le pays : cet homme avait voyagé chez les Maures des bords du Sénégal, où il avait acquis quelques connaissances de la langue vulgaire ; il m'adressa plusieurs questions, auxquelles je répondis. Je le priai de faire savoir au prince qu'ayant été fait prisonnier très-jeune par les chrétiens, j'avais été long-temps éloigné de mon pays ; mais que maintenant, me trouvant libre, je retournais auprès de mes parens.

Ce Mandingue interpréta fidèlement mes paroles, et dit ensuite au prince ainsi qu'à ses ministres qu'ils étaient bien heureux et qu'ils devaient remercier Dieu de la grâce qu'il leur faisait de leur envoyer un Arabe du pays du prophète pour leur ouvrir les portes du ciel ; enfin qu'ils voyaient aujourd'hui ce que leurs ancêtres n'avaient jamais vu. Après cette courte conversation, nous prîmes congé du prince, et nous retournâmes chez M. Tudsberry.

Depuis quelques jours il était arrivé à Rebeca une caravane du Kankan, avec une riche partie d'or. Cette caravane était descendue chez notre hôte; je fis bientôt connaissance avec les chefs. Ils ne furent pas peu surpris, lorsqu'ils apprirent le sujet qui m'amenait dans ce pays : ils me félicitèrent sur l'attachement que je témoignais pour les préceptes de l'islamisme, et m'assurèrent que le chef de Tembo serait satisfait de me voir et mettrait certainement beaucoup d'empressement à m'être utile pour retourner dans mon pays.

Je fis la prière avec mes nouveaux amis : dès ce moment ils me prirent pour un véritable musulman, et me firent accepter une partie de leur souper, qui consistait en un peu de bouillie de riz.

Comme nous étions à l'époque du ramadan, j'affectai de ne vouloir manger qu'après le coucher du soleil. Je ne me mis à table qu'à l'entrée de la nuit, et n'acceptai qu'une portion de bœuf séché à la fumée, qu'un Mandingue me servit. Comme il était déjà tard, je passai la nuit chez M. Tudsberry, qui me fit l'accueil le plus amical, et me promit de m'aider de tout son crédit pour pénétrer dans l'intérieur de l'Afrique.

Le 6, nous allâmes à la factorerie de M. Bethman, située au bas de la petite montagne, à peu de distance de celle de M. Tudsberry. C'est dans cet endroit que reposent les restes de l'infortuné major Peddie et de quatre de ses compagnons, victimes comme lui de l'insalubrité d'un climat brûlant.

Leurs tombeaux, placés sur un joli plateau auprès de la maison, sont ombragés par deux superbes orangers. A peu de distance à l'E. se trouve un petit ruisseau dont les eaux claires tombent en cascade, et entretiennent la verdure, qui semble toujours nouvelle. Les environs de ces lieux charmans sont plantés d'orangers, de citronniers, de bananiers, et de beaux *bombax*, qui donnent une fraîcheur très-agréable.

Du haut de la montagne, on découvre la campagne à une grande distance; on aperçoit les diverses sinuosités du Rio-Nunez, dont les rives pittoresques offrent un coup-d'œil délicieux.

Après cette petite excursion, je revins auprès des Mandingues. Tous les égards que ces bonnes gens me témoignèrent me firent oublier les petits désagrémens que j'avais essuyés à Sierra-Leone, et me donnèrent l'espoir de voyager avec quelque sécurité, et de parvenir sans beaucoup d'obstacles au but que je me proposais.

Le ramadan m'obligea à retarder de quelques jours mon départ, pour attendre les grandes caravanes qui devaient arriver après ce carême, et avec lesquelles je pouvais plus facilement pénétrer dans le Kankan.

Pour utiliser mon temps, je pris des informations

sur les mœurs et les habitudes des Bagos, petite nation près des îles situées à l'embouchure de la rivière, et sur lesquels j'avais entendu des particularités très-intéressantes ; mais avant d'en parler, je vais faire connaître les Landamas et les Nalous, qui habitent les environs du Rio-Nunez.

Ces peuples sont entièrement idolâtres ou adorateurs des fétiches. Les Foulahs du Fouta-Dhialon les ont soumis à leur domination ; mais ils ont mieux aimé se rendre tributaires de l'almamy[1], que de renoncer à leur ancienne superstition pour adopter les cérémonies de l'islamisme.

Les tributs sont reçus par le chef de Labé, qui les fait parvenir à Tembo. Le chef des Landamas reçoit lui-même ce que ses sujets destinent à l'almamy : chacun paie suivant ses moyens. La souveraineté reste toujours dans la même famille ; mais jamais le fils ne succède à son père ; on choisit de préférence un fils de la sœur du roi : on croit par ce moyen être plus certain que la royauté appartiendra toujours au même sang ; cette précaution est due au peu de confiance que l'on a dans la vertu des femmes de ce pays.

Il existe, chez les peuples des bords du Rio-Nunez, une société secrète qui a quelque rapport avec la franc-

---

[1] Almamy est le nom qu'on donne aux rois de plusieurs de ces contrées.

maçonnerie. Elle a un chef qui est magistrat et que l'on nomme *le simo*. Il dicte les lois; elles sont mises à exécution par ses ordres. Cet homme se tient dans les bois, et reste toujours inconnu à ceux qui sont étrangers à ses mystères. Il a pour acolytes des jeunes gens qui ne sont qu'en partie initiés dans ses secrets.

Ce personnage prend divers déguisemens; tantôt il revêt la figure d'un pélican, tantôt il est enveloppé de peaux de bêtes, et quelquefois encore il ne se montre que couvert de la tête aux pieds de feuilles d'arbre qui le font paraître informe.

A plusieurs époques de l'année, on admet de nouveaux initiés. Les familles des différens villages qui desirent que leurs enfans fassent partie de cette société, réunissent les garçons de douze à quatorze ans, et avertissent le simo. Il se rend toujours déguisé au lieu indiqué pour circoncire les enfans: les candidats seuls peuvent être présens à cette cérémonie, toujours accompagnée d'une grande fête dont les frais sont faits par les parens des nouveaux initiés, qui y coopèrent chacun suivant leurs moyens.

Cette fête dure quelquefois deux ou trois jours. Après la cérémonie, le chef ou simo se retire dans les bois, emmenant avec lui tous ceux qui ont subi la circoncision. De ce moment, ils n'ont plus aucune communication avec leurs familles. La vie oisive qu'ils mènent est très-douce: on leur fournit en abondance les vivres dont ils ont besoin; ils sont logés dans de petites cahutes faites avec des branches d'arbre, et n'ont pour tout vêtement que quelques feuilles de palmier assez bien arrangées, qui les couvrent depuis les reins jusqu'à la moitié des cuisses; la tête et le reste du corps sont entièrement nus.

J'en ai souvent vu passer, ayant deux calebasses de vin de palme suspendues aux deux bouts d'un bâton qu'ils portent sur l'épaule. Ils marchent d'une vîtesse extrême, et semblent craindre de se laisser voir. Quand le simo ou des initiés rencontrent quelques personnes dans les bois, ils leur demandent le mot d'ordre: si elles répondent juste, elles sont admises parmi eux; mais si elles ne peuvent satisfaire à leur question, le simo et les jeunes élèves, tous armés de fouets ou de verges, se mettent à leur poursuite, et, après les avoir fustigés à outrance, leur font payer une forte rançon. Quand un enfant non circoncis tombe entre leurs mains, ils lui font subir l'opération, et le gardent pour l'initier. Ils sont impitoyables pour les pauvres femmes, qu'ils assomment à coups de verges; on m'a même assuré que parfois ils poussent la barbarie jusqu'à les tuer.

Les jeunes initiés mènent cette vie de fainéans et de vagabonds pendant sept à huit années; ce temps est, dit-on, nécessaire pour leur instruction. Lorsque les parens veulent les retirer des bois pour les faire rentrer dans la société, ils se procurent tout ce qu'ils peuvent avoir en pagnes; ils en font une belle ceinture qu'ils garnissent de grelots en cuivre, et l'envoient à leurs enfans, avec un présent en tabac et en rum pour leur chef. C'est seulement alors que le simo permet à tout le monde de le voir.

La veille de cette fête est célebrée dans les bois du voisinage où il doit paraître; il fait connaître par ses hurlemens qu'il sera visible pour tout le monde.

Sans cet avertissement, personne que les initiés n'oserait se permettre de le regarder; car ils ont la simplicité de croire que cette vue leur porterait malheur; et si un instant après ils se trouvaient indisposés, ils ne manqueraient pas d'en accuser cette vue malencontreuse.

Le jour de la fête, le simo annonce toujours son arrivée par des cris effroyables, imités par ses élèves à l'aide de cornes de bœuf. Ils sont tous armés d'un fouet, signe de leur supériorité. Les anciens initiés qui habitent les villages voisins, se rassemblent pour prendre part aux réjouissances. Ils mettent ce jour-là leurs plus beaux vêtemens; et précédés de la musique du pays, ils marchent au-devant du cortége. Après avoir complimenté le chef ou simo, ils lui font un petit présent; puis ils le conduisent en triomphe au village, au son du tamtam.

Les assistans accompagnent la musique de leurs

chants monotones, et tirent un grand nombre de coups de fusil. Les femmes elles-mêmes accourent en chantant, tenant chacune une calebasse de riz qu'elles jettent au simo, en forme d'offrande, au milieu des danses et des cris de joie.

Ces fêtes sont ordinairement très-gaies : on y boit beaucoup de vin de palme et de rum ; on tue des bœufs et des moutons ; et, comme dans tous les pays, on fait de grands repas qui durent plusieurs jours. Enfin, toutes ces réjouissances terminées, les enfans dont les parens n'ont pas le moyen de faire des présens au simo retournent avec lui dans les bois pour y continuer le même genre de vie pendant sept à huit autres années.

Cependant, quand ils sont d'âge à être utiles, ils vont, à l'approche des pluies, aider leurs parens aux travaux des champs ; puis ils retournent dans les bois, où leur chef les emploie à la culture de ses terres.

Lorsque les initiés rentrent dans leur famille, ils plantent devant leur porte un arbre, ou simplement un piquet, au bout duquel ils suspendent un petit morceau d'étoffe, le plus ordinairement blanche. Cet arbre ou morceau de bois est un présent du chef, qui le leur donne en échange du beau cadeau qu'il reçoit.

Ils donnent aussi à cet arbre ou pieu le nom de *simo*. Ce morceau de bois devient leur divinité tutélaire ; ils lui portent un grand respect, mêlé de crainte, au point que, pour empêcher quelqu'un d'entrer dans un lieu, il suffit d'y planter le simo. Ils jurent aussi par lui; ils croient que celui qui ferait un faux serment s'attirerait la vengeance de ce démon mystérieux : leur superstition est telle, qu'ils appréhendent de mentir, dans la crainte d'avoir recours à son ministère.

S'il leur est dû ou s'il leur a été pris quelque chose qu'ils ne peuvent recouvrer, ils adressent pieusement des prières à ce morceau de bois, lui jettent en forme de sacrifice, soit du riz, soit du miel, ou du vin de palme, et tirent un coup de fusil à son pied. C'est une espèce de plainte qu'ils adressent au simo pour le prier de leur rendre justice.

Dès ce moment, si un membre de la famille du débiteur vient à tomber malade, on l'attribue à la vengeance du simo; et, agités par la crainte, les parens s'empressent de payer ses dettes, ou de restituer les objets volés, ou bien encore de faire des réparations, si l'on avait à se plaindre de quelque insulte.

Ils croient aux sorciers et aux sortiléges ; ceux qui sont soupçonnés d'avoir employé quelque maléfice, sont aussitôt mis entre les mains du simo, qui est le chef-magistrat. Celui-ci les questionne d'abord, et, sur leur aveu, les condamne à payer une amende. S'ils soutiennent au contraire qu'ils sont innocens, on leur fait subir l'épreuve d'un breuvage fait avec une écorce d'arbre qui donne à l'eau une belle teinte rouge.

Accusé et accusateur sont contraints de boire cette médecine, ou plutôt ce poison : ils doivent être à jeun et entièrement nus ; seulement on donne à l'accusé une pagne blanche, qu'il se met autour des reins.

On verse la liqueur dans une petite calebasse, et on la fait boire par égale portion au délateur et à l'accusé, et toujours on recommence jusqu'à ce que, ne pouvant plus l'avaler, ils la rejettent ou meurent.

Si le poison est rejeté par en haut, l'accusé est reconnu innocent, et alors il a droit à une réparation ; s'il le rend par le bas, il n'est pas tout-à-fait innocent ; mais s'il ne la rend pas du tout dans le moment, il est jugé coupable.

On m'a assuré que ces malheureux survivent rarement à cette épreuve ; car on leur fait avaler une si forte dose de ce poison, qu'ils succombent presque aussitôt. Cependant, si la famille de l'accusé consent à payer une indemnité, on cesse de faire boire le pauvre patient ; on le met alors dans un bain d'eau tiède, et, lui appliquant deux pieds sur le ventre, on lui fait rendre le poison qu'il a avalé.

Cette cruelle épreuve s'emploie pour toute sorte de crimes. Il en résulte que si la crainte de la subir fait souvent avouer ses torts, quelquefois aussi on préfère, quoique innocent, se dire coupable, plutôt que de s'y exposer.

Il n'est permis ni de se disputer, ni de se battre près des lieux habités par le mystérieux magistrat. Quand les circonstances exigent la guerre, on l'avertit de se retirer avec sa suite. Deux adversaires qui videraient leur querelle dans son voisinage, seraient obligés d'aller sur-le-champ lui porter un présent en réparation du trouble qu'ils lui auraient occasionné. S'ils n'agissaient ainsi, ils se croiraient continuellement à la veille de quelque malheur.

En offrant leur présent au simo, ils sont obligés de lui tourner le dos, et de se mettre les mains sur le visage. Le magistrat reçoit l'offrande, prononce une longue prière, et ramasse un peu de terre qu'il leur jette en signe d'absolution.

Après cette ridicule cérémonie, les perturbateurs du repos du simo s'en retournent satisfaits. Pendant le peu de jours que je suis resté à Kakondy, j'ai entendu le simo et sa suite pousser en dansant des hurlemens affreux.

La polygamie est en usage chez les Landamas et les Nalous, qui habitent pour ainsi dire le même pays : non-seulement les maris ont plusieurs femmes légitimes, mais ils possèdent encore autant de concubines qu'ils en peuvent nourrir. On m'a assuré que les personnes riches en ont jusqu'à deux cents, nombre que je crois beaucoup exagéré.

Cette habitude, chez ces peuples idolâtres, vient

sans doute de ce que les mères ne souffrent l'approche de leur mari que lorsque leurs enfans peuvent marcher seuls. Chose bien remarquable, le bon ordre et l'intelligence la plus parfaite ne cessent de régner parmi les femmes appelées à partager la même couche conjugale.

Toutes ne sont pas très-fidèles à leurs maris; mais quand un époux soupçonne une des siennes d'infidélité, il l'oblige par la crainte du simo de lui nommer le coupable. Elle ne résiste pas long-temps à ses pressantes questions et à ses menaces; la peur d'être mise à l'épreuve par le magistrat des bois lui fait avouer sa faute et découvrir celui auquel elle a accordé ses faveurs. Dès ce jour, l'amant devient l'esclave malheureux du mari, qui, sans miséricorde, le vend aux marchands négriers ou à d'autres nègres du pays.

Un jeune homme n'a pas besoin du consentement de celle qu'il aime pour obtenir sa main; il a soin de mettre dans ses intérêts une vieille femme et un vieillard, qu'il charge d'un présent pour les parens de la jeune fille, afin de les disposer à accueillir favorablement ses propositions. Si cette offrande est agréée, il continue à faire ainsi la cour aux parens de celle qu'il a choisie, jusqu'à ce qu'ayant obtenu leur consentement, il envoie un dernier présent composé de rum, de tabac, d'étoffes et de quelques noix de colats[1] très-communes sur les bords du Rio-Nunez, et qui doivent toujours être de couleurs différentes.

Le père de la prétendue prend deux des colats, l'un blanc, l'autre rouge ; il les coupe par le milieu, et jette en l'air la moitié de chacun pour en tirer un augure favorable. Après avoir examiné la manière dont ils sont tombés, s'il est satisfait sur ce point, il appelle sa fille, qui n'est pas encore instruite des démarches qu'on a faites pour l'obtenir, et qui le plus souvent ne connaît pas l'amant qui la recherche. Il lui fait manger un morceau de chaque moitié des colats dont il a tiré un présage, et la prévient, en présence des assistans, qu'elle va devenir l'épouse de celui qui a envoyé les présens ; et le même jour, sans consulter son goût, on emmène la malheureuse chez l'époux qu'elle n'aimera peut-être jamais.

Elle y est conduite par les vieillards qui ont été chargés des préliminaires, et suivie par une foule de ses jeunes amies, qui se réjouissent en chantant ses louanges. La vieille femme est chargée de préparer la chaumière où doivent loger les jeunes mariés. Après avoir enlevé tout ce qui appartient au maître de la cabane, elle met sur le lit une paire de pagnes bien blanches pour recevoir les époux la première nuit de

---

(1) C'est le nom que donnent à ce fruit les Européens dans les colonies d'Afrique ; les Mandingues l'appellent *ourou*.

leur mariage ; le lendemain, ces deux pagnes sont présentées aux gens de la noce, qui, en chantant et dansant, se les font passer de main en main, et célèbrent en chœur la chasteté de la jeune mariée. Cette cérémonie a toujours lieu au son d'une musique rustique et de chants d'alégresse, qui en rendent le spectacle plus animé.

Toutes ces fêtes durent ordinairement deux ou trois jours. Jamais les parens des nouveaux mariés n'y assistent ; ils ne vont voir leurs enfans que huit jours après le mariage.

Le septième jour après la naissance d'un enfant, on fait de grandes réjouissances ; ce n'est qu'à cette époque que la mère commence à sortir de sa case. Jusque-là elle reste enfermée pour donner tous ses soins au nouveau-né. Ce temps écoulé, les parens sacrifient un bœuf, et l'on passe le jour et la nuit à danser.

Chez les Landamas et les Nalous, la mort a droit également à des sacrifices. Le jour de l'enterrement, les parens tuent un mouton, et de son sang arrosent la tombe du défunt. Cette cérémonie est précédée de quelques décharges de mousqueterie sur la fosse ; le mouton est ensuite partagé entre les voisins.

Un mois après le décès, on célèbre une nouvelle cérémonie funèbre ; les parens qui sont riches en troupeaux font tuer plusieurs bœufs, et tous les habitans du village sont admis à cette réjouissance, qui souvent se prolonge plusieurs jours de suite.

Ces fêtes sont animées tour-à-tour par la musique sauvage du pays, des danses simples, et enfin par les vapeurs du vin de palme. Les Landamas et les Nalous prennent un grand plaisir à tous ces divertissemens; souvent même ils se privent du nécessaire, pour subvenir aux frais de leurs sacrifices.

La nourriture de ces peuples sauvages consiste principalement en riz cuit à l'eau, auquel ils ajoutent quelquefois des fruits du palmier, dont leur paresse ne leur permet pas de tirer de l'huile. Ils mangent peu de poisson, n'ayant pas l'adresse de le pêcher. Ils élèvent quelques volailles, des moutons et des chèvres.

Ils ont peu de bœufs, et encore moins de chevaux, et je n'ai point aperçu un seul âne à Kakondy.

Ces peuples font peu de commerce; ils ne vendent que du sel, qu'ils vont acheter chez les Bagos. Du reste, ils sont fort paresseux, et par suite nullement industrieux. La majeure partie ne s'occupe qu'à défricher un champ pour y semer un peu de riz et planter de la cassave; encore ne se donnent-ils pas la peine de remuer la terre, qui deviendrait plus productive si elle était labourée.

N'étant pas soumis à la loi de Mahomet, ils font une grande consommation de liqueurs fortes. Les nombreux palmiers qui croissent en ce pays leur fournissent en abondance un vin très-doux. La prune qu'ils nomment *caura*, qu'ils pilent et font fermenter avec de l'eau, leur donne aussi une boisson assez agréable, même enivrante, et qui, m'a-t-on assuré, a quelque rapport avec notre cidre. Quelquefois ils se nourrissent avec le marc de ces fruits ; car souvent les paresseux, et c'est le plus grand nombre, n'ont que cette ressource pour satisfaire leur appétit. Ils ont encore une autre boisson qu'ils appellent *jin-jin-di*, faite avec la racine d'une plante du même nom; ils la font brûler, la mêlent avec l'écorce d'un arbre (qu'il m'a été impossible de voir); broyant le tout ensemble, ils y mettent de l'eau, et remuent fortement pendant près de deux heures. Après avoir laissé fermenter pendant deux ou trois jours cette boisson, ils la soutirent ; elle acquiert ainsi une saveur douce et agréable. Ils en boivent les jours de fête et de régal, parce qu'elle facilite la digestion. Ils emploient aussi cette racine de jin-jin-di sans autre mixtion, comme un très-bon purgatif.

Les Landamas et les Nalous habitent des cases en paille, faites dans le genre de celles des autres nègres de l'intérieur de l'Afrique ; elles sont petites et sales.

Leur costume varie beaucoup. J'ai vu quantité de ces gens, aux environs de Kakondy, porter une culotte à l'européenne, avec une pagne sur les épaules et un chapeau sur la tête ; d'autres, sans culotte, portaient une veste et un coussabe. Les femmes ont des pagnes.

Le sol des environs des bords du Rio-Nunez est très-fertile ; tous les arbres des colonies y réussiraient s'ils étaient cultivés. Les naturels, habitués par leur climat chaud et même brûlant à vivre dans l'oisiveté, ne s'en occupent pas ; les Européens seuls en ont quelques-uns dans leurs jardins.

Les abeilles sont très-communes dans ce pays. Ces peuples aiment beaucoup le miel ; ils l'obtiennent en plaçant des ruches dans les arbres. Pour l'en retirer sans accident, ils descendent la ruche au moyen d'une corde, à une certaine distance de terre, et allument dessous un grand feu avec des herbes à moitié mouillées ; la fumée chasse les abeilles, et les nègres restent ainsi maîtres des ruches. La cire qui en provient est vendue aux Européens.

Ces insectes sont si abondans, qu'il n'est pas rare de les voir s'emparer des cases, et forcer les familles qui y sont logées à leur céder la place ; on a alors recours à la fumée pour les chasser.

Le peu de jours que j'ai passés à Kakondy ne m'ayant pas permis de visiter les Bagos, je vais simplement raporter les renseignemens que j'ai pu obtenir sur ces peuples.

Ces nègres sont idolâtres ; ils ont jusqu'à ce jour

conservé leur indépendance. Leur voisinage des îles situées sur les bords de la mer, et la facilité qu'ils ont de s'y transporter, sont un des motifs qui empêchent l'almamy du Fouta-Dhialon d'aller troubler le repos dont ils jouissent. Ces nègres habitent près de l'embouchure de la rivière; ce pays, plat et fertile, leur fournit en abondance de gras pâturages pour nourrir leurs nombreux bestiaux. Il est bien étonnant que ces peuples, du reste assez bizarres, n'aient pas reconnu le grand avantage qu'ils auraient à traire les vaches et les brebis, dont le lait leur serait d'une si grande ressource; mais au moins ces animaux réussissent tous très-bien, et ils en perdent moins que les nègres qui ont l'habitude générale de traire leurs bestiaux.

Les Bagos ont des mœurs bien différentes de celles des Landamas leurs voisins. Ils sont plus industrieux, et par conséquent plus heureux; ils habitent un sol très-fertile qu'ils travaillent avec soin; leur principale récolte est le riz. Ils ont l'art de sillonner leurs champs comme nous le faisons en Europe; ils se servent, pour cet usage, d'une pelle en bois, longue de deux pieds, dont le manche en a six ou sept.

Comme le terrain est très-plat, ils ont soin de faire des conduits pour l'écoulement des eaux. Quand l'inondation est trop forte, ils savent en tirer parti en ménageant adroitement de petits réservoirs dans leurs champs, pour obvier à la trop grande sécheresse, et conserver au riz cette humidité qu'il aime tant.

Ils ont aussi l'habitude de semer le riz auprès de leurs villages pour le transplanter dans leurs champs, quand il a atteint six pouces d'élévation. Les femmes sont chargées de ce soin, ainsi que de sarcler. Les hommes seuls font la récolte, toujours très-abondante.

Dans ce beau pays, si favorisé des dons de la nature, les femmes sont habituées à aller nues toute leur vie; jeunes et vieilles, sans distinction, n'ont d'autres vêtemens qu'une seule bande de toile de coton, longue de sept à huit pieds et large de cinq pouces, qu'elles se passent autour des reins et entre les cuisses. Ces malheureuses créatures font en partie tout l'ouvrage de la maison; elles préparent à manger, travaillent aux cultures et aux salines.

Les Bagos vendent avec avantage aux Européens qui commercent avec Kakondy, tout le sel qu'ils exploitent; en échange ils reçoivent des étoffes, du tabac, du rum, des verroteries, et d'autres bagatelles.

Les femmes qui travaillent le sel, ramassent, à la marée basse, les terres qui contiennent le plus de parties salées, et en font des tas. Après cette première opération, elles façonnent de grandes jarres avec de la paille et de la terre qu'elles mettent par-dessus, et y versent de l'eau qui, en filtrant, entraîne avec elle toutes les parties salées. Cette eau est versée ensuite dans de grands vases de cuivre, dans lesquels elles la font bouillir jusqu'à ce qu'il ne reste plus que le sel. Alors elles le mettent de nouveau en tas pour être vendu aux habitans de Kakondy, qui en ont un grand débouché dans le Fouta.

Les pluies qui tombent par torrens dans la mauvaise saison, n'empêchent pas les Bagos de vaquer à leurs affaires. Les hommes et les femmes ont, pour se garantir de la pluie, une petite natte longue de deux pieds et demi et large d'un pied, au milieu de laquelle ils passent un cordon qu'ils adaptent à la tête; cette espèce d'auvent portatif les préserve également du soleil. Les femmes sur-tout s'en servent pour garantir leurs enfans (qu'elles portent continuellement sur leur dos) de l'ardeur du soleil brûlant. Elles prennent une partie de la bande de toile qui leur passe autour des reins pour tenir l'enfant serré contre elles. Ce fardeau, assez embarrassant, n'empêche pas ces femmes de travailler. Tant qu'elles sont jeunes, elles se rasent entièrement la tête. Quand elles sont prises du mal d'enfant, elles se couchent par terre, même devant un étranger, et elles enfantent sans pousser une seule plainte. Aussitôt qu'elles sont délivrées, elles vont laver l'enfant à la rivière, et reprennent leurs occupations ordinaires.

Les Bagos ont l'habitude de marier leurs enfans

très-jeunes; les fiançailles se font lorsqu'ils ont atteint sept à huit ans. Du moment où un mariage est arrêté entre les parens, le père du garçon est obligé, s'il a une fille, de la livrer en échange de celle qu'on lui donne pour son fils. S'il n'en a pas, on a recours ordinairement aux parens du jeune homme, qui jamais ne s'y refusent.

Une fois les jeunes gens fiancés, comme je viens de le dire, ils habitent la même maison, et sont élevés ensemble, dans l'idée qu'ils doivent s'appartenir mutuellement; dès ce moment, le jeune garçon donne chaque matin à sa prétendue une grande calebasse de vin de palme, que les parens lui fournissent, jusqu'à ce qu'il soit capable de faire ce vin lui-même.

Ces enfans vivent naturellement en bonne intelligence. On ne célèbre leur mariage que lorsqu'on s'aperçoit que la jeune vierge a cessé de l'être; ce qui a lieu ordinairement de onze à douze ans. On fait, à cette occasion, de grandes réjouissances; on tue un bœuf pour régaler les convives, qui sont toujours très-nombreux.

Dès le moment où les enfans sont réunis, le jeune garçon fournit aux parens de sa jeune compagne deux calebasses de vin de palmier par jour, l'une le matin, l'autre le soir, jusqu'au moment de la célébration du mariage.

La jeune fille qui, dans ces occasions, est donnée en échange pour être utile chez les parens de celle qu'elle remplace, les quitte à son tour lorsqu'elle est sur le point d'être fiancée, pour se rendre chez les parens de celui qui lui est destiné; ce n'est véritablement qu'une compensation de services. Les hommes ne sont pas obligés de donner de remplaçans. Comme les Landamas, ils ont plusieurs femmes, mais ils les épousent à des distances un peu reculées.

Les Bagos font aussi des sacrifices à la naissance de leurs enfans et à la mort de leurs parens. Quand le chef de la famille vient à décéder, on brûle souvent tout ce qu'il y a dans sa maison. On renferme dans des coffres tous les effets, et, avant de les livrer aux flammes, on fait l'énumération des bonnes qualités du défunt, en disant : « Voyez comme il était laborieux, comme il a su faire de bonnes affaires ; tâchez de l'imiter, pour être heureux comme lui. » Et cependant toutes les richesses de ce pauvre homme ne se composent souvent que d'un chapeau européen, de pantalons, de chemises, et autres effets de ce genre, que peut-être il n'a jamais portés. On respecte toujours le lit du défunt, et, devant ce méchant grabat, on creuse un trou de six pieds de profondeur; on y enterre le corps debout, et tous les soirs on allume du feu sur sa tête, et l'on s'entretient avec lui, dans l'idée qu'il entend ce qu'on lui dit.

La famille du défunt, qui, par cet acte de superstition, se trouve ruinée, est soutenue par les habitans du village jusqu'à la récolte prochaine; car le riz même n'a pas échappé aux flammes.

Ce beau et fertile pays produit en quantité des palmiers d'où ils tirent beaucoup d'huile; ces peuples l'aiment beaucoup, et en mettent dans tous leurs ragoûts.

C'est aussi avec cette liqueur qu'ils se graissent tout le corps et la tête; ils en enduisent même leurs vêtemens: aussi sont-ils très-sales; ils sentent l'huile de palme de très-loin.

Ils n'ont qu'une pagne autour des reins; et quoique ayant tous les moyens nécessaires pour se bien vêtir, ils ne veulent pas s'en donner la peine. Ils portent une boucle de cuivre suspendue à la cloison du nez; leurs oreilles en sont garnies d'une certaine quantité. Les femmes ont pour tout ornement quelques verroteries.

Chez leurs voisins, ces peuples passent pour voleurs; cependant ils sont très-hospitaliers, ce qui ne s'accorde guère avec le vice qu'on leur impute. Jamais ils ne voient un étranger sans l'inviter à partager leur repas, et ce serait leur faire une sorte d'injure que de rejeter leur offre; ils prennent le refus pour du mépris, et ils y sont sensibles. Ils sont belliqueux, et se font souvent la guerre entre eux. Quelquefois des familles entières se battent pour vider d'anciennes querelles, même celles de leurs ancêtres. Ils ont pour arme un poignard, et se servent très-adroitement d'un large bouclier de peau d'éléphant pour parer les coups de leurs adversaires. On m'a assuré qu'ils n'ont point l'habitude de faire des esclaves, mais qu'ils tuent sans pitié leurs prisonniers.

Les Bagos n'ont pas de roi : chaque village est gouverné par le plus ancien des vieillards; c'est lui qui règle les différens, quoiqu'ils aient comme les Landamas un simo, qui cependant, dans les cas graves, fait les fonctions de premier magistrat.

Ils sont amis des réjouissances; ils aiment généralement à boire : souvent les hommes et les femmes se réunissent autour d'une grande calebasse de vin de palme, et ne la quittent qu'après l'avoir vidée. Ils sont grands mangeurs; leurs mets sont composés de poissons secs et d'huile de palmier, qui surnage toujours, et les rend si dégoûtans, qu'il serait impossible à un Européen d'en goûter. Quand ils tuent un mouton, ils mêlent la peau et les entrailles sans les nettoyer dans les ragoûts qu'ils préparent; ils se nourrissent aussi de serpens, de lézards et de singes qu'ils attrapent.

Les Bagos ne visitent jamais leurs voisins : ils peuvent aisément s'en passer; leur sol fournit abondamment toutes les choses utiles à la vie de l'homme vraiment sobre; ils ne conçoivent pas qu'il puisse exister des hommes plus heureux qu'ils le sont, et se croient supérieurs aux autres dans tous les genres. Je n'ai rien pu apprendre relativement à l'opinion qu'ils se forment de la divinité : cependant ils en ont quelque idée; car lorsqu'ils entendent le tonnerre, ils dansent et boivent au son du tambour, en disant que Dieu se réjouit et qu'ils se réjouissent avec lui[1].

Leurs maisons sont grandes et commodes; plusieurs familles y logent ensemble, et chacune de ces familles couche sur le même grabat; à l'exception cependant du chef, qui a son lit séparé. Les femmes ne mangent jamais avec les hommes; chacune a son plat et fait son repas en particulier : les garçons mangent aussi séparément. Les hommes sont très-bons nageurs; ils ont des pirogues faites d'un seul tronc d'arbre, qui leur servent à traverser d'une île à l'autre.

Les Bagos ont le teint noir et les cheveux crépus; ils ont l'habitude de se raser le devant de la tête, et laissent croître les cheveux de derrière, qu'ils graissent d'huile de palmier, ce qui les fait ressembler à la laine de mouton.

[1] Quelques personnes de Kakondy qui connaissent les Bagos, m'ont assuré qu'ils prennent pour divinité les premiers objets qui s'offrent à leur pensée, tels qu'une corne de bélier : une queue de bœuf, un reptile, etc., reçoivent également leur sacrifice.

Quand les hommes sont obligés d'aller à Kakondy pour leurs affaires de commerce, ils se parent avec un pantalon et un chapeau à l'européenne; et dès qu'ils sont de retour chez eux, ils laissent ce costume pour reprendre la pagne.

CHAPITRE VI.

Départ pour mon grand voyage, le 19 avril 1827. — Détails sur les mœurs et les habitudes de mes compagnons de voyage, et sur les caravanes de cette partie de l'Afrique. — Fruit du caura. — Montagnes de Lantégué. — Rivière de Doulinca. — Fonte du fer. — Le Rio-Pongo. — Montagne de Touma. — Description d'Irnanké et de ses habitans. — Téléouel; cataracte du Cocouo. — Orangers.

Les observations que l'on vient de lire ont été recueillies pendant l'absence de M. Castagnet, et à l'aide de quelques excursions que je fis avec MM. Bethman et Tudsberry, dans les environs de Kakondy. Je travaillais à mettre en ordre les notes que j'avais prises sur les Nalous, les Landamas et les Bagos, lorsque M. Castagnet revint. Il eut la complaisance de s'occuper immédiatement de mon voyage, et me donna des conseils fort sages sur la manière de me conduire avec les peuples que j'allais visiter; il me procura tous les renseignemens venus à sa connaissance, sur leurs mœurs, leur caractère jaloux, leur défiance des Européens; et croyant que ses lumières ne suffisaient pas, craignant de n'en avoir jamais fait assez pour m'obliger, il fit venir des Mandingues jouissant dans le pays d'une considération méritée par leur probité, leur expérience et leur fortune. Il desirait de me faire accompagner par ces Mandingues jusqu'à Temboctou : il leur fit part de mes projets de voyage, leur parla avec chaleur de mon amour pour ma patrie, leur faisant remarquer tout ce qu'il y avait de courage de la part d'un jeune homme à braver d'aussi grands dangers pour revoir ses parens ; puis, développant graduellement la fable de mon origine égyptienne, il chercha à m'obtenir leur appui en excitant leur intérêt. Mais ce fut en vain que M. Castagnet déploya toute son éloquence ; ils restèrent impassibles jusqu'au moment où il leur promit un présent en reconnaissance de ce qu'ils feraient pour moi : alors ils montrèrent un grand zèle pour mon service ; tous s'empressèrent d'assurer qu'ils me traiteraient comme leur fils.

Ils me firent aussi des observations sur la fatigue que j'endurerais en parcourant des chemins si difficiles, fatigue que je n'aurais peut-être pas la force de soutenir ; mais sur ma réponse, que j'étais décidé à tout supporter pour revoir ma patrie, ils arrêtèrent avec moi le jour du départ.

M. Castagnet leur fit présent de la valeur d'un bœuf en marchandises ; et les Mandingues, fidèles à leur parole, me procurèrent un esclave porteur, qui se chargea de mon modeste bagage. Ces arrangemens furent bientôt terminés.

Le 19 avril 1827, je pris congé de M. Castagnet. L'avouerai-je ? je pleurais en quittant mon généreux ami : cependant ces regrets, quoique bien sincères, ne pouvaient altérer la joie que j'éprouvais d'entreprendre enfin ce voyage, après lequel je soupirais depuis tant d'années.

Notre caravane se composait de cinq Mandingues libres, de trois esclaves, de mon porteur Foulah, de mon guide et de sa femme. A l'exception de ces deux derniers et de moi, tous les autres portaient des charges énormes.

Nous suivîmes la rive gauche du Rio-Nunez. Après avoir marché deux heures, nous arrivâmes à la factorerie de M. Bethman. Je revis dans son jardin les tombeaux du major Peddie et de plusieurs officiers de la même expédition : à cette vue, j'éprouvai un frissonnement involontaire, en pensant qu'un même sort m'attendait peut-être ; mais ces tristes idées s'évanouirent bientôt en m'éloignant de leurs monumens, et firent place à l'espoir d'un meilleur destin.

A neuf heures du matin, nous nous dirigeâmes vers le S. S. E[1]. Ibrahim (c'était le nom de mon guide), à qui j'avais donné en partant plusieurs pièces d'étoffes,

(1) Voyez, pour les détails et les directions précises de la route, l'*Itinéraire du voyage*, ainsi que la *carte itinéraire*, à la fin du dernier volume. Dans le journal, il n'aurait pas été possible de les conserver. E. J.

s'arrêta tout-à-coup, et me fit dire par un nègre qui parlait anglais qu'il serait obligé de faire beaucoup de cadeaux en route, et que cependant il craignait encore que je ne parvinsse pas à traverser le Fouta-Dhialon, à cause de ma figure blanche. Cette réflexion était un peu tardive; mais je ne tardai pas à en deviner le but, lorsqu'il ajouta que je devrais en bon Arabe lui donner un morceau de toile.

Il aurait été trop dangereux d'encourager ses importunités ; je fis donc semblant de ne pas le comprendre, et je continuai à marcher sans rien lui donner, toujours en suivant la même direction. Nous trouvâmes un sol composé de terre rouge et un peu pierreux, mais couvert de la plus belle végétation; le *nédé*[1] sur-tout y est en abondance. Nous rencontrâmes un groupe de Mandingues et de Foulahs, assis à l'ombre de gros arbres : ils se disputaient, en attendant qu'on vînt leur apporter les cadeaux d'usage. Il existe une telle concurrence dans le commerce de Kakondy, que les propriétaires de chaque factorerie envoient des gens à leur solde au-devant des caravanes, pour faire des présens aux marchands et les attirer chez eux : s'ils sont nombreux, à leur arrivée

---

(1) Le nédé est une espèce de mimosa dont le fruit contient une substance féculeuse qui sert de nourriture aux nègres de cette partie de l'Afrique.

à la factorerie, on leur donne un bœuf, puis on les fournit de riz tout le temps que la traite dure; et au moment de leur départ, on leur fait encore un présent, auquel on joint des provisions pour leur retour.

Les négocians poussent la concurrence si loin, que souvent même ils vendent sans bénéfice.

En continuant, je trouvai le sol entrecoupé de gros monticules très-pierreux; mais la campagne, couverte de grands arbres, offrait le coup-d'œil le plus pittoresque, et j'avais sous les yeux les sites les plus variés.

La chaleur commençait à devenir pénible; les porteurs étant fatigués, nous fîmes halte auprès d'un joli ruisseau, dont les eaux limpides et délicieuses servirent à nous désaltérer. Nous avions fait à-peu-près douze milles vers l'E. On alluma du feu; les nègres esclaves allèrent chercher du bois, et la femme de mon guide se disposa à faire notre dîner.

Dans toute l'Afrique, les marchands ont adopté l'usage d'emmener une de leurs femmes pour préparer les repas de la caravane. Ces malheureuses ne marchent que chargées de pots en terre, de calebasses, de sel, etc.; enfin elles portent les plus lourds fardeaux, tandis que les maris ne s'embarrassent de rien.

Nous joignîmes en route plusieurs Foulahs chargés de sel, allant dans le Fouta : ensuite nous en rencontrâmes d'autres portant des cuirs, de la cire et du riz; ceux-ci allaient à Kakondy pour y acheter du sel.

J'étais très-étonné de voir ces malheureux Foulahs et Mandingues portant sur la tête un fardeau pesant près de deux cents livres, marcher avec la plus grande vitesse, et franchir avec une agilité surprenante les montagnes d'Irnanké. Ils ont un bâton à la main pour aider à soutenir leur charge : elle est contenue dans une corbeille longue, faite de morceaux de bois minces et flexibles; cette corbeille a environ trois pieds de long sur un de large et de haut; après y avoir déposé les marchandises, on remet le couvercle, et on lie fortement avec des cordes faites d'écorce d'arbre. Quand les porteurs sont fatigués, ils posent un bout de cette corbeille entre les branches d'un arbre et soutiennent l'autre avec leur bâton ; ils vont ainsi chargés jusque dans le Kankan vendre leur sel.

Nous nous assîmes à l'ombre d'un superbe *bombax* pour prendre notre modeste repas, qui consistait en riz bouilli, auquel on ajouta quelques pistaches grillées et pilées, puis un peu d'huile de palmier. Les six Mandingues libres et moi nous nous mîmes autour de la calebasse contenant notre dîner, et chacun à son tour prenait une poignée de riz; les esclaves et mon porteur mangeaient ensemble, et la femme dînait seule.

Au repos comme pendant la marche, les femmes prennent toute la peine, et le mari reste couché sur des feuilles sèches ou de la paille que ses esclaves lui apportent. Après ce frugal repas, je me couchai aussi quelques instans. Plusieurs des Foulahs que nous avions joints en route me donnèrent des fruits du nédé : ce fruit est très-commun dans cette partie de l'Afrique, et d'une grande ressource pour les voyageurs ; il est très-nourrissant, et leur sert à économiser le riz qu'ils ont destiné à l'achat du sel.

Vers deux heures et demie, nous nous remîmes en route, marchant au S. E. sur le même sol que pendant la matinée. Après avoir parcouru environ sept milles dans cette direction, nous arrivâmes auprès d'un grand ravin, où nous fîmes halte pour y passer la nuit. Un des esclaves alla chercher de l'eau, et notre cuisinière se mit à l'ouvrage.

Les Foulahs, auxquels on avait dit que j'étais Arabe, avaient pour moi une sorte de vénération ; ils ne pouvaient se lasser de me regarder et de me plaindre : leur extrême dévotion les rend très-charitables ; ils venaient s'asseoir auprès de moi, prenaient mes jambes sur leurs genoux, et les massaient pour soulager la fatigue. « Tu dois bien souffrir, me disaient-ils, car tu n'es pas habitué à faire une route aussi pénible. » Un autre alla cueillir des feuilles pour me faire un lit : « Tiens, me dit-il, voilà pour toi, car tu ne sais pas, comme nous, dormir sur des pierres. » Couché sur mon lit de feuillage, je me trouvais heureux, et aussi à mon aise que si j'avais été dans un appartement. Le ciel était serein; la chaleur du jour était remplacée par une douce fraîcheur; enfin tout contribuait à l'agrément de notre position.

Plusieurs Foulahs me firent présent d'un peu de riz : je leur en devais de la reconnaissance, car c'était la seule chose qu'ils possédassent. J'avais aussi beaucoup à me louer des Mandingues; ils eurent mille attentions pour moi, et s'empressaient de prévenir tous mes desirs.

Cependant la prudence m'obligeait à me retirer dans les bois pour écrire mes notes et les mettre en ordre; j'ai toujours eu la même précaution dans le cours de mon voyage : chacune de leurs paroles me prouvait combien il eût été dangereux d'éveiller leurs soupçons.

Ibrahim, mon guide, était d'un caractère ombrageux; et cependant, par la suite, il n'eut pour moi que de bons procédés, et il me fit traverser le Fouta sans accident, malgré ses menaces réitérées de me conduire à Timbo, où il savait que l'almamy me ferait arrêter.

Le 20 avril, à cinq heures du matin, nous nous mîmes en route, en nous dirigeant vers l'E. Nous passâmes près d'un joli ruisseau coulant entre deux petites montagnes sur un lit de roche, et se dirigeant au S. Vers onze heures, après avoir fait neuf milles, nous nous arrêtâmes sur les bords du ruisseau le

Tankilita, que mes compagnons me dirent être le Rio-Nunez.

Nous partîmes à une heure de l'après-midi, pour faire route à l'E. N. E. Nous passâmes près du petit village d'Oréouss, habité par des Foulahs qui élèvent beaucoup de troupeaux : ce village est situé sur le penchant d'une haute montagne, couverte de la plus belle végétation. Nous fîmes vers l'E. sept milles, sur un sol pierreux, montagneux et couvert de grands arbres ; le nédé et le *bombax* y croissent en quantité, et embellissent la campagne. Nous fîmes halte, au coucher du soleil, au pied d'un monticule pierreux, où se trouve un ravin très-profond ; ses bords offrent des sites très-agréables : nous y passâmes la nuit. On me fit encore un lit de feuilles ; mais, cette fois, je n'y trouvai pas le même avantage, et je craignis pour ma santé la fraîcheur de cette verdure succédant à la chaleur excessive que j'avais éprouvée dans le jour : je me décidai donc à coucher sur les pierres, enveloppé dans ma couverture.

Le 21, à cinq heures du matin, nous nous mîmes en route. Nous fîmes sept à huit milles parmi des monticules qui rendent la marche très-pénible ; ensuite nous passâmes près d'un village habité par des esclaves chargés de la culture des terres. Tous les villages ayant la même destination s'appellent *ou-rondé* ; le nom particulier de celui-ci est *Sancoubadialé*.

Vers dix heures du matin, nous fîmes halte à peu de distance d'une source ombragée par de grands arbres qui semblent élever leurs têtes majestueuses jusqu'aux nues : elle se trouve dans un ravin de quarante à cinquante pieds de profondeur, et entouré de grosses roches de quartz. Une quantité de gros singes rouges habitent aux environs, et viennent s'y désaltérer. Il y en eut deux qui s'arrêtèrent en me voyant, et se mirent à aboyer comme des chiens. Ils avançaient sur moi ; je n'étais pas armé, et j'avoue que j'eus un peu d'effroi : mais bientôt j'aperçus deux Mandingues de mes compagnons qui venaient puiser de l'eau ; à leur arrivée, les singes s'enfuirent dans les bois, et nous laissèrent paisibles possesseurs de cette jolie source. Vers midi, nous repartîmes, en nous dirigeant dans le S. E. : nous trouvâmes la route moins pierreuse que celle que nous avions parcourue dans la matinée, mais couverte de monticules qui occasionnent les nombreuses sinuosités qu'on est obligé de suivre. La campagne est couverte de grands arbres. Marchant à l'ombre des forêts, nous ne nous apercevions pas de la chaleur excessive du jour. Je vis beaucoup de figuiers sauvages, et de pruniers que les nègres nomment *caura*. Cet arbre donne un très-bon fruit qui a la forme de la prune; la pellicule est rougeâtre et marquée de petits points un peu plus clairs; en levant cette pellicule, on trouve une pulpe délicieuse au goût, qui n'a pas plus de quatre lignes d'épaisseur sur un noyau gros comme celui de la pêche. Les nègres aiment beaucoup ces fruits ; ils en font ramasser et en mangent.

Après avoir fait neuf milles, nous passâmes près des ruines d'un village, et nous continuâmes un mille et demi dans la même direction ; la route est plus pierreuse et très-difficile. Nous arrivâmes, à trois heures après midi, très-fatigués, au village de Daourkiwar[1], où nous passâmes la nuit. Ce joli village peut contenir environ quatre cents habitans, partie Foulahs, partie Mandingues : il est situé auprès d'une mare dont l'eau est très-bonne à boire ; elle est entourée de *bombax*, de pruniers et de quelques *nauclea*. Nous mangeâmes des prunes du pays, que je trouvai délicieuses.

Le 22, à cinq heures du matin, nous continuâmes notre route, nous dirigeant à l'E. S. E. Nous aperçûmes sur le penchant d'une montagne de trois cent cinquante à quatre cents pieds d'élévation, le joli village dhialonké nommé *Lom-bar*, situé à droite de notre chemin ; nous arrivâmes ensuite sur un coteau composé de très-bonne terre susceptible des meilleures cultures, où se trouve un second village de Daourkiwar. Après avoir marché quelque temps et descendu une montagne, nous trouvâmes un joli ruis-

(1) Ou Daour-Kiwarat.

seau, et fîmes halte sur son bord : il coule dans une grande et belle plaine entourée de montagnes très-boisées ; elles sont composées de terre rouge, et propres aux plus belles cultures. Comme la route de la matinée avait été pierreuse et difficile, et que mes sandales me blessaient, je fus obligé de marcher pieds nus ; mais les pierres me faisaient encore plus souffrir. Je remarquai que tous les arbrisseaux étaient grillés par l'ardeur du soleil. Les environs étaient couverts de roseaux ; les naturels s'en servent pour faire leurs cases. On fit cuire du riz à l'eau pour notre dîner ; et après ce frugal repas, nous nous remîmes en route vers midi et demi. Nous gravîmes la montagne en nous dirigeant à l'E. Les racines des arbres barrent la route, qui est généralement pierreuse. Arrivés sur le plateau, nous nous y reposâmes un peu, et continuâmes dans le S. E. La route était plus belle que celle de la matinée ; je vis beaucoup d'arbres à caura : nous nous amusâmes à ramasser des fruits ; et après avoir fait six milles, nous arrivâmes bien fatigués, à cinq heures du soir, à Coussotami, joli petit village situé sur un coteau. On nous apporta des bananes, que nous achetâmes pour quelques grains de verroterie. Plusieurs Foulahs du village, à qui on avait appris mon arrivée, vinrent me voir ; et comme il faisait nuit, on alluma une bougie faite en cire du pays ; on en trouve en abondance dans ces montagnes. Nous passâmes la nuit couchés sous de grands arbres sur les pierres qui couvrent le sol.

Le 23 avril, nous quittâmes Coussotami vers cinq heures du matin. Marchant à l'E., nous passâmes près d'un ravin à sec, entouré de grands arbres qui forment des sites très-romantiques ; la campagne en général offre l'aspect le plus agréable. Nous arrivâmes dans une belle vallée couverte de gras pâturages, en nous dirigeant au S. E.; ensuite il fallut passer un ravin très-profond et très-difficile, à cause des roches de granit sur lesquelles nous étions obligés de marcher. Ce ravin nous conduisit au pied d'une montagne de cinq à six cents pieds d'élévation, qu'il nous fallut gravir ; et après avoir fait environ quatre milles, nous arrivâmes fatigués sur son sommet, où nous fîmes halte. Vers une heure après midi, nous nous remîmes en route, en nous dirigeant dans l'E. S. E. quatre milles. Nous atteignîmes un joli petit ruisseau qui roule ses eaux limpides sur un lit de granit; il vient du S. et coule au N. N. E. : les naturels le nomment *Naufomou* ; on m'assura qu'il va se perdre dans le Rio-Nunez. Nous nous arrêtâmes un instant, et, assis sur les rives de ce ruisseau, nous mangeâmes de petits gâteaux de farine de riz mêlée avec du miel et du piment, et séchés au soleil, que je trouvai assez bons. Les marchands mandingues et foulahs ont toujours soin de se munir de ces petits gâteaux. En continuant notre route, nous passâmes auprès de Dougué, joli village de trois à quatre cents habitans Foulahs et Dhialonkés, situé dans une plaine de sable gris, susceptible des plus belles cultures : cette plaine est entourée de hautes montagnes, et couverte de très-beaux pâturages. Nous fîmes halte auprès d'une source pour y passer la nuit. Le petit village de Mirayé, situé sur le penchant d'une grande montagne, se trouve à un mille au S. E. de Dougué. Plusieurs Foulahs pasteurs, qui gardaient leurs troupeaux dans notre voisinage, vinrent nous voir, et nous vendirent ce qu'ils appellent du *cagnan*, espèces de pains qu'ils font avec du maïs et des pistaches grillées et pilées, dans lesquels ils ajoutent du miel : ces pains font en partie leur nourriture en voyage. Je vis un jeune Foulah qui ne pouvait se lasser de me regarder : il me proposa de le suivre à son camp pour boire du lait; comme je ne voulais pas y aller seul, il engagea un de mes compagnons de voyage à m'accompagner; deux d'entre eux s'y prêtèrent avec complaisance. Le jeune homme marchait devant pour nous enseigner la route, et avait soin d'ôter quelques grosses pierres qui se trouvaient sur mon passage : arrivé à son camp, qui était tout près de notre halte, il s'empressa de sortir une peau de bœuf, sur laquelle il me pria de m'asseoir. Ce camp était composé de cinq ou six cases en paille, de forme presque ronde, et très-basses; il fallait se mettre en double pour y entrer : l'ameublement consistait en quelques nattes, peaux de mouton et calebasses pour mettre du lait; le lit se composait de quatre piquets mis en terre, sur lesquels sont placés en long des morceaux de bois recouverts d'une peau de bœuf. Il alla avertir sa vieille mère et ses sœurs, et leur dit que j'étais un Arabe, compatriote du prophète, et allant à la Mecque ; elles me regardèrent avec beaucoup de curiosité, et en faisant plusieurs gestes, crièrent : *La allah il-allah, Mohammed rasoul oullahi* (il n'y a d'autre dieu que Dieu, Mahomet est son prophète) ; à quoi je répondis par la formule ordinaire. Elles s'assirent à une petite distance de moi, et me regardèrent tout à leur aise. Le jeune Foulah alla me chercher du lait dans une calebasse qu'il eut soin de laver (excessive politesse de leur part), puis m'apporta un peu de viande frite. Je l'engageai à en manger avec moi ; mais en me montrant du doigt la lune, il me dit d'un air timide et riant : Je jeûne ; c'est le ramadan.

De ce petit camp on apercevait le village de Mirayé, situé sur le penchant d'une haute montagne qui m'a paru très-boisée ; il est habité en partie par des Foulahs et des Dhialonkés, tous mahométans. Nous nous séparâmes du bon jeune Foulah ; nous retournâmes au lieu de halte et nous vîmes nos gens revenant de Dougué, où ils étaient allés acheter du riz pour notre provision de voyage. Nous nous couchâmes sous de petites cahutes faites de branches d'arbre recouvertes en paille ; ces cahutes servent à mettre les voyageurs à l'abri des pluies, car le village de Dougué se trouve éloigné de la route.

Le 24 avril, à cinq heures du matin, la caravane se mit en marche; en nous dirigeant vers l'E., nous suivîmes une belle route couverte de petit gravier; puis nous arrivâmes près d'une montagne pierreuse que nous gravîmes. En tournant une autre montagne de sept ou huit cents pieds, nous fîmes presque le tour de la boussole; puis nous arrivâmes dans une jolie vallée, où passe un gros ruisseau que les naturels nomment *Bangala;* il coule dans la direction du N. au S. Nous fîmes un demi-mille à l'E. S. E.; puis nous gravîmes une montagne de la même hauteur que la précédente, et très-escarpée. Arrivés sur le sommet, nous redescendîmes par une pente rapide, et nous fîmes halte au bas, vers onze heures du matin, dans une jolie vallée, près d'une source entourée de petits monticules. Nous prîmes notre dîner à l'ombre d'un *bombax*. A une heure de l'après-midi, nous nous mîmes en route en nous dirigeant au S. S. E., toujours à travers les montagnes : nous passâmes près de quelques cases de Foulahs pasteurs. Depuis une heure après midi nous avions fait quatre milles, lorsque nous fûmes surpris par un violent orage; le tonnerre se fit entendre avec fracas : nous nous mîmes à l'abri sous des cases de bergers; l'orage dura près de deux heures et demie; il plut par torrens. Nous nous rendîmes ensuite à Dongol, petit village d'esclaves [1], qui se trouvait à environ un mille et demi des cases des bergers ; nous y arrivâmes à trois heures du soir. Le chef hospitalier nous reçut très-bien, et m'envoya un souper de riz au lait aigre, auquel il ajouta du beurre fondu. Il y a dans ce village, qui peut contenir trois cents habitans, une mosquée de la même forme que les cases du pays.

Le 25 avril, à cinq heures du matin, nous prîmes congé de notre hôte, auquel mon guide Ibrahim donna un peu de sel, et nous fîmes route en nous dirigeant au S. E., et descendant la petite montagne sur laquelle est situé le village ; puis nous passâmes une plaine de la plus grande fertilité. Nous arrivâmes auprès d'une chaîne de montagnes ; les naturels la nomment *Lantégué*; elle s'étend dans la direction du N. E. au S. Chaque montagne s'élève à pic, de près de deux cents toises ; on y voit à peine quelques traces de végétation. Nous passâmes parmi de gros blocs de granit gris qui sont en forme de pyramides, et ressemblent aux ruines d'un vieux château. Après nous être enfoncés parmi les gorges de ces montagnes, qui sont composées de beau granit gris, nous passâmes le ruisseau le Doulinca, qui coule rapidement sur un lit de granit dans

[1] Endroit où les propriétaires mettent leurs nègres cultivateurs; ils ont chacun une case, et cultivent un champ particulier dont la récolte est destinée à les nourrir.

la direction de l'E. au S : nous avions de l'eau au-dessus du genou. Nous fîmes environ un mille dans une jolie plaine très-fertile et entourée de grosses roches du même granit gris aux sommets. Dans les fentes de ces énormes rochers, il croît de grands bambous. Nous repassâmes le Doulinca auprès d'un endroit où il tombe en cascade, et fait entendre de loin un joli murmure qui charme l'ennui du voyageur. Je m'assis un instant sur ses bords, car les pauvres nègres fatigués se reposaient à peu de distance. Je contemplais avec admiration cette belle et riante campagne : quoique hérissée de hautes montagnes, elle est de la plus grande fertilité, et arrosée par une infinité de petits ruisseaux qui en entretiennent constamment la verdure. Ces montagnes sont habitées par des Foulahs pasteurs qui vivent éloignés de toute société. Le lait de leurs nombreux troupeaux, et un peu de riz qui croît très-bien, suffisent à leur nourriture. Dans ces montagnes, je ne vis aucune bête féroce : ce beau pays semble favorisé par la nature ; il est peuplé d'une infinité d'oiseaux dont les couleurs varient à l'infini ; j'en vis beaucoup de la même espèce que ceux qui habitent les bords du Sénégal. Nous nous remîmes en marche sur de très-bonne terre, et nous passâmes devant les cases de quelques Foulahs qui nous apportèrent du lait ; j'en achetai pour quelques grains de verroterie. Ils me regardèrent tous avec beaucoup de curiosité, et dirent qu'ils n'avaient jamais vu de maure aussi blanc que moi. En les quittant, nous nous trouvâmes dans une jolie vallée formée par deux petites montagnes de granit; elle est composée de sable gris, très-fertile, et couverte de beaux pâturages.

Nous fûmes ensuite obligés de passer de nouveau le Doulinca, qui coule paisiblement sur un lit de granit. Vers une heure de l'après-midi, nous fîmes halte près de quelques Foulahs pasteurs : leurs cahutes étaient agréablement situées sous de grands arbres qui y entretiennent une fraîcheur inappréciable dans ces contrées. Depuis mon départ de Kakondy, je n'avais pas encore vu un si beau pays ni aussi fertile. Point de rochers, mais des plaines superbes qui ne demandent qu'à être cultivées pour produire tout ce qui est nécessaire à la vie. Vers deux heures du soir, le tonnerre se fit entendre dans la partie du N. E.; la journée avait été très-chaude, le ciel couvert de nuages noirs; il plut en abondance. Nous allâmes nous mettre à l'abri sous les cahutes des bergers, qui d'abord firent difficulté de nous y laisser entrer. Le tonnerre se fit entendre avec un fracas épouvantable; je croyais à chaque instant le voir tomber sur nos têtes; les éclairs se succédaient rapidement, et le ciel paraissait embrasé. Couchés sur des morceaux de bois ronds, posés sur des piquets mis en terre, nous attendions paisiblement la fin de ce déluge. Après la pluie, nous sortîmes des cahutes ; l'atmosphère rafraîchie donnait un nouveau charme à la nature. Nous mangeâmes un peu de riz, et nous nous remîmes en route à l'E. Nous traversâmes un petit ruisseau coulant sur un lit de granit : la route était pleine d'eau et très-bourbeuse, ce qui la rendait fort pénible ; nous fîmes au N. E. un demi mille, puis à l'E. un demi mille, et nous arrivâmes à la nuit tombante à Lantégué, ourondé ou village d'esclaves. La pluie nous avait repris en route ; j'eus recours à mon parapluie, qui ne me préserva pas entièrement. Le chef de Lantégué nous donna une case devant laquelle il y avait un très-bel oranger, sous lequel je m'assis sur une peau de mouton. Le tonnerre se fit entendre de nouveau ; l'atmosphère, couverte de nuages, était chaude et humide ; la pluie continua toute la nuit ; les éclairs qui se succédaient rapidement venaient illuminer notre case, qui ne fermait qu'à demi.

Le 26, nous séjournâmes à Lantégué, par égard pour un esclave de la caravane qui portait une charge très-lourde, et avait mal aux pieds. Je passai une partie du jour à visiter le village et ses habitans, qui sont au nombre de cent cinquante. Beaucoup d'entre eux me trouvaient trop blanc pour un Maure, et me prenaient pour un Anglais.

Je vis autour de leurs cases de belles plantations de bananiers, ananas, cassaves, ignames, et mille autres plantes utiles, le tout bien soigné : ce sont les femmes qui sont chargées du soin de les cultiver; les hommes travaillent dans les champs de riz, etc. La chaleur fut très-forte toute la journée, ce qui annonçait de l'orage pour la soirée, car nous approchions de la saison pluvieuse. Dans ces pays montagneux, elle commence en avril et dure six mois consécutifs : dans le cours de la journée, il s'éleva une petite dispute entre Ibrahim mon guide et deux Mandingues de son village, qui prétendaient avoir leur part de la valeur d'un bœuf que leur avait donnée M. Castagnet à Kakondy. Les deux Mandingues vinrent me trouver, et voulaient me rendre juge de leur différent; mais ma décision ne fit qu'échauffer davantage les esprits, et mécontenta mon guide, qui me menaça de m'abandonner, ce qui m'aurait jeté dans un grand embarras; enfin, un jeune nègre qui avait été à Sierra-Leone et parlait un peu l'anglais, vint à mon secours, interpréta mieux mes paroles, et la paix fut rétablie entre nous.

Le reste de la journée fut employé par les marchands à visiter leurs marchandises; pendant ce temps, je m'occupai à parcourir les environs du village. Je vis plusieurs fourneaux pour la fonte du fer que l'on trouve en abondance dans les montagnes ; ces fourneaux ont de cinq à six pieds de haut, à-peu-près dix-huit à vingt pieds de circonférence, une cheminée à la voûte, et quatre trous à la base, à l'E., à l'O., au S.

et au N. Non loin du village, il y a de jolis petits ruisseaux qui descendent des montagnes, et coulent rapidement sur des lits de granit ; j'allai m'y baigner, et quelques Mandingues y lavèrent leur linge.

Le 27, à cinq heures et demie du matin, nous quittâmes le village de Lantégué, en nous dirigeant au S. E., pour traverser la chaîne des montagnes de ce nom : il y a des pics qui peuvent avoir de trois cent cinquante à quatre cents brasses au-dessus du plateau où nous nous trouvions. J'ai vu de beau granit gris-blanc. Nous passâmes non loin d'un petit village où les Foulahs gardent leurs bœufs. En traversant cette chaîne, je ne pouvais me lasser de regarder ces malheureux nègres sautant avec un fardeau sur la tête de roche en roche, de précipice en précipice ; je craignais à chaque instant de les voir tomber dans des gouffres affreux, couverts de grands bambous. On entendait sortir de ces profondeurs un murmure sourd provenant d'une infinité de sources sortant de ces montagnes ; elles forment une rivière qui coule dans la campagne. Lorsque nous fûmes descendus, nous ne vîmes de tout côté qu'un pays couvert de montagnes, cependant pas aussi élevées que celles que j'avais remarquées pendant la matinée. Dans l'endroit où nous la traversâmes, cette chaîne s'étend dans la direction du N. E. au S. S. E. Je n'ai point aperçu de neige ; j'y ai vu de très-beau granit noir, en couches de trois à quatre pieds d'épaisseur, d'autres en blocs : il y en a de gris, de blanc et d'un rose pâle ; le grain en est très-beau. Nous continuâmes notre route dans l'E. Nous arrivâmes sur les bords du Kakiriman, petite rivière qui coule du N. au S., sur un lit de granit ; son courant est très-rapide ; il peut avoir de largeur environ soixante-dix à quatre-vingts pas ordinaires ; pendant l'espace de trois ou quatre milles que je pouvais suivre de l'œil son cours, il a la même largeur. Nous passâmes cette rivière à gué, ayant de l'eau jusqu'à la ceinture. En la traversant, je m'écartai beaucoup de la route ; le courant m'emportait, et j'eus bientôt de l'eau jusqu'aux aisselles ; les nègres s'en aperçurent, et me crièrent aussitôt de remonter le courant, et se mirent à dire tous ensemble, *La allah il-allah, Mohammed rasoul oullahi;* ils parurent très-effayés du danger que je courais. Un peu plus loin, la rivière est profonde, et le courant m'eût englouti ; enfin, remontant un peu, je gagnai la rive gauche sans qu'il m'arrivât d'accident ; mais mes effets étaient tout mouillés. Nous fîmes halte vers onze heures du matin, près de la rive, dans un endroit couvert de petits monticules de sable noir et gras, où croissent beaucoup de grands bambous. Nous nous assîmes au pied des arbres ; les pauvres porteurs étaient bien fatigués ; quoique sans bagages, je l'étais autant qu'eux. J'achetai du cagnan, espèce de pain dont j'ai parlé plus haut, avec lequel je fis mon premier repas de la journée. Plusieurs Foulahs me firent de petits cadeaux; les nègres me dirent que cette rivière était le Rio-Pongo. Le manque de riz nous obligea à plier bagage, et à nous rendre à Pandeya, petit village habité par des Foulahs pasteurs. En chemin nous rencontrâmes deux nègres portant sur leur tête chacun une calebasse de *foigné* (petite espèce de graminée), qu'ils ne voulurent pas nous vendre. Nous marchions à l'E. S. E.; et après avoir fait onze milles, nous arrivâmes au village vers midi et demi : la route y est assez unie, bien boisée, mais couverte de pierres. Pandeya est situé au pied d'une montagne, et peut contenir de cent cinquante à deux cents habitans; ils vinrent ensemble pour me voir, et m'apportèrent chacun un petit présent de lait. Après nous être reposés un moment à l'ombre de grands nédés, et nous être rafraîchis avec le lait que nous devions à la générosité des Foulahs, Ibrahim mon guide et ses camarades s'occupèrent à acheter un bœuf pour célébrer la fête du ramadan, qui arrivait le lendemain. Il me fit demander par le jeune Foulah parlant anglais, si je voulais participer à l'achat du bœuf : je m'y refusai, sous prétexte que j'avais une longue route à faire, et peu de moyens : il ne m'en parla pas davantage. Ils eurent le bœuf pour quatre barres de tabac, valeur à-peu-près de deux gourdes, et ils étaient douze ou quinze, car les Foulahs faisant route avec nous y contribuèrent.

Le 28 avril, grand jour de fête, nous séjournâmes à Pandeya; et vers huit heures du matin, tous les marchands se mirent en file pour faire la prière. J'eus bien soin de m'y trouver; j'affectai même d'être le plus dévot de tous. Au sortir de la prière, on se disposa à tuer le bœuf. Les Mandingues passèrent près d'une heure à égaliser les lots de viande : ils prirent chacun un petit morceau de bois pour leur servir de mesure; on les mêla tous ensemble, puis on distribua les lots. Ils firent sécher leur viande à la fumée, pour qu'elle se conservât en route : on en fit bouillir une bonne quantité avec du riz, car ce jour était destiné à faire un grand régal.

Je reçus de nombreuses visites de Foulahs, qui me renouvelèrent leur petit présent de lait et de riz, seule chose qu'ils possédassent. La fête fut célébrée avec beaucoup de gaieté; les Mandingues sur-tout se livrèrent franchement à leur joie bruyante. On fit plusieurs décharges de mousqueterie : puis tous les nègres, réunis auprès de la case de mon guide, se mirent à chanter ses louanges. Comme je l'ai dit plus haut, il était le chef de la caravane, et c'était lui qui fournissait la poudre pour les fusils : ils ont la mauvaise habitude de les charger beaucoup trop; il en creva un dans les mains d'un nègre, qui fort heureusement n'en fut pas blessé. Vers onze heures du matin, Ibrahim, suivi des deux Mandingues auteurs de la dispute dont j'ai parlé, vinrent m'inviter à prendre ma part de leur repas, et m'engagèrent de nouveau à oublier ce qui s'était passé : je me rendis à leur invitation. En entrant dans la case d'Ibrahim, je vis une grande calebasse de riz bouilli, sur lequel on avait mis de la viande en assez grande quantité; nous nous assîmes autour, et chacun mit la main au plat, suivant l'usage de tous les pays des nègres. Après avoir fini le riz, Ibrahim distribua la viande. Je remarquai que les Mandingues mangèrent ce jour-là beaucoup plus qu'à l'ordinaire; car c'est leur principale jouissance : le reste de la journée, ils furent très-gais; ils échangèrent la peau du bœuf pour du riz, que nous mangeâmes en route.

Le 29 avril, après avoir mis dans des sacs en cuir le reste de la viande qui avait passé toute la nuit à la fumée, nous nous mîmes en route à six heures du matin. En face du petit village, environ demi-mille au N., je vis une petite chaîne de montagnes aplaties au sommet, à chaque extrémité de laquelle s'élève un pic ressemblant aux tourelles d'un vieux château; elles sont sans aucune végétation. Nous nous dirigeâmes à l'E. un mille sur des roches à fleur de terre, de nature rougeâtre et poreuse; ensuite nous gravîmes une petite montagne composée de gros blocs de très-beau granit noir, parmi lesquels croissent de grands arbres : le nédé sur-tout est très-répandu dans toute la campagne. La route est pénible ; nous continuâmes à marcher sur des pierres noires et brûlées, que je crois être de nature volcanique ; puis nous traversâmes plusieurs petits ruisseaux qui coulent paisiblement sur des lits de rochers ; ensuite on trouve une montagne de cinq à six cents pas ordinaires de haut. Les naturels lui donnent le nom de *Touma;* elle sépare le pays d'Irnanké d'avec le Fouta-Dhialon. Nous nous reposâmes un moment sur son sommet ; on m'assura que la route qui nous restait à faire pour arriver à Cambaya, village de mon guide, était plus facile. Je vis aux environs de très-bel indigo et des bombax qui le disputent en grosseur aux plus énormes baobabs des bords du Sénégal.

Le pays d'Irnanké est situé à l'O. du Fouta, à l'E. de Kakondy ; il a au N. les nègres qui habitent aux environs de Casamance, et au S. la nation des nègres Timannés, qui habitent non loin de Sierra-Leone. Ce pays est hérissé de hautes montagnes, et habité par des Foulahs pasteurs ; ils possèdent de beaux troupeaux qui font leurs principales richesses, et servent à leur nourriture. Ces Foulahs ont le teint couleur marron un peu claire ; leur figure est belle ; ils ont le front un peu élevé, le nez aquilin, et les lèvres minces, la forme de la tête presque ovale : la seule ressemblance qu'ils aient avec les Mandingues, sont les cheveux crépus. Ils se tiennent en général très-droits, et conservent en marchant un air de dignité; ils se croient bien supérieurs aux autres nègres. Leurs costumes, comme ceux des Mandingues, sont de la plus grande simplicité; ils consistent en un coussabe ou chemise de toile blanche du pays, et une culotte. Cette culotte est faite de grosse toile; elle est très-large, arrêtée seulement à la ceinture par une coulisse; elle descend jusqu'à moitié des jambes sans y être arrêtée; ils ont un bonnet de même étoffe. En voyage, ils sont armés d'arcs et de flèches empoisonnées, et portent aussi des lances. Ils se graissent le corps avec du beurre; ils s'en mettent beaucoup à la tête, ce qui leur donne une très-mauvaise odeur. Les femmes se distinguent par le soin qu'elles apportent à leur coiffure; elles ornent les tresses de leurs cheveux avec diverses verroteries, et portent de l'ambre au cou, en forme de collier; elles sont, en général, vives et jolies. Il y a aussi dans ces montagnes beaucoup de Dhialonkés, anciens possesseurs du pays de Fouta-Dhialon, conquis très-antérieurement par les Foulahs, qui soumirent une partie de ces peuples à la religion de Mahomet : ceux qui persistèrent à rester dans l'idolâtrie, devinrent les tributaires de l'almamy ou chef du pays; ils paient leur tribut en bestiaux. Ces peuples sont très-doux, obligeans envers les étrangers qui traversent continuellement leur pays montagneux. Ils ont un idiome particulier que les Foulahs n'entendent pas; mais, en général, ils parlent tous mandingue.

Après nous être reposés un instant, nous continuâmes notre route à l'E. sur des roches à fleur de terre, qui m'incommodèrent beaucoup; car je ne pus résister à la gêne des sandales du pays; je fus obligé de les ôter, et de marcher pieds nus. Nous passâmes auprès de Courgin, petit village contenant cent cinquante à deux cents habitans. Aux roches succédèrent des pierres de nature volcanique. Après avoir fait neuf milles à l'E., nous arrivâmes, vers trois heures du soir, à Comi-Sourignan, joli village d'environ cent cinquante habitans, situé sur un beau coteau : la campagne variée offre un coup-d'œil magnifique; elle est entrecoupée de jolies collines, couvertes de la plus belle verdure; la terre est jaune et très-productive. Le village est défendu par une haie vive; il y règne la plus grande propreté; les cases sont entourées de belles cultures de pistaches, cassaves, choux caraïbes, et diverses autres productions : ces cultures, soignées par les femmes ou les enfans, sont tenues dans le meilleur état; ils ont même soin de balayer les allées qui conduisent à leurs cases. Le chef, en présence duquel nous fîmes la prière, nous fit venir, Ibrahim et moi, dans sa case, et nous engagea à partager son dîner, consistant en riz cuit à l'eau, auquel on ajouta un peu de lait aigre. Nous nous assîmes sur une natte auprès d'un petit feu ; car ils en conservent toujours, à cause de la grande humidité. Après ce léger repas, la femme du chef vint s'asseoir avec nous ; elle écoutait en silence la conversation, qui roulait sur les chrétiens, dont ils parlent toujours avec mépris. La femme eut la complaisance de me donner un peu de lait qu'elle m'engagea à boire ; puis elle alla chercher quelques figues et bananes qu'elle mit dans une calebasse bien propre, et nous les donna à mon guide et à moi. Je remarquai que cette femme avait une physionomie extrêmement douce : ses habits consistaient en deux bandes de toile de coton fabriquée dans le pays et de la plus grande propreté ; elle n'avait pas une mauvaise odeur comme les femmes des Foulahs nomades du pays d'Irnanké. La case était grande et bien tenue ; je remarquai sur le sol d'assez jolis dessins faits avec de la terre : nous passâmes la nuit dans ce joli village.

Le 30 avril, à cinq heures et demie du matin, nous prîmes congé de nos bons hôtes, et nous fîmes route dans la direction du S. E., en traversant une grande plaine susceptible des plus belles cultures. Nous tournâmes, en descendant, un petit plateau qui se trouve dans la province de Timbi : la plaine, dans cet endroit, est couverte de roches rouges à fleur de terre ; le pays est généralement très-découvert ; à environ 7 à 8 milles à la ronde, on aperçoit plusieurs monticules. Je fis rencontre d'un nègre de Bondou, qui me dit être de Boulibané, capitale du pays ; il allait à Kakondy pour son commerce ; il n'avait pour objet d'échange que de l'or. J'étais très-étonné de voir cet homme se décider à franchir à pied une route si difficile et si longue, lorsqu'il avait à sa portée nos établissemens de Bakel, munis de toute sorte de marchandises. Nous continuâmes à l'E. en traversant une jolie vallée, située entre deux coteaux, où se trouvent trois villages : le plus gros se nomme Telewel, et contient cinq cents habitans au plus. Je fus joint par un Foulah, accompagné d'une de ses femmes, portant sur sa tête une calebasse de lait doux qu'il m'engagea à boire. Ibrahim, mon guide, qui s'était arrêté un moment, lui dit que j'étais un Arabe des environs de la Mecque, et lui débita mon histoire d'Alexandrie : ce zélé sectateur du prophète crut faire une action méritoire envers Dieu en me donnant un peu de lait ; il me quitta en me tendant la main et me souhaitant un prompt retour dans ma patrie. La route devint un peu pierreuse ; nous nous arrêtâmes un moment sous de grands arbres pour attendre nos compagnons restés en arrière. Plusieurs femmes nous apportèrent des bananes ou figues ; j'en achetai quatorze pour trois grains de verre.

Nous continuâmes notre route dans une plaine composée de terre jaune et très-fertile. Nous arrivâmes à

Bouma, village situé auprès d'un joli petit ruisseau coulant ses eaux argentines sur un lit de granit, dans la direction du S. E.; il tombe en cascades, et fait entendre de loin un doux murmure. Ensuite viennent d'énormes roches de granit à fleur de terre; nous marchions parmi de petits monticules, dont la campagne est toute couverte; nous arrivâmes auprès de Bouma-Filasso, petit village sur le penchant d'une montagne, où j'ai remarqué beaucoup d'indigo qui croît spontanément et sans culture; j'ai vu aussi quelques plantations de coton. La campagne, couverte d'une superbe végétation, offre un très-beau coup-d'œil; je remarquai plusieurs endroits nouvellement défrichés pour la culture. Nous descendîmes une petite montagne au pied de laquelle passe le Cocoulo, rivière qui, dans cet endroit, peut avoir de quarante à quarante-cinq pas ordinaires de largeur, et coule rapidement sur un lit de granit, du N. N. E. au S. O. : nous la passâmes à gué, ayant de l'eau au-dessus du genou; dans plusieurs endroits son lit est découvert, et l'on est obligé de marcher sur de larges roches de granit, couvertes de limon qui rend le passage glissant et dangereux. A peu de distance de cet endroit, elle se précipite à soixante pieds de profondeur, en faisant un bruit épouvantable : je m'arrêtai un instant à contempler cette cataracte. Cette rivière coule parmi de hautes montagnes couvertes de grands arbres; le prunier du pays s'y trouve en quantité. Après l'avoir traversée, nous marchâmes au S. S. E. Nous passâmes près de Marca, petit village qui peut contenir deux cent cinquante à trois cents habitans; il est situé sur de très-bonne terre. Vers trois heures, nous passâmes devant Dayeb : la route devint pierreuse jusqu'à Tin-foulasso, petit village entouré de cultures de coton, dans une plaine de sable gris très-fertile. Nous fîmes halte, bien fatigués, à cinq heures du soir, à Gnéré-temilé : nous avions fait douze milles dans notre journée. Nous fûmes bientôt atteints par un violent orage. Comme j'excitais la curiosité de tout le monde, les habitans vinrent en foule pour me voir; quelques-uns me firent de petits présens de lait et de viandes fumées. Plusieurs de ces malheureux avaient des ulcères par tout le corps; j'eus pitié de leur position, et devins leur médecin : je leur distribuai quelques caustiques (du nitrate d'argent) avec de la charpie; ils m'envoyèrent un bon souper, en signe de reconnaissance. Ibrahim, qui craignait que je ne consommasse tous mes médicamens, me conseilla fortement de ne plus leur en donner, parce que, disait-il, on me prendrait pour un chrétien.

Le 1.er mai, à six heures du matin, nous quittâmes le joli village de Gnéré-temilé, contenant environ trois cent cinquante habitans. La pluie de la veille avait rafraîchi l'atmosphère, et donnait un nouveau charme

à la nature. Nous marchâmes gaiement à l'E. S. E. :
je vis un ourondé (ou village d'esclaves) entouré d'une
belle plantation de bananiers, cotonniers, cassaves et
ignames. Nous passâmes près de Maraca; après quoi
nous nous trouvâmes dans une plaine de sable où
l'on voit plusieurs petits villages d'esclaves. Nous nous
assîmes sous un arbre pour attendre quelques-uns de
nos gens restés en arrière.

Des nègres du village de Bourwel nous apportèrent
des oranges ; je les trouvai délicieuses. Nous reprîmes
notre route, en cotoyant un vallon très-profond,
garni de grands arbres ; après quoi nous rencontrâmes
de très-bonnes terres, en descendant par une pente
assez rapide. Nous fîmes halte, vers deux heures du
soir, à Popoco, situé dans la plaine. Nous avions fait
depuis le matin huit milles.

CHAPITRE VII.

Popoco. — Montagnes granitiques. — Traversée du Bâ-fing, (principal affluent du Sénégal), près de sa source. — Grande cataracte. — Fouta-Dhialon. — Langoué. — Couroufi. — Écoles. — Albinos. — Industrie des habitans. — Le voyageur est obligé de se faire médecin.

Le 2 mai fut employé à nous procurer des porteurs; ceux que nous avions depuis Kakondy ne voulaient pas aller plus loin. Vers trois heures du soir, une partie de nos compagnons de voyage nous quittèrent; mon jeune interprète était du nombre : j'avoue que sa séparation me fut pénible, car je causais quelquefois avec lui pour charmer l'ennui du voyage. Ces conversations roulaient sur son pays, auquel il me paraissait très-dévoué : il le plaignait, disait-il, d'être la proie des guerres civiles, qui existaient depuis qu'il y avait deux souverains ayant chacun un parti formidable. J'en parlerai plus amplement par la suite.

Nous allâmes les conduire au-dehors du village. Ne pouvant nous procurer des porteurs, nous fûmes obligés de séjourner le 3 mai. Les habitans, à qui

Ibrahim, mon guide, avait dit qui j'étais, vinrent me voir : la case ne désemplit pas de tout le jour ; ils m'accablèrent de questions importunes ; plusieurs d'entre eux me firent de petits présens. J'envoyai acheter de la cassave pour quelques grains de verre ; on ne voulut pas prendre de paiement. La nouvelle de l'arrivée d'un Arabe, compatriote du prophète, s'était répandue dans tous les villages voisins : je reçus la visite de plusieurs grands marabouts, prêtres du pays ; on les appelle Tierno. Le chef de Tiéléri, village situé à deux milles au N. de Popoco, m'envoya en présent un peu de lait et une noix de colats, signe de grande considération. Les femmes, dans ce pays, sont généralement curieuses ; elles vinrent aussi me faire leur visite ; elles me donnèrent de la cassave ; plusieurs d'entre elles se mirent à genoux pour me l'offrir.

Popoco, situé dans une plaine de sable noir de la plus grande fertilité, est un grand et joli village ; il contient de deux cent cinquante à trois cents esclaves qui ne s'occupent que de culture. Je vis aux environs des cassaves, ignames et pistaches très-bien soignées ; ils cultivent aussi beaucoup de riz et de mil : à peu de distance du village, il y a quelques beaux orangers.

J'appris ici que le Fouta-Dhialon était divisé en deux partis, depuis la mort de l'almamy Gadry, dont le règne avait été paisible. Tierno-Boubacar et Tierno-

Yayaye prétendaient tous deux lui succéder; ils étaient en guerre de père en fils. Yayaye, dont le parti était d'abord le plus fort, s'éloigna quelque temps pour aller faire la guerre aux infidèles : cette expédition hasardeuse indisposa beaucoup contre lui, et donna le temps à son adversaire d'amener les esprits en sa faveur. Au retour de son expédition, dans laquelle il avait perdu plusieurs hommes, on envoya des lettres circulaires dans tout le pays, qui proclamaient l'élévation de Boubacar à la dignité de chef de l'état. Yayaye se retira, sans renoncer à ses prétentions, et conservant toujours un parti formidable.

Damasisya se trouve au N. Nous avançâmes de quatre milles à l'E. S. E., sur un sol couvert de gravier : et vers deux heures du soir, nous fîmes halte à Dité, où nous changeâmes de porteurs. Je reçus dans ce petit village un très-bon accueil. J'y rencontrai un nègre qui m'avait vu à Kakondy; il s'empressa de conter aux habitans l'histoire que j'avais débitée, ce qui produisit un bon effet, et me fut d'un merveilleux secours. Timbo, capitale du Fouta, est situé à deux jours au S. E. 1/4 S. de ce village, qui est entouré d'une belle haie vive.

Le 5 mai, on m'apporta, à cinq heures du matin, un peu de lait fraîchement trait : j'eus l'imprudence de le boire; il m'occasionna de grands vomissemens et des maux de cœur pendant une partie du jour. Cet accident m'obligea à m'arrêter dans le village avec mon guide. J'avoue que je craignis d'être empoisonné ; mais la conduite des Foulahs, qui venaient souvent s'informer de ma santé, et qui paraissaient même très-inquiets de mon indisposition, dissipa mes craintes. L'un d'eux me fit présent d'une grosse poule, qui fut mangée par mon guide et ses gens : pour moi, je ne pouvais supporter aucune nourriture. La caravane se mit en route, et me laissa dans le village ; mais, vers trois heures du soir, m'étant trouvé un peu mieux, nous partîmes avec l'intention de rejoindre notre caravane. Marchant au S. S. E., sur un terrain un peu graveleux, nous passâmes près de Foucouba, village de cinq ou six cents habitans. Nous arrivâmes au village de Digui, contenant trois à quatre cents habitans ; nous y fîmes halte un peu avant le coucher du soleil, et nous nous rendîmes chez un ami de mon guide ; il nous fit une très-bonne réception. Le chef me fit appeler dans sa case avec Ibrahim ; il nous engagea à partager son souper de riz au lait aigre : j'en mangeai peu, car ce mets n'était pas de nature à remettre mon estomac fatigué. Il me proposa d'aller voir l'almamy, qui, disait-il, me recevrait bien et me ferait de beaux présens : je n'avais pas envie de mettre sa générosité à l'épreuve ; je craignais trop qu'il ne voulût me retenir. Mon guide prit la parole pour moi, et lui dit que, rendu à Kankan-Fodéa, son pays, il me conduirait à Timbo, auprès du chef. Notre hôte nous envoya un souper de riz avec une sauce aux pistaches grillées.

Dans la matinée du 6, il fit de l'orage; il plut un peu. J'eus la visite de plusieurs femmes, qui toutes m'apportèrent de petits présens en lait, riz, oranges, etc. Un cordonnier me donna une paire de sandales fort à propos, car les miennes étaient cassées. Vers neuf heures, la pluie ayant cessé, nous nous mîmes en route : plusieurs habitans vinrent nous conduire hors du village. Nous nous dirigeâmes à l'E. S. E. La pluie avait purifié et rafraîchi l'air. Nous passâmes auprès de Courou, village situé au pied d'une petite montagne de vingt-cinq à trente brasses d'élévation. La route de la matinée était sur une plaine fertile et pittoresque, couverte d'une infinité de petites fleurs blanches : nous continuâmes dans la même direction. Nous vîmes quantité d'esclaves occupés à préparer la terre pour les semences de riz et autres graminées qui servent à leur nourriture. Nous traversâmes un petit ruisseau, et nous arrivâmes près de Bady, joli village agréablement situé, sur les bords d'un ruisseau que nous passâmes à gué, ayant de l'eau jusqu'à la ceinture. Ce village contient trois cent cinquante à quatre cents habitans; il est situé dans la plaine et dominé par une petite montagne. J'ai vu aux environs d'assez belles cultures de tabac d'une petite espèce.

Nous arrivâmes à cinq heures du soir à Doudé, village de la même grandeur que Bady, à un mille et demi de distance à l'E. S. E. Le chef vint nous recevoir à l'entrée de la palissade dont sa propriété était entourée. Je remarquai du coton très-mal soigné; ils le sèment à la volée, comme nous semons les graminées, en sorte qu'il vient trop près l'un de l'autre, ce qui gêne beaucoup sa croissance. J'aperçus une petite négresse occupée à la récolte du coton; il me parut d'une qualité très-inférieure. On nous fit loger dans une grande et belle case à deux portes, et à gauche de notre route de la journée. Notre hôte se trouva très-honoré d'avoir chez lui un compatriote du prophète; car mon guide s'était empressé de lui raconter les prétendus événemens de ma jeunesse. Il venait près de moi, passait ses mains sur ma tête, puis se frottait la figure, comme si ce rapprochement avec un compatriote du prophète eût été une chose sainte ou salutaire. Nous fîmes la prière ensemble: ce bon vieux avait réuni chez lui, et assez près d'un oranger, une infinité de petits cailloux sur lesquels, sans doute par esprit de pénitence, il se mettait à genoux pour faire sa prière; je m'en trouvai très-incommodé, car j'étais obligé de l'imiter. Ensuite il me présenta un enfant de quatre à cinq ans qui avait mal aux yeux, et me pria de le guérir si je le pouvais. Je me trouvais très-embarrassé, et je lui dis que je n'avais aucun médicament pour cette maladie: mais mon guide l'avait assuré du contraire; et le vieillard, s'imaginant qu'il y avait de ma part mauvaise volonté, m'offrit de me les payer. Je lui fis remarquer que mon bagage était parti devant et que je ne le joindrais que le lendemain; il se tut, et parut peu satisfait de mes réponses. De ma vie je n'ai vu une maladie pareille à celle de cet enfant; il ne souffrait pas, mais il voyait avec beaucoup de difficulté; j'ai pensé depuis que ce pouvait être une espèce de cataracte. Les marabouts, docteurs du pays, avaient épuisé tout leur savoir et leurs grigris ou amulettes; ils n'y pouvaient plus rien; aussi l'avaient-ils abandonné à sa destinée. Je conseillai aux parens de laver les yeux de leur enfant avec de l'eau des feuilles du baobab, qui peuvent remplacer la mauve, et de conduire l'enfant à Sierra-Leone, pour le faire traiter; mais ils repoussèrent avec horreur l'idée de mettre leur enfant entre les mains des chrétiens.

Notre hôte nous donna à souper du riz au lait aigre, que nous mangeâmes assis sous un oranger.

Le 7 mai, à sept heures du matin, nous nous disposâmes à partir. Je remarquai, en sortant, que l'on avait fait monter les chèvres dans un grenier de dix à douze pieds de haut, pour y passer la nuit. Nous nous dirigeâmes à l'E. S. E., et nous fîmes quatre milles en descendant sur un chemin très-pierreux, qui nous mena à Couraco, village situé auprès d'une petite montagne, où coule un joli ruisseau : nous nous assîmes sur ses rives pour prendre un petit déjeûner de riz que nous avions eu soin de conserver de la veille; puis nous nous remîmes gaiement en route, en suivant la même direction sur de très-bonne terre sablonneuse. Nous passâmes près de Coulinco, village de cinq à six cents habitans, et entouré d'une haie vive; un peu plus loin, nous trouvâmes Cagnola, beau village situé près d'une montagne, où coule un ruisseau qu'il fallut traverser. Après avoir gravi la montagne, la route qui suivit était couverte de pierres ferrugineuses. Nous nous trouvions sur un plateau d'où l'on découvre une chaîne de montagnes très-élevées qui s'étend à perte de vue dans la direction du N. E. 1/4 E. au S. O.; elles paraissaient couvertes d'une belle végétation : le Bâ-fing y prend sa source ; il y a quantité de bas-fonds d'où sort une eau limpide et délicieuse. Ces montagnes donnent naissance à de grosses rivières et plusieurs ruisseaux, qui fertilisent ces belles campagnes, et les couvrent d'une verdure toujours renaissante. Sur le penchant, on aperçoit beaucoup de petits villages d'esclaves, entourés de belles plantations de coton, et des fruits que l'on trouve dans nos colonies. Ces lieux charmans et pittoresques enchantent la vue, et rompent la monotonie du voyage. On y cultive du riz et beaucoup d'autres productions.

Il s'éleva un violent orage dans la partie de l'E.;

nous nous hâtâmes de descendre du plateau par une pente couverte de gros blocs de granit noir, et de terre rouge mêlée de pierres de même couleur. Nous fîmes à l'E. S. E. trois milles : la route était pierreuse et très-difficile ; on y rencontre des roches ferrugineuses ; je vis quantité de sources sortir d'entre les rochers. L'orage approchait, et la pluie nous surprit en route ; elle tomba par torrens ; je me servis de mon parapluie, qui me fut d'un faible secours : je voyais de tous côtés l'eau des pluies descendre des montagnes, et aller grossir les ruisseaux. Nous nous hâtâmes d'atteindre quelques cases situées sur le penchant d'un joli monticule, où nous fîmes halte, après avoir fait quatre milles et demi. Ce petit hameau se nomme *Báfila*, nom qui lui vient peut-être du voisinage du Bâ-fing (Rivière Noire). Nous entrâmes dans la case d'une bonne vieille qui s'empressa de nous donner l'hospitalité : elle ne pouvait cesser de me regarder, et me dit n'avoir jamais vu de Maures. Sa petite habitation était entourée de cassaves, de choux caraïbes, giraumons, pistaches de terre, et de quelques gombos ; je vis aussi beaucoup d'herbages que je ne connaissais pas. Dès que la pluie eut cessé, je sortis pour faire le tour du jardin. Le soleil ne paraissait plus ; les nuages, amoncelés au sommet des montagnes, rendaient l'atmosphère sombre et humide. J'apercevais de loin dans la plaine un joli ruisseau, coulant sur un lit de cailloux, qui faisait entendre un doux murmure : ce spectacle charmait mon imagination ; il me semblait être dans un de ces lieux romantiques décrits dans les contes des fées. Je retournai près de l'humble habitation, où je vis la bonne femme occupée à cueillir des herbes pour faire le souper de sa famille, composée de deux garçons, qu'elle me dit être allés aux champs. Je rentrai dans notre case, et je fis rôtir sur les charbons quelques morceaux de cassave que la bonne négresse m'avait donnés. Peu d'instans après notre arrivée, je vis venir les deux jeunes nègres tout nus, n'ayant qu'un petit morceau d'étoffe autour des reins. Aussitôt qu'ils apprirent qu'un Maure allant à la Mecque était sur leur habitation, ils vinrent me voir, et s'informèrent de ma santé d'un ton fort doux : ils m'engagèrent à venir partager leur case, qui était beaucoup plus grande que la nôtre ; ils eurent soin d'aller chercher une grande natte pour me couvrir : car la pluie avait recommencé et continua toute la nuit ; il fit des coups de tonnerre effroyables ; les éclairs se succédaient rapidement. Une fois arrivé dans la case, les bons nègres me firent asseoir près du feu, sur une peau de mouton ; ils m'offrirent un peu de lait aigre, que peut-être ils réservaient pour leur souper ; mais je leur eusse fait injure si je l'avais refusé. La bonne mère fit cuire un peu de foigné (graminée qui croît en abondance dans ces montagnes) pour le souper de la famille; elle mit un autre petit pot à côté du grand, dans lequel elle fit bouillir les herbes qu'elle avait cueillies dans la soirée; je reconnus la calebasse, le giraumon, le piment, la brette, le sésame, et beaucoup d'autres; elle y ajouta un peu de gombo. Le foigné cuit fut mis dans des calebasses; et c'est alors que je vis deux petites filles toutes jeunes que je n'avais pas remarquées; elles mangèrent seules. La bonne femme garda sa portion dans le pot. Ibrahim m'envoya mon souper de riz avec du lait qu'on m'avait donné: les nègres ne voulurent pas le partager, quoique je les y engageasse; ils m'invitèrent à partager le leur, mais je refusai; ils persistèrent, j'en pris une poignée, et je me retirai. Comment ces pauvres malheureux peuvent-ils manger ce riz? Il n'y a ni sel, ni beurre; c'est détestable. Ils ne voulurent pas toucher à mon souper, parce qu'ils sont esclaves. Nous fîmes la prière ensemble, et nous nous couchâmes sur des nattes; toute la nuit je fus réveillé par le tonnerre.

Le 8 mai, à six heures du matin, après avoir mangé un morceau de cassave bouillie de la veille, nous prîmes congé de l'hôtesse, car ses garçons étaient déjà allés aux champs: nous nous dirigeâmes à l'E.; puis, tournant dans les montagnes, il fallut gravir de roche en roche. Il y a cependant de très-bonne terre. Nous arrivâmes au bord du Bâ-fing, nommé Rivière Noire parce qu'il coule sur un lit composé d'énormes roches de granit noir; il y en a de pointues, de très-tranchantes, et les nègres s'y font souvent mal aux pieds en le traversant. Le Bâ-fing est le principal affluent du Sénégal: je le vis venant du S. et coulant au N. parmi les montagnes; son lit est plein de ces grosses roches dont j'ai parlé, et de plusieurs petites îles; son courant est d'une rapidité étonnante, et écume à gros bouillons. Je le supposais tombant d'une cataracte : je le demandai aux nègres; leur récit vérifia ma conjecture; ils me dirent avoir vu cette cataracte en allant à Timbo, et ils m'assurèrent qu'elle tombe de très-haut et avec un grand bruit. Nous étions très-près de la source de ce fleuve : il peut avoir une centaine de pas de largeur, et de profondeur un pied et demi; il y a beaucoup d'endroits plus ou moins profonds; nous le traversâmes avec beaucoup de difficulté, et tenant un bâton à la main. Je voyais avec crainte un pauvre nègre, le fardeau sur la tête, chanceler à tout moment; toutefois nous arrivâmes sur la rive gauche sans accident grave : plusieurs personnes eurent les pieds coupés par les roches tranchantes; moi-même, qui n'avais rien à porter, je me blessai également. Il se trouva au passage une grande quantité de monde; on ne fit aucune attention à moi, car tous me prenaient pour un Maure.

Sur la rive droite, je vis quelques misérables cahutes de forgerons. Nous continuâmes notre route à l'E. S. E. Cependant le sol se compose de très-bonne terre rouge, couverte de la plus belle végétation. Nous arrivâmes à Langoué, village de trois cent cinquante à quatre cents habitans, situé dans une plaine un peu élevée, d'où l'on aperçoit dans toutes les directions de hautes montagnes. L'orage nous y surprit: on nous donna une case et des peaux de mouton pour nous asseoir; on alluma un bon feu; l'air était sombre et très-humide. Bientôt les Foulahs vinrent nous visiter. Ne m'ayant pas aperçu en entrant, ils furent très-étonnés de me voir, et me prirent d'abord pour un blanc; ils demandèrent en mandingue, à mon guide, où j'allais, et quel était le sujet de mon voyage. Ce dernier s'empressa bien vîte de leur raconter de quelle manière j'avais été pris par les Européens. Les Foulahs me félicitèrent de mon zèle et de mon attachement pour ma religion. Ils me firent présent de riz, de lait, de cassave et d'une volaille; ils m'engagèrent à aller à Timbo, m'assurant que l'almamy serait bien aise de me voir, et qu'il s'empresserait de me donner un cheval et un guide pour me rendre dans mon pays; car, dirent-ils, il aime beaucoup les compatriotes du prophète. Ils ajoutèrent que, dans ce moment, il était allé faire la guerre à Firya, pays idolâtre, et que sans doute il serait bientôt de retour à Timbo.

Nous déjeûnâmes gaiement auprès du feu, avec ce que les bons Foulahs m'avaient donné. L'orage ayant cessé, nous les quittâmes, et nous nous mîmes en route vers neuf heures, en nous dirigeant au S. E. L'atmosphère était sombre et fraîche, et le soleil caché par les nuages ; la campagne, ranimée par la pluie de la matinée, offrait le plus beau coup-d'œil. J'apercevais dans l'éloignement de jolis hameaux, arrosés par une infinité de petits ruisseaux roulant leurs eaux limpides sur des lits de cailloux ; ils serpentent parmi de petits monticules, et semblent s'éloigner à regret de ces lieux enchanteurs. Les hameaux sont habités par des esclaves cultivateurs. Nous marchions dans des gorges de montagnes de cinq à six cents pieds d'élévation, et couvertes de grands arbres ; j'aperçus le nédé et le caura ou prunier du pays. Le sol se composait de sable gris très-gras, où se trouvent quelques graviers ; je remarquai aussi des blocs de quartz blanc. J'étais distrait tour-à-tour par les cris de gros singes rouges qui ont deux pieds à deux pieds et demi de hauteur, et par le gazouillement d'une infinité d'oiseaux dont les couleurs varient à l'infini. Nous descendîmes dans une plaine, composée de terre noire très-productive, arrosée par un petit ruisseau ; on me dit qu'après beaucoup de sinuosités, il allait se perdre dans le Sénégal ; les indigènes le nomment *Telonco* ; il prend sa source aux environs d'une haute montagne que nous eûmes de la peine à gravir ; après quoi nous arrivâmes à Bougnetery, village d'esclaves, où nous nous reposâmes un moment ; nous avions fait quatre milles et demi au S. E.

En continuant, nous tournâmes une petite montagne en beau granit noir, sans aucune espèce de végétation. Un peu à l'E. S. E., on voit, dans le lointain, de jolis villages qui embellissent la campagne ; elle est couverte de pâturages, qui, arrosés par de petits ruisseaux, croissent avec vigueur : ces filets d'eau coulent en même temps dans les vallées, parmi des blocs de beau granit noir. Nous rencontrâmes un Maure, avec lequel je m'entretins un instant ; il me questionna beaucoup sur les blancs, et me félicita sur ma persévérance à reprendre la religion de mes pères. Nous descendîmes dans une plaine, et fîmes à l'E. S. E. trois milles, la campagne offrant toujours le même aspect. Nous arrivâmes, bien fatigués, à quatre heures et demie du soir, à Foudédia. Nous passâmes la nuit dans ce village, et nous y trouvâmes les gens de la caravane qui avait pris les devants. Le chef nous donna une belle case, puis nous envoya un très-bon souper de riz au lait. Plusieurs hommes du village, qui faisaient partie de l'expédition de l'almamy Yayaye à Firya, arrivèrent ; ils dirent que l'almamy avait éprouvé un échec et perdu du monde dans la bataille, et qu'un des habitans de Foudédia était au nombre des morts. Lorsque les parens apprirent cette fatale nouvelle, ils furent dans la désolation ; les femmes du défunt, accompagnées de plusieurs de ses parentes ou amies, se promenèrent dans tout le village, en chantant d'une voix glapissante, se frappant tour-à-tour dans les mains et sur le front. Après avoir fait plusieurs tours dans le village, elles retournèrent à leurs cases, suivies d'une foule d'autres femmes imitant leurs gestes, et leurs cris semblaient augmenter leurs douleurs ; elles se roulaient par terre, se frappaient le corps, et poussaient des gémissemens lamentables ; les enfans versaient des larmes sincères, et les femmes ne faisaient que crier. Quelque vive que parût leur affliction, cette scène de douleur ne dura qu'une demi-heure ; puis je vis les femmes reparaître toutes vêtues de blanc ; elles avaient l'air calme et résigné ; elles reprirent aussitôt leurs occupations ordinaires. Les hommes étaient rassemblés devant la mosquée, assis par terre ; ils paraissaient consternés de la mort de leur camarade, et blâmaient hautement la conduite de leur souverain.

Le 9 mai, à six heures du matin, nous fîmes route dans la direction de l'E. S. E., deux milles, d'abord sur un sol un peu pierreux, puis sur un sable noir couvert de gravier ; la même direction nous conduisit parmi des roches de quartz blanc. Nous traversâmes un petit ruisseau où nous avions de l'eau jusqu'aux genoux : il coule au N. sur un lit sablonneux ; ses rives sont très-boisées. Je remarquai plusieurs tamariniers; le sol continuait d'être uni et couvert de gravier. Nous fîmes rencontre de plusieurs marchands allant au marché de *Labé* vendre des calebasses et des pots en terre fabriqués dans le pays. Ils me parurent très-bien conditionnés, et mieux faits que ceux que l'on fabrique aux bords du Sénégal : j'en remarquai même plusieurs assez bien vernissés. Dans la direction de l'E., nous fîmes trois milles en traversant des ravins très-profonds : je vis sur toute la route des troupes de singes qui sautaient d'arbre en arbre, en aboyant après nous comme des chiens. Nous passâmes à Dimayara, premier village du Fouta-Dhialon, habité par des Mandingues : il peut contenir de sept à huit cents habitans; il est situé au pied d'une chaîne de montagnes qui s'étend dans la direction du N. au S. S. E.; elles ne sont pas très-élevées, et sont composées de roches et de granit, et sans végétation. Le village Faramansa se trouve un peu sur la gauche de Dimayara : nous continuâmes trois milles à l'E. entre les gorges des montagnes. En passant auprès du village de Sela, je vis beaucoup de Mandingues occupés à tanner des cuirs. Nous suivîmes la même direction; elle nous conduisit près d'un ourondé, village d'esclaves, où j'achetai des pistaches. Nous avions fait deux milles et demi depuis Sela, et descendu une côte couverte de grosses roches de granit : nous nous assîmes un moment pour attendre plusieurs de nos camarades restés en arrière ; ensuite nous marchâmes sur un sol assez uni, composé de sable très-dur. Je passai près d'un énorme rocher de granit noir, d'une élévation de cent à cent vingt-cinq brasses, sans aucune espèce de végétation, à l'exception du sommet, où l'on aperçoit quelques frêles bambous : ce rocher est au milieu d'une plaine de sable gris, très-fertile et bien cultivée en riz, maïs, mil, pistaches, ignames, ognons et giraumons. Nous passâmes près de Kouroufi, qui porte le nom de la roche dont je viens de parler : c'est un gros village de cinq à six cents habitans Foulahs et Mandingues; ce village fait partie de Kankan-Fodéa, petit arrondissement ou province du Fouta-Dhialon. A cinq heures du soir, nous arrivâmes à Sanguessa, petit village situé à cinq milles de l'endroit où j'avais acheté des pistaches. Nous avions toujours marché sur un sol très-uni, composé de sable gris, et dans la direction du S. E. Deux de nos compagnons étaient nés à Sanguessa ; ils étaient, de plus, amis de mon guide, ce qui nous valut l'avantage d'être logés chez le chef. Il nous fit donner une belle case, et fit tendre dans sa cour plusieurs nattes, sur lesquelles nous nous assîmes pour faire la conversation en attendant l'heure du souper : elle roula principalement sur moi ; puis on s'informa des diverses circonstances du voyage des Mandingues à Kakondy. Vers dix heures de la nuit, nos deux protecteurs nous envoyèrent un soupé auquel je fis honneur ; car je n'avais mangé dans la journée que quelques pistaches et un peu de fruit de nédé délayé dans de l'eau. Le chef nous envoya aussi un petit souper de riz au lait aigre, sur lequel il mit par luxe un peu de beurre. Dans la soirée, Mamadi, l'un de nos compagnons, me présenta à sa femme ; il fit venir tous ses petits enfans pour me voir ; les voisins mêmes ne furent pas exceptés ; ils m'environnèrent en foule, me regardant avec curiosité. Mamadi, instruit de la fable que j'avais répandue, s'empressa de la leur raconter, et leur dit que j'étais un *Souloca-tigui* (véritable Arabe). Je fis le tour de sa petite habitation ; je remarquai un jardin où il y avait quelques pieds de tabac et de gombo, que sa femme avait cultivés en son absence. Ce petit village peut contenir de trois à quatre cents habitans.

Le 10 mai, toute la matinée fut employée à faire des visites aux amis d'Ibrahim, mon guide. Vers dix heures, on vint m'appeler de la part des anciens du village ; on me conduisit devant la mosquée, où je vis un grand rassemblement de Mandingues ; ils étaient assis par terre autour de deux grandes calebasses pleines de petits gâteaux, ou poignées de riz pilé, et seulement trempé dans l'eau, recouverts de quelques noix de colats, de couleurs rose et blanche, qui ornaient la calebasse : je m'assis sur une peau de mouton, que l'on eut la complaisance d'envoyer chercher. Je crus d'abord que les généreux Mandingues voulaient me faire un présent : mais, hélas ! je me trompais bien. La conversation roula sur mon séjour parmi les chrétiens ; ils m'accablèrent de questions importunes, et s'égarèrent beaucoup à leur sujet. Ensuite un marabout prononça quelques prières sur les petits gâteaux, devenus, à leur manière, des pains bénits ; puis on les distribua à tous les assistans : les absens mêmes ne furent pas oubliés ; on leur envoya leur part. J'en eus deux morceaux qu'il me fut impossible de manger, tant je les trouvais fades. Je ne savais à quoi attribuer cette espèce de fête ; je pensais que c'était pour célébrer l'heureuse arrivée des marchands de leur patrie ; je m'en informai : on m'apprit que c'était en l'honneur de deux jeunes enfans à qui on avait rasé la tête pour la première fois. Après la cérémonie, on nous envoya un assez bon déjeûner. Vers onze heures du matin, nous prîmes congé de nos compagnons : ils me promirent de venir me voir à Cambaya, où je comptais rester quelques jours ; je devais cette politesse à la promesse que je leur avais faite d'une paire de ciseaux. Nous fîmes route au S. E. en marchant le long des montagnes de granit qui se prolongent dans cette direction, et parmi lesquelles il y a de très-belles plaines de sable. Nous arrivâmes auprès du Tankisso, gros ruisseau qui vient du O. S. O. et coule à l'E. en faisant mille détours dans les montagnes : les nègres

Mandingues qui avaient fait plusieurs voyages à Timbo, me dirent que ce ruisseau sort du Bâ-fing, un peu au-dessous de cette capitale, qu'il va se perdre dans le Dhioliba, et que Bouré, pays fertile en mines d'or, est situé sur la rive gauche du Tankisso, à demi-journée ou trois quarts de jour du Dhioliba. Mes compagnons se baignèrent, en attendant Ibrahim, qui était resté en arrière. En continuant, nous descendîmes une petite montagne de quartz rose-pâle; ses couches sont de dix-huit à vingt pouces d'épaisseur : ce chemin nous conduisit dans une grande et belle plaine de sable d'une forte consistance, entourée de toute part de hautes montagnes qui me parurent être de granit; c'est dans cette plaine qu'est situé le village d'Ibrahim, mon guide. Nous fîmes trois milles à l'E.; dans quelques endroits, il y a de la terre grise argileuse, mêlée de petit gravier. Le Tankisso, après avoir couru dans les montagnes, vient se précipiter en cascade et serpente dans la plaine, qu'il fertilise par ses débordemens. Notre marche était lente, car nous attendions la nuit pour faire notre entrée dans le village; nous repassâmes le Tankisso, ayant de l'eau jusqu'à la ceinture. Un peu après le coucher du soleil, nous nous arrêtâmes pour adorer l'Éternel; puis mes compagnons se préparèrent à annoncer leur arrivée par une décharge de mousqueterie qu'ils firent en entrant dans le village. Nous avions fait trois milles dans la direction de l'E. Entrés dans la cour de mon guide, une seconde décharge eut lieu en l'honneur de notre arrivée : la joie était peinte sur toutes les physionomies ; je voyais ces bons nègres embrasser leurs petits enfans, et les presser dans leurs bras, s'informer de leur santé et de celle de leurs connaissances ; les femmes aussi paraissaient satisfaites du retour de leurs maris ; mais elles ne se livrèrent pas à cette joie naïve et sincère qu'on voit en Europe à l'arrivée d'un chef de famille. En abordant leurs maris, elles avaient l'air timide, et posaient un genou en terre, en signe de salutation ; elles ne leur adressaient aucune question. Les voisins accoururent en foule féliciter leurs amis sur l'heureuse issue de leur voyage ; on tendit des peaux de bœuf au milieu de la cour, et l'on s'assit en rond, éclairé par un beau clair de lune. On conversa beaucoup sur les circonstances du voyage, et sur le prix de diverses marchandises, principalement du sel. Jusqu'alors on n'avait fait aucune attention à moi ; mais dès que l'on m'eut aperçu, tous les regards se tournèrent de mon côté avec étonnement, et plusieurs d'entre eux s'écrièrent : « Quel est cet homme ? » Ibrahim s'empressa de leur raconter mon histoire toute entière, telle que je la lui avais faite à lui-même. J'excitai alors au plus haut point leur curiosité ; ils m'accablèrent de questions auxquelles mon guide eut la complaisance de répondre pour moi : la cour ne désemplit pas de toute la soirée. Vers neuf heures du soir, on nous apporta un souper de riz et de viande assez bien apprêté; deux de nos compagnons de voyage ajoutèrent le leur : nous nous trouvions au moins une vingtaine à le partager, car la majeure partie des assistans, qui tous étaient parens d'Ibrahim, restèrent sans qu'on eût la peine de les inviter. On mangea avec une grande avidité, et cependant personne ne parut être rassasié. Lorsque la foule fut retirée, mon guide me fit appeler pour me donner du couscous fait avec d'assez bon lait de ses vaches; puis il m'engagea à venir me reposer sur une peau de bœuf qu'il m'avait fait préparer dans la case d'une de ses femmes. Quoique l'air fût assez chaud, on alluma cependant du feu dans la case; je me trouvai fort incommodé de la chaleur, et de la fumée, qui n'a d'autre issue que le toit recouvert en paille. La femme de mon guide était couchée au milieu de la case, entourée de quelques enfans.

Le 11 mai, vers huit heures du matin, Ibrahim vint me souhaiter le bonjour, et m'engagea à venir faire une visite à son père, chef du village de Cambaya. C'était un vieillard aveugle; nous le trouvâmes couché dans sa case, sur une espèce de banquette en terre, élevée de six pouces au-dessus du sol, ayant trois pieds de large et six pieds et demi ou sept de longueur, sur laquelle était étendue une natte : à l'une des extrémités de ce lit de repos, on avait mis une planche bien façonnée, sur laquelle portait une autre petite tringle de bois de six pouces de large, pour tenir la tête un peu élevée ; cela lui servait d'oreiller. Ce vieillard me parut avoir au moins quatre-vingts ans : dès la veille il avait été prévenu de mon arrivée ; son fils lui annonça ma présence, en lui disant que je venais le saluer ; il se leva avec peine sur son séant, me tendit la main, et me fit la salutation ordinaire, *Samalékoum*. Il me promena la main sur tout le corps, en disant, *el-Arab, el-Arab acàgnie* (Arabe, tu es bon) : il paraissait regretter d'être privé de me voir ; il me demandait si j'étais bien décidé à retourner dans mon pays, me promettant qu'il me ferait conduire, et m'engageant toutefois, en riant, à rester chez les Mandingues. Il me témoigna beaucoup d'amitié, et me fit cadeau de deux noix de colats, qu'Ibrahim mangea, car je ne pouvais en supporter l'amertume. Mon guide me présenta à plusieurs de ses amis, qui me firent un très-bon accueil : toute la journée les curieux ne cessèrent de venir dans ma case, et de m'importuner par leurs questions réitérées. Plusieurs me dirent qu'ils avaient été à Sierra-Leone, établissement anglais sur la côte ; qu'ils avaient vu beaucoup de blancs, que je leur ressemblais, et qu'ils croyaient bien que je n'étais pas un Arabe : ils se disaient mutuellement, *La forto, forto* (Non, c'est un Européen). Ibrahim prenait fortement mon parti et les assurait que j'étais un *souloca-tigui, tigui* (véritable Arabe); plusieurs le disaient pour s'amuser, et d'autres le pensaient sérieusement. On observa qu'un chrétien ne se déciderait jamais à faire le salam et à étudier le Coran.

Dans le cours de ce jour, Ibrahim fit chauffer de l'eau par une de ses femmes, et m'engagea à me baigner. Il me fit partager le logement d'un bon vieux marabout du Bondou qui était venu dans ce pays pour se faire maître d'école; il apprenait à lire le Coran aux enfans du village. On sait que, chez tous les musulmans de l'intérieur de l'Afrique, on écrit sur de petites planchettes les versets du Coran, qui sont chantés à haute voix par les écoliers assis par terre, autour d'un grand feu; c'est le maître d'école qui écrit lui-même la leçon, jusqu'à ce que l'écolier soit en état de le faire. A Cambaya, je trouvai cette espèce d'institution publique bien tenue; les jeunes filles y assistent; le maître est de la plus grande sévérité. L'éducation des filles est très-négligée; dès qu'elles connaissent les premiers versets du Coran, on les trouve assez instruites; au lieu que les garçons sont obligés d'apprendre tout le Coran par cœur: alors on leur donne un maître plus instruit qui leur explique les passages difficiles. Les écoliers sont chargés de pourvoir aux besoins de leur maître; ils lui procurent du bois, de l'eau, nettoient sa case, cultivent son champ, et font sa récolte; les parens font à l'instituteur quelques petits présens en étoffes, tabac, etc., et lui donnent du grain pour ensemencer son champ. Le maître d'école de Cambaya avait une grande réputation de sainteté : il était pauvre, et nourri chez le chef, qui avait soin de me faire appeler aux heures de leur repas pour me le faire partager. Établi dans la case du Bondouké (homme du Bondou), je couchais par terre sur une natte que me donna Ibrahim; le bon vieux marabout allumait du feu dans sa case toutes les nuits, et je me trouvais fort incommodé par la fumée. Son zèle pour la religion l'engageait à m'éveiller tous les jours à trois heures du matin pour aller à la mosquée rendre grâce au Seigneur; car il faisait aussi les fonctions de marabout. Les Mandingues étaient bien loin d'être aussi zélés; ils faisaient leur prière dans leur case, à cinq ou six heures; nous nous trouvions souvent seuls à la mosquée, quoiqu'il s'épuisât à appeler les fidèles : il se plaignait ouvertement de ce que les Mandingues n'étaient pas assidus à la prière. De retour dans notre case, je me recouchais sur ma natte; mais lui, au lieu de m'imiter, s'occupait à prier de nouveau. Ce bon vieillard avait pour moi beaucoup d'égards. Ibrahim n'était pas le seul qui le fît manger avec lui; plusieurs autres faisaient de même : ainsi, sans rien posséder, il vivait très-heureux. J'étais assez bien vu dans le village; on s'était habitué à ma figure; mon assiduité à remplir mes devoirs religieux avait écarté tous les doutes. Cependant il y avait encore un homme qui persistait à dire que j'étais un blanc : il prétendait savoir parler arabe; il entendait à la vérité quelques mots de cette langue, mais il les prononçait si mal, que j'avais beaucoup de peine à les comprendre. Cela me contrariait un peu, quoiqu'on ne fît pas beaucoup d'attention à ce qu'il disait.

Le 13, j'étais assis à la porte de ma case, tenant une petite planchette à la main, et quelques feuilles du Coran, que j'avais apportées avec moi; je me disposais à écrire une sourate pour l'apprendre par cœur, lorsque je vis venir ce Mandingue; il paraissait toujours indisposé contre moi : je m'empressai de l'appeler, l'engageant à s'asseoir; puis je le priai d'écrire pour moi la sourate que je desirais apprendre. Il fut flatté de ma confiance, et s'empressa de me satisfaire. Depuis ce temps, il devint mon meilleur ami; il s'entretenait de moi, dans le village, et assurait que j'étais bien Arabe. Lors de mon départ, j'allai le voir avec mon guide : il me donna un grigri ou amulette, qui, me dit-il, me préserverait de tout danger; j'acceptai avec les marques de la plus vive reconnaissance ce précieux talisman.

On m'amena un enfant blanc, né d'un nègre et d'une négresse; il avait à-peu-près dix-huit à vingt mois; sa mère me le confia, et je le pris sur mes genoux ; je l'examinai attentivement : il avait les cheveux crépus et blancs, les cils et les sourcils couleur de lin clair, le front, le nez, les joues et le menton d'un rouge légèrement incarnat, les yeux d'un beau bleu-de-ciel très-clair, la prunelle rouge comme du feu, les lèvres incarnat un peu foncé, et le reste du teint blanc de lin clair. Je remarquai qu'il avait la vue très-faible ; je l'excitai à regarder en l'air, en attirant son attention sur mon chapelet : il paraissait éprouver de la difficulté, jetait des cris, et aussitôt baissait la tête. Ses dents commençaient à pousser ; son nez était très-aplati, et ses lèvres un peu épaisses ; il avait toute la physionomie d'un Mandingue, et paraissait très-bien se porter. Les nègres n'ont pas de répugnance pour cette couleur ; ils la regardent comme une maladie. On m'assura que les enfans nés d'un homme et d'une femme de ce genre, c'est-à-dire, de parens albinos, étaient noirs.

Dans la nuit du 13, il s'éleva un vent d'E. qui nous amena un orage sec assez violent ; les éclairs et le tonnerre se succédaient rapidement. Le lendemain, la sœur de l'almamy Yayaye vint voir la femme d'Ibrahim : elle m'apprit qu'un chrétien français, nommé *Lesno*, était venu à Timbo de la part du chef du Sénégal ; elle vanta beaucoup la générosité de cet étranger, me dit qu'il avait sollicité auprès de l'almamy la permission de visiter les sources du Dhioliba, mais qu'il ne l'avait pas obtenue, et qu'on ne l'avait pas même laissé pénétrer plus loin ; qu'enfin il était retourné au Sénégal, il y avait à-peu près un mois. Sans doute ce nom avait été dénaturé ; mais j'ignore encore de quel voyageur il s'agissait.

Le 14 mai, le matin, Ibrahim tira plusieurs coups de fusil, pour avertir ses amis de venir recevoir un petit présent de tabac qu'il leur destinait. La cour fut bientôt pleine d'une foule de vieillards qui avaient tous des prétentions. Comme les portions étaient préparées de la veille, on n'eut qu'à les distribuer : il donna aussi un peu de toile de guinée bleue à chacune de ses trois femmes, pour servir à leurs vêtemens. Après cette distribution, Ibrahim fut comblé de bénédictions ; les femmes dansaient, sautaient, chantaient ses louanges, et les hommes faisaient des vœux pour sa prospérité : le bon vieux maître d'école ne fut pas oublié. Après notre déjeûner, toujours également frugal, Ibrahim et moi nous allâmes nous promener à l'*ourondé*, voir les esclaves occupés à préparer la terre pour recevoir les semences. Les pauvres esclaves travaillent sans relâche, tout nus, à l'ardeur d'un soleil brûlant. La présence de leur maître les intimide, et la crainte des punitions fait avancer l'ouvrage ; mais ils se dédommagent en leur absence. Les femmes, à moitié nues, leurs enfans attachés sur le dos, ramassaient les herbes sèches, les mettaient en tas pour les brûler ; genre d'engrais qui fertilise le sol ; on n'en donne d'aucune autre espèce. Ibrahim m'assura que le riz croissait dans cette plaine à la hauteur de quatre pieds. Le sol de ces belles plaines se compose d'un sable gris très-dur, et fertilisé par le débordement du Tankisso ; les terres les plus élevées, privées de l'inondation, sont destinées aux cultures d'ignames, de cassaves, de maïs, de petit mil et du foigné, autre espèce de petite graminée que l'on cultive beaucoup. On sème le foigné dans le courant de mai, et on le récolte dans le mois de juillet, lorsque le riz n'est pas encore à quatre pouces au-dessus du sol : on peut en faire deux récoltes par année. Sans cette graminée, qui croît avec beaucoup de rapidité, ce pays serait souvent exposé aux plus grandes disettes ; car ces peuples ont l'habitude de ne semer que très-juste ce qui leur est nécessaire : souvent même ils ne sèment point assez ; alors ils ont recours au foigné. Je m'assis un moment à l'ombre d'un arbre, pour voir travailler les esclaves ; je remarquai qu'ils s'en acquittaient beaucoup mieux que les nègres employés chez les Européens qui habitent la côte occidentale. Ils n'ont cependant qu'un seul instrument aratoire ; c'est une pioche, fabriquée dans le pays ; elle est longue de six pouces, et large de quatre ; le manche, de dix-huit à vingt pouces, est très-incliné. Ils remuent la terre à un pied de profondeur pour les semences du riz; mais pour celles du foigné, ils ne prennent pas autant de précaution; ils ne font que couper les herbes, et jetent le grain à la volée, avant que la terre soit préparée; puis, en tirant les herbes, il se trouve couvert : ce sont les femmes qui sont chargées de cette opération assez simple. On ne prend même pas la peine, quand le foigné est levé, d'arracher les mauvaises herbes qui gênent sa croissance. Le riz est traité avec plus de précaution : on a soin de le sarcler, et de le dégager des mauvaises herbes, sans le transplanter. J'avais remarqué que, dans le Fouta, les Foulahs ont soin de faire brûler du crottin dans leurs champs, et de bien l'étendre sur la terre qu'ils veulent ensemencer; ils font aussi brûler toutes les racines et les herbes. Je m'approchai du Tankisso, dont les rives sont très-boisées; on voit même des branches d'arbre qui traversent ce ruisseau, dont la navigation serait possible dans la saison des pluies : je me baignai; j'avais de l'eau jusqu'aux aisselles. Je remarquai que les rives sont composées de terres grises argileuses, mêlées d'un sable fin.

Je rejoignis Ibrahim, et nous allâmes ensemble visiter les cases des esclaves. Une bonne vieille femme était occupée à faire le dîner des cultivateurs (car ils sont obligés de pourvoir eux-mêmes à leur nourriture). On voit, derrière leurs cases, de petites plantations de cassave et de choux caraïbes, que les femmes cultivent. Comme nous étions assis auprès des ouvriers, la bonne vieille esclave eut soin de donner à son maître une portion du dîner qu'elle venait de préparer; il consistait en une calebasse de foigné en grain, bouilli sans sel, à laquelle elle avait ajouté un ragoût de divers herbages et de gombo, sauce que l'absence du beurre et du sel rendait détestable. J'en mangeai une poignée; mais mon guide, un peu délicat, n'en voulut pas : les pauvres esclaves s'en accommodèrent fort bien. J'appris alors que, dans le Fouta-Dhialon, les nègres ont deux jours de chaque semaine consacrés à travailler à leur champ particulier, c'est-à-dire, destiné à leur subsistance. Après, une des femmes d'Ibrahim nous donna pour notre dîner une calebasse de riz au lait, qu'elle avait apportée sur sa tête. Nous ne retournâmes au village qu'un peu avant le lever du soleil. Mon guide était bon pour moi; et le soir, réunis dans sa cour, je m'amusais à jouer avec ses petits enfans. Cependant je pensais, à mon départ, à pénétrer dans l'E. : je voyais avec peine qu'Ibrahim ne viendrait pas avec moi à Bouré, comme il me l'avait promis; car il prétendait être retenu dans le pays pour ses cultures, me disant toutefois que si je voulais l'attendre, il remplirait sa promesse. Cette proposition était loin de me satisfaire; je desirais trop de me voir à l'E. du Fouta; je craignais d'être découvert par les Foulahs, et je voulais me rendre dans le Kankan, avant que les pluies, qui commençaient à être déjà très-fréquentes, fussent continues.

Le 17 mai, j'allai avec Ibrahim dans le village, voir faire un tambour qui sert en temps de guerre : je vis une vingtaine de Mandingues occupés à ce travail. C'est une large calebasse, faite d'un tronc d'arbre, de trois ou quatre pieds de circonférence, et de six à huit pouces de profondeur, recouverte d'un morceau de cuir de bœuf non tanné ; dans le fond de cette caisse, ils avaient collé une grande quantité de papiers, sur lesquels il y avait des caractères arabes (amulettes), pour les préserver de leurs ennemis. Cet ouvrage les tint occupés tout le jour ; c'était pour eux un amusement.

La journée fut chaude et orageuse ; le soleil était souvent couvert de nuages sombres et très-épais : dans la soirée, il s'éleva un fort vent de S., suivi d'éclairs et de tonnerre ; l'atmosphère était chargée de nuages noirs et épais, amoncelés au sommet des montagnes qui entourent la belle plaine de Kankan-Fodéa. Vers huit heures du soir, il tomba une pluie très-abondante qui dura toute la nuit. Au lieu de dormir, je réfléchissais aux nombreuses difficultés que j'aurais à surmonter pour traverser un pays coupé de rivières et de gros ruisseaux qui, dans cette saison, inondent le pays. J'étais à pied ; car la grande simplicité que je m'étais imposée pendant ce voyage, ne me permettait pas d'acheter une monture qui aurait pu éveiller la cupidité des divers peuples que je devais visiter, bien persuadé que le succès dépendait de cette simplicité.

Le vieux maître d'école tomba malade, et je devins son médecin. Il avait la fièvre ; je lui donnai quelques prises de sulfate de quinine pour la lui couper, puis une dose de sel pour le purger ; ensuite je lui conseillai de se procurer une volaille pour faire du bouillon rafraîchissant avec des brettes, espèce d'herbe qui vient dans le pays : mais il n'avait pas le moyen d'acheter une poule. Je priai Ibrahim de lui faire ce présent : il me dit froidement qu'il n'en avait pas, tandis que j'en voyais une vingtaine courir dans sa cour. Je donnai au bon vieillard cinq feuilles de tabac pour en acheter une qu'Ibrahim trouva pour ce prix ; il la donna à une de ses femmes pour faire du bouillon, et la santé du maître d'école fut rétablie. Mais j'avais donné à Ibrahim quelques prises de jalap, qu'il m'avait témoigné le desir d'avoir, et, sans être malade, il s'empressa d'en prendre une dose pour profiter du bouillon que l'on faisait chez lui. Les habitans apprirent bientôt que j'avais des médicamens pour toute sorte de maladies ; plusieurs vinrent m'en demander, et m'importunèrent long-temps pour en avoir : les uns avaient des ulcères aux bras et aux jambes, ou la fièvre, ou le mal de ventre. Toute la journée je recevais des demandes de ce genre. Pour guérir les ulcères, je les lavais avec un caustique, puis je les pansais avec de la charpie ; pour les fiévreux, je distribuais quelques prises de quinine, et j'ordonnais un régime qui ne plaisait pas toujours. Enfin, pour trancher du docteur, je me fâchai, et menaçai d'abandonner ceux qui ne suivraient pas mes ordonnances. Je n'avais que peu de médicamens que messieurs les docteurs anglais de Sierra-Leone avaient eu la complaisance de me procurer ; je desirais les garder pour moi, présumant bien que plus tard je pourrais en avoir besoin : mais les Mandingues s'imaginaient que ma provision était inépuisable, et qu'elle pouvait servir à tous les genres de maladies ; ils venaient m'en demander continuellement ; j'étais obligé de les refuser, et cependant ils revenaient toujours à la charge, m'observant qu'ils étaient musulmans comme moi, et qu'un musulman ne doit jamais refuser de rendre service quand il peut le faire. Fatigué de leur importunité, je me levais avec humeur, et m'éloignais pour jouir d'un moment de repos ; alors ils disaient : « C'est un chrétien ! voyez quelle mine il nous fait ; il a des médicamens et il ne veut pas nous en donner à nous qui sommes musulmans. » Dans ces circonstances, j'eus toujours beaucoup à me louer de mon guide, qui leur représentait que j'avais été élevé chez les chrétiens, et qu'alors j'en conservais les habitudes. Ils venaient de nouveau auprès de moi réitérer leurs demandes importunes, et finissaient par avoir ce qu'ils demandaient. Tout le temps de mon séjour à Cambaya, je fus ainsi tourmenté par les habitans, qui, non contens d'avoir mes médicamens pour rien, voulaient aussi du tabac, de la poudre, des ciseaux, et de la guinée pour faire des coussabes. Plusieurs enfans venaient dans la cour, me prier de soigner leurs plaies. Enfin, après nombre d'importunités de ce genre que je passerai sous silence, ces Mandingues, plus intéressés et ignorans que méchans, finirent par s'habituer à mon caractère, et cessèrent de dire que j'étais un blanc, ne s'imaginant pas qu'un Européen pût se décider à entreprendre seul et à pied un aussi long et aussi pénible voyage, dans la seule vue d'être utile à l'humanité. Comme ils vivent dans l'ignorance et la simplicité de nos premiers pères, sans richesses et sans luxe, ils ne s'imaginent guère qu'en Europe il existe des sociétés de savans qui font des efforts généreux pour améliorer leur sort, leur faire partager le bienfait des lumières, et tous ceux dont jouit un peuple civilisé.

Ibrahim n'était pas plus sage que les autres nègres: il ne me demandait pas directement, mais il voulait tout acheter; mon bagage lui faisait envie. Il avait apporté de Kakondy beaucoup de toile de guinée et de tabac; cela n'empêchait pas qu'il ne me demandât toujours à acheter celui que j'avais. Il prétendait que ma guinée était plus belle que la sienne, mon tabac d'une meilleure odeur, quoique cependant ce fût du même. Tantôt il me faisait observer qu'il n'avait pas de culotte, et que son coussabe ne valait plus rien ; c'est ainsi qu'il me demandait à acheter ce qu'il desirait, dans l'espoir que je le lui donnerais. Étant à Popoco, il avait eu envie d'un joli morceau d'indienne qui me servait de turban ; il me priait de le lui vendre : en arrivant dans son village, je lui en fis cadeau ; alors il m'adressa mille remerciemens.

Je vais citer ici une anecdote relative à l'état de médecin que les Mandingues m'avaient fait adopter malgré moi.

Le 17, je donnai à un homme qui depuis longtemps me tourmentait, une dose de jalap pour sa femme, qui, disait-il, avait mal au ventre ; il me pria de venir la voir : je lui fis une visite, et je la trouvai vraiment souffrante. J'engageai le mari à tuer une volaille pour lui faire du bouillon rafraîchissant, pour en prendre lorsque ce remède aurait fait effet. Il revint le lendemain me dire que la médecine avait bien réussi ; mais que sa femme avait le ventre très-gros : il me pria de lui en donner une seconde. Je pensai que cette grosseur de ventre était occasionnée par l'irritation du jalap donné à trop forte dose ; je lui représentai qu'une seconde médecine ferait beaucoup de mal, qu'il fallait laisser reposer la malade, et lui faire de bon bouillon. Mais je ne pus pas lui faire entendre raison ; il prétendait que c'était mauvaise volonté de ma part ; et ses demandes étaient si réitérées, que je fus obligé, pour avoir la paix, de substituer au jalap une dose de crême de tartre, que je savais ne pouvoir faire aucun mal : mais le Mandingue s'apercevant de l'échange, il voulait du jalap, prétendant que c'était meilleur. Ne pouvant le convaincre, j'allai de nouveau voir ma malade ; elle n'était pas bien ; j'étais inquiet des suites de mon jalap : cependant je lui délayai sa crême de tartre, qu'elle but, et j'ordonnai qu'on lui fît un bouillon rafraîchissant. Ainsi j'étais devenu médecin, sans en avoir eu un instant la pensée.

Je desirais d'autant plus ardemment de me rendre dans le Kankan, que je craignais d'être obligé d'aller à Timbo, auprès de l'almamy : là, je courais risque d'être découvert et arrêté, quoique ma peau fût tellement noircie par l'ardeur du soleil, qu'on pouvait aisément me prendre pour un Maure ; cependant j'avais encore des craintes. Mon guide était retenu par ses cultures, et ne devait partir que dans un ou deux mois. Je n'étais pas du tout disposé à attendre aussi long-temps ; je me promettais bien de profiter de la première occasion qui se présenterait pour traverser le pays qui sépare le Kankan du Fouta-Dhialon.

CHAPITRE VIII.

Pont sur le Tankisso. — Départ pour le Kankan. — Description du Fouta-Dhialon. — Caractère, mœurs et usages des Foulahs. — Pays de Kankan-Fodéa. — Arbre à beurre. — Cours du Dhioliba. — Pays de Couranco, Sangaran et Kissi-kissi. — Mariage chez les Mandingues. — Rivière de Bandiégué. — Bagaraya. — Saraya. — Bacocouda. — Danses guerrières.

Le 24 mai, j'allai avec Ibrahim voir un Mandingue qui devait partir sous peu pour le Kankan. Mon guide me recommanda fortement à lui, et je me décidai à profiter de cette occasion; je lui promis qu'en arrivant dans ce pays, je lui ferais un joli cadeau. Dans le cours de la journée, un Mandingue me demanda une médecine, et me dit que depuis qu'il était marié, un obstacle l'arrêtait auprès de sa femme; qu'elle s'en plaignait, et lui faisait même des infidélités; il ajouta que le petit garçon qui courait dans sa cour était de sa femme et d'un de ses amans : mais, continua-t-il en soupirant, je ne puis pas me plaindre, car je ne suis pas capable d'en faire autant. Comme le gingembre croît dans les environs, je lui conseillai d'en manger beaucoup, et l'assurai qu'il s'en trouverait mieux : mais ce remède ne parut pas le contenter; il voulait une médecine de jalap, que je lui donnai pour me débarrasser de lui.

Je me rendis à la prière du soir, où je vis, contre l'ordinaire, une grande quantité de Mandingues assemblés. Au sortir de la mosquée, ils formèrent tous un cercle autour du vieux chef : il fit une petite harangue pour annoncer au peuple qu'il était arrivé un courrier de Timbo, portant une lettre circulaire, de laquelle on allait faire lecture; il pria chacun de prêter attention. Alors un marabout, assis à côté de lui, se mit à lire à haute voix. On apprit que l'almamy Yayaye était déposé, que Boubacar le remplaçait, et se déclarait protecteur de l'islamisme, enjoignant au peuple de lui être fidèle. La lettre était écrite des deux côtés, sur un papier large de trois pouces et long de cinq. Après la lecture, le courrier, sans perdre de temps, reprit sa dépêche et se mit en route pour le Baleya, où il allait la porter; ce départ précipité m'empêcha de la copier pour en connaître plus tard le contenu. Le chef fit une prière et des vœux pour le règne du nouvel almamy ; plusieurs Mandingues l'imitèrent, puis s'entretinrent long-temps des divisions qui déchiraient le Fouta. Yayaye s'était retiré avec un parti qui laissait présumer qu'on ne serait pas long-temps en paix. Rendus à notre habitation,

Ibrahim m'apprit qu'à son retour de Firya, Yayaye n'avait pas été approuvé par les grands de Timbo, qui l'avaient déposé par mécontentement de la guerre inutile qu'il venait de faire, guerre qui coûtait plusieurs hommes à la patrie.

Le 25 mai, au matin, après avoir donné un peu de crême de tartre à un nègre qui me tourmentait depuis plusieurs jours pour avoir une médecine, j'allai avec Ibrahim assister à la construction d'un pont sur le Tankisso : je vis en route quelques Mandingues, avec le grand tambour dont j'ai parlé plus haut, frappant à tour de bras pour avertir les ouvriers de venir à l'ouvrage. Arrivé auprès du pont, je trouvai six à huit hommes couchés sur le bord de l'eau, en attendant que tout le monde fût arrivé. On me fit voir que l'eau montait, dans la saison des pluies, à la hauteur de vingt-cinq à trente pieds; les branches qui barrent le passage sont couvertes par cette crue extraordinaire; on m'assura même que le pont était souvent démoli et entraîné par le courant. Ce ruisseau inonde la plaine, dans laquelle on fait une récolte de foigné avant de semer le riz. Tous les ouvriers arrivés, on se mit à l'ouvrage en chantant. Ils me parurent très-gais, et s'amusèrent beaucoup, car c'était pour eux une partie de plaisir : tous les habitans de Cambaya, pénétrés de la nécessité d'un pont, s'étaient décidés à y travailler. Il pouvait avoir de quarante à quarante-cinq pas de long sur six à sept pieds de large; ce sont de grands piquets plantés au milieu du ruisseau, à des distances rapprochées, sur lesquelles on pose des traverses qui, dans beaucoup d'endroits, sont supportées sur les branches des arbres qui croisent le ruisseau. Sur les traverses, on pose des morceaux de bois en long, bien ajustés ensemble avec des lianes (bois très-flexible). On pose ensuite en travers du pont de petits morceaux de bois à la distance d'un pas les uns des autres, pour assurer la marche en traversant ce pont chancelant. On m'assura que s'il n'était supporté par des branches d'arbre, il ne pourrait pas résister à la rapidité du courant. Ils ne mirent que peu de jours à l'achever, car il y avait beaucoup d'ouvriers; tous les habitans de Cambaya y contribuèrent. Plusieurs femmes apportèrent des calebasses de riz et de foigné pour le dîner de leurs maris : on m'invita à en prendre ma part, et tous indistinctement nous nous assîmes autour, et mîmes la main au plat; puis nous retournâmes gaiement au village.

Le 26 mai, Lamfia, qui devait me servir de guide pour me rendre dans le Kankan, Ibrahim et moi, nous allâmes chez le chef du village, le prévenir de mon prochain départ. Mon ancien guide me demanda, en sa présence, si, avant de me séparer d'eux, je voulais aller à Timbo voir l'almamy. Je lui dis que j'en serais charmé ; mais que la route de Cambaya à Timbo était hérissée de hautes montagnes difficiles à gravir, et qui me fatigueraient beaucoup; que je desirais ardemment continuer ma route à l'E., avant que les pluies devinssent plus fréquentes, puisque alors il serait impossible de voyager sans éprouver les plus grandes difficultés : il convint de la justesse de mon observation, et décida que je pouvais partir avec Lamfia, à qui le bon vieillard me recommanda particulièrement, lui disant de me remettre entre les mains du chef de Kankan, qui me ferait conduire à Bouré en sûreté. Pendant mon séjour à Cambaya, j'avais eu soin de bien remplir mes devoirs religieux, et d'étudier le Coran soir et matin, pour en imposer davantage. Je m'arrangeai avec mon nouveau guide pour porter mon bagage jusque dans le Kankan ; nous convînmes de deux brasses de guinée, que je donnai avant de partir. Je fis à Ibrahim, dont j'avais été content, un très-joli présent en ambre, indienne, guinée, poudre, papier, ciseaux et mouchoirs de soie. Il me pria de ne parler à personne de ce cadeau : il voulait passer pour généreux musulman, quoiqu'il fût très-avare, comme tous ses compatriotes. Leur générosité envers moi n'avait jamais excédé deux ou trois noix de colats, au lieu que les Foulahs qui venaient à Cambaya vendre du sel ou autres marchandises, me faisaient toujours de petits présens, et ne me demandaient rien. Nous devions partir dans deux jours; on faisait les préparatifs, c'est-à-dire que Lamfia préparait du riz pour notre nourriture en route. Ibrahim m'avait promis de me donner aussi quelques provisions; mais il l'oublia volontairement. Un bon vieux Foulah, notre voisin, établi dans le pays, me fit préparer un gros pain de cagnan, pain qui, comme je l'ai déjà dit, est fait de pistaches, de maïs et de miel : c'était, disait-il, pour m'amuser en chemin; il m'assura que, s'il n'était retenu par ses cultures, il viendrait lui-même m'accompagner jusqu'à Kankan : ce bon Foulah se nommait Guibi. Ibrahim m'offrit, si je voulais acheter du miel, de me faire aussi un pain de ce genre; je le remerciai de sa générosité. Il s'assit auprès de moi, et me dit que, dans les pays que j'allais traverser pour me rendre dans le mien, j'aurais souvent affaire aux Mandingues; qu'il me conseillait en ami de ne pas me mettre de mauvaise humeur, quand on me demanderait des médecines, parce qu'ils pourraient bien ne pas se montrer aussi patiens qu'ici. Je le remerciai de son conseil, me promettant de le mettre à profit. Le Foulah Guibi me disait souvent, en s'entretenant avec moi, que les Foulahs étaient les blancs d'Afrique, et les Mandingues les nègres; il entendait par-là reconnaître la supériorité des Foulahs.

Le Fouta-Dhialon est gouverné par un almamy

nommé par les principaux de l'état ; ils se rassemblent à cet effet, et ont également le droit de le déposer, si le peuple n'est pas content de sa conduite : le gouvernement est théocratique.

Les Foulahs du Fouta sont en général grands et bien faits ; leur contenance est noble et fière ; leur teint marron clair est un peu plus foncé que celui des Foulahs nomades ; ils ont les cheveux crépus comme les nègres, le front un peu élevé, les yeux grands, le nez aquilin, et les lèvres minces, la figure un peu alongée ; en un mot, leurs traits se rapprochent de ceux des Européens. Ils sont tous mahométans et très-fanatiques ; ils ont en horreur les chrétiens, et sont persuadés qu'ils veulent s'emparer des mines d'or situées à l'E. du Fouta : c'est pourquoi ils mettent tant de précaution à leur fermer cette route. Ils ne font pas, comme les Mandingues, de grands voyages ; ils préfèrent rester paisibles habitans de leur pays, veiller sur leurs esclaves, qui sont une partie importante de leur fortune. Ils sont jaloux et envieux, exercent souvent des actes de rigueur envers les marchands étrangers qui traversent leur pays, sur-tout quand ces derniers sont riches. Cependant ils sont assez hospitaliers, et secourent généreusement leurs compatriotes : je n'ai pas vu dans ce pays un seul mendiant. Ils cultivent dans leurs montagnes beaucoup de riz, du gros maïs et du petit mil ; le coton, qui leur sert à fabriquer des étoffes dont les lés n'ont que cinq pouces de large ; ces bandes sont destinées à couvrir leur nudité. Le principal commerce du pays consiste en sel et en étoffes ; cependant ils vont vendre à Kakondy des cuirs, du riz, de la cire et du mil, qu'ils échangent contre du sel qu'ils portent ensuite à Kankan et à Sambatikila pour avoir des étoffes. Il y a aussi quelques Foulahs qui font des voyages à Bouré, où ils achètent de l'or qu'ils viennent échanger à la côte pour des fusils, de la poudre, des verroteries et diverses autres marchandises avec lesquelles ils achètent des esclaves. Les Foulahs sont belliqueux et animés de l'amour de la patrie. En temps de guerre, ils partent tous indistinctement; il ne reste que les vieillards et les femmes dans les villages. Beaucoup sont armés de fusils et de sabres ; mais la majeure partie se servent de l'arc et de la lance : ils ont tous un poignard dont la lame est droite ; cependant j'en ai vu quelques-uns courbés ; ces poignards sont fabriqués dans le pays. Leurs vêtemens consistent en un coussabe qui, le plus souvent, est de toile blanche, et une culotte de même étoffe[1]. Ils portent aussi une pagne qu'ils se passent autour du corps, des sandales et un bonnet rouge ; leurs cheveux sont tressés, et ils y mettent du beurre. Rarement ils sortent sans avoir plusieurs lances à la main.

---

(1) J'ai décrit sa forme plus haut.

J'ai remarqué que leurs vêtemens étaient toujours très-propres ; ils se lavent souvent le corps, et toujours à l'eau tiède. Il y a dans tous les villages des écoles publiques pour les enfans : les classes se tiennent en plein air, soir et matin, à la clarté d'un grand feu. Lorsqu'ils savent bien lire le Coran, ils sont regardés comme très-instruits. J'ai remarqué dans ce pays que les parens sont très-indulgens pour leurs enfans, qui sont toujours obéissans et fort doux. Les Foulahs de cette partie de l'Afrique ne laissent pas leurs enfans nus ; ils ont tous un coussabe. Ceux que l'on rencontre sur nos établissemens ne sont pas mis aussi proprement, parce qu'en voyage ils prennent tout ce qu'ils ont de plus mauvais. Ils mettent leur sel dans des feuilles d'arbre artistement arrangées. Ils font beaucoup usage du tabac à priser, mais ils ne fument pas ; ils préfèrent le tabac qu'ils achètent dans nos établissemens à celui qu'ils récoltent dans leur pays. Les femmes y sont vives, jolies et très-douces : elles ont l'habitude de se frotter les dents avec du tabac en poudre. Leur costume, quoique simple, est toujours de la plus grande propreté. Elles sont, comme dans tout l'intérieur, soumises à leurs maris ; jamais elles ne se permettent la moindre plaisanterie avec eux. Je ne me suis point aperçu que ces derniers frappassent leurs femmes : ils peuvent en avoir quatre, comme les nègres mandingues ; la loi du Coran ne leur en permet pas davantage ; encore ce sont les riches ; les pauvres n'en ont que deux. Elles sont chargées du soin du ménage, et de préparer l'ordinaire pour la famille. Elles cultivent aussi un petit jardin auprès de leurs cases : elles ont un logement particulier, et font leur ordinaire à part ; rarement elles mangent ensemble, et font tour à-tour le souper de leur mari ; il leur donne à chacune une vache, qu'elles ont soin de traire soir et matin. Leur petit ménage consiste en quelques calebasses pour conserver le lait et les mets tout préparés, deux ou trois pots en terre, et une grande jarre pour mettre le riz sec. On pratique autour de la case, intérieurement, une petite élévation de six à huit pouces, sur un pied de large, qui sert à placer tous les ustensiles du ménage ; on voit au fond une espèce de lit, comme celui que j'ai décrit chez le chef. Dans chaque case, quatre piquets plantés en terre soutiennent une espèce de plafond fait de bambous, pour la garantir de la suie dont le toit est couvert. Les femmes m'ont paru généralement très-gaies, peu jalouses les unes des autres, à moins que le mari ne fît un présent à l'une sans rien donner à ses compagnes ; elles me demandaient souvent de l'ambre et du corail, sans paraître trop offensées de mes refus. Les Foulahs nourrissent beaucoup de bestiaux, bœufs, moutons et cabris ; ils ont des chevaux d'une petite espèce, peu d'ânes, quelques chiens, et ils élèvent beaucoup de volailles. Ils font fréquemment des voyages à Sierra-Leone, où ils vont vendre des bœufs pour l'approvisionnement de cette colonie. Ce pays fournit abondamment tout ce qui est nécessaire à la vie, riz, mil, ignames, cassaves, choux caraïbes, oranges, bananes, etc. Ils sont tous musulmans, fanatiques à l'excès. Les maladies que j'ai vues dans le pays sont la lèpre, des grosseurs au cou ou goîtres, quelques fièvres et ophthalmies ; je n'ai vu aucune maladie vénérienne. Ils sont fiers, méfians et menteurs : on les accuse d'être paresseux, enclins au vol ; ils sont sobres, supportent les plus grandes privations avec courage ; ils sont naturellement braves, mais superstitieux, comme tous les musulmans ; ils ont beaucoup de confiance dans leurs grigris, et quand ils vont à la guerre, ils en sont couverts ; ils rendent tributaires tous ceux de leurs voisins qui n'embrassent pas la religion de Mahomet. Pendant mon séjour à Cambaya, je ne me suis pas aperçu qu'il y eût de tribunal ni de juge particulier pour régler les différens, comme le dit Mungo-Park, en parlant des bords de la Gambie ; j'ai vu cependant beaucoup de discussions qui toutes étaient jugées par les plus anciens du village ; ils ne vont même pas devant le chef, à moins de circonstances graves, qui souvent même les obligent d'aller en présence de l'almamy de Timbo, qui se trouve à deux jours à l'O. S. O. de Cambaya.

Chaque Mandingue est un chef révéré dans sa famille : sa case est placée au milieu de celle de ses femmes; on n'y voit aucun ustensile de ménage, seulement deux grandes jarres contenant les provisions de graminées pour l'année, qu'il donne par portions à ces mêmes femmes. Il n'a d'autres meubles que la peau de bœuf sur laquelle il couche : ses armes, lorsqu'il les a déposées, font le seul ornement de son habitation.

Lorsque le maître va aux champs surveiller ses esclaves, ses femmes ont soin de lui porter son dîner. En prenant leur repas, ils ont l'habitude d'inviter tous ceux qui se trouvent auprès d'eux ou qui passent : si l'invité ne s'assied pas auprès de la calebasse, le chef prend une poignée de riz qu'il tourne long-temps dans sa main, puis il la trempe dans la sauce, et la donne à celui qu'il a invité; cette politesse ne doit jamais se refuser, à moins qu'on ne veuille faire injure à l'hôte. Si des étrangers partagent leur repas, les Mandingues s'empressent de mettre la main dans le plat, de tourner le riz de tout côté pour le faire refroidir; ce qui est encore regardé comme une politesse. Le chef verse lui-même la sauce sur le riz : il mange la première poignée, puis engage les autres à l'imiter; en commençant, on dit toujours *bismillah* (au nom de Dieu, etc.). Souvent on sort de ce repas à moitié rassasié; car il s'y trouve nombre de paresseux qui ne font que courir de côté et autre pour partager le dîner de leurs voisins. Je parlerai plus amplement des mœurs des Mandingues, qui toutefois diffèrent un peu dans chaque pays.

Kankan-Fodéa, dont Cambaya fait partie, est un petit arrondissement habité par des Mandingues sujets de l'almamy de Timbo ; il est situé dans une plaine immense, composée de sable gris un peu graveleux ; elle est fertilisée par les débordemens du Tankisso, qui fait mille sinuosités dans cette belle campagne : après avoir fait un coude au S., il se dirige au N. E., puis au N. N. E., et, après bien des détours, va se perdre dans le Dhioliba. Bouré est situé sur la rive gauche du Tankisso, à un jour de sa jonction avec le fleuve. Tous les Mandingues de Cambaya s'accordent à dire que ce pays est très-riche en mines d'or, et que ses habitans ne cultivent pas, quoique le sol soit très-fertile, et qu'ils achètent tout avec de l'or, même les pistaches. La plaine de Kankan-Fodéa est entourée de hautes montagnes de cent brasses d'élévation à-peu-près : elles sont habitées par quelques Foulahs pasteurs, qui nourrissent de nombreux troupeaux. L'arbre à beurre y croît, ainsi que dans la plaine ; on m'en apporta du fruit que je trouvai assez bon : mais comme le beurre animal est commun dans le pays, ils le mangent de préférence. Ils emploient ce végétal pour les douleurs et pour les plaies ; ils en vendent un peu sur les établissemens européens de la côte. A cinq jours au S. 1/4 S. O. de Cambaya, on trouve le royaume de Couranco, où, suivant le rapport de plusieurs Mandingues voyageurs, le Dhioliba prend sa source. Je les questionnai sur ce sujet ; ils me dirent qu'elle se trouvait entre Bouré et Yamina : je leur dis que cela était impossible ; je reconnus ensuite qu'ils parlaient de la cataracte, qu'ils appellent *sourondo*, et j'avais compris à tort que *sourondo* signifiait source dans leur langue. Je me mis à tracer par terre une ligne qui représentait le fleuve, et leur en montrant l'origine, je leur demandai comment ils appelaient cela dans leur langue ; ils me répondirent *folou* (commencement) ; ils n'ont pas d'autre expression pour exprimer *source*. Ils m'assurèrent que le folou du Dhioliba se trouvait dans le Couranco ; il n'y a que le Bâ-fing, me dirent-ils, et d'autres petites rivières qui prennent leur source dans le Fouta. Le Bâ-fing passe dans le pays de Bondou, et va à N'dar (Saint-Louis du Sénégal). A un jour et demi au S., on trouve Fryia ou Firya, composé de plusieurs petits villages réunis ; on m'assura que le Dhioliba y passe et qu'il est déjà très-large. A cinq jours au S. S. E. sont les premiers villages du Sangaran. Le Sangaran et le Couranco sont de grands pays comme le Fouta ; les habitans sont idolâtres. Ces pays, m'a-t-on dit, sont divisés en plusieurs petits arrondissemens, ayant chacun un chef particulier et indépendant; ils se font souvent la guerre : il y a cependant quelques musulmans établis dans ce pays. Le Couranco se prolonge de l'E. à l'O. et au S. du Sangaran, qui va aussi de l'O. à l'E. On m'assura que ces pays sont montagneux et très-fertiles, et gouvernés par des chefs indépendans. Le petit pays de Kissi-kissi est à l'O. de Couranco, à dix ou douze jours de Cambaya et aux environs de Sierra-Leone.

Dans la soirée du 28 au 29 mai, il passa une caravane de marchands saracolets, venant de Cambaya et allant à Kankan, où la caravane devait se diviser pour Bouré, Ségo et Yamina; ils visitèrent le *mansa* ou chef; ce bon vieillard me recommanda à leurs soins. Ils allèrent coucher à Bagaraya, environ deux milles à l'E. de Cambaya.

Le 29 mai fut employé à faire nos préparatifs : je disposai mon bagage, qui, depuis mon arrivée, était resté dans la case d'Ibrahim, car celle où je logeais était hors de l'enceinte, et ne fermait pas. Je le visitais souvent : je m'aperçus plusieurs fois qu'on y avait touché; je jugeais cela par la manière dont il était attaché. J'avais des pièces d'étoffe entamées, du tabac et des verroteries qui paraissaient beaucoup leur plaire; je ne pus cependant reconnaître si l'on m'avait volé; j'aime mieux présumer qu'ils étaient excités par la curiosité, que de les soupçonner de vol. Je fis un petit cadeau au Foulah Guibi, pour le dédommager du pain de pistaches qu'il m'avait donné.

Le soir, je pris congé du bon vieux chef, qui avait eu pour moi tant d'égards; je lui fis cadeau de quelques coups de poudre, qui parurent lui faire plaisir : il me donna sa bénédiction, et fit des vœux pour le succès de mon voyage.

Le 30 mai 1827, après avoir fait mes adieux à mes amis (autant qu'un blanc puisse en avoir chez les nègres), nous nous mîmes en route, vers dix heures du matin, après avoir mangé un peu de riz qu'Ibrahim m'avait fait préparer. Lamfia, mon nouveau guide, avait avec lui une de ses femmes, qui devait en route faire notre ordinaire; elle portait sur sa tête un sac de sel avec des calebasses et un pot. Notre caravane était composée de huit individus. Ibrahim et le Foulah Guibi vinrent me conduire jusqu'au pont qui traverse le Tankisso. Mon ancien guide portait mon parapluie et mon satala, dans lequel il y avait sept à huit pains de riz cuits au soleil, que l'on m'avait donnés au moment de mon départ; il m'en prit deux sans m'en prévenir: je fis part de cette indiscrétion à Lamfia; il désapprouva cette conduite, et me demanda si Ibrahim m'avait mangé beaucoup de marchandises (expression dont ils se servent pour exprimer l'abus de confiance). Nous nous séparâmes au pont : Guibi et Ibrahim me recommandèrent de nouveau aux soins de Lamfia, lui représentèrent que j'avais peu de moyens pour faire un aussi long voyage, qu'il ne devait pas être exigeant, et que Dieu l'en récompenserait; ils semblaient me quitter à regret; en s'éloignant, ils se tournaient vers moi, et me criaient à tue tête : *Salamalékoum, Abd-allahi* (nom que je portais). Ils renouvelèrent cette salutation trois fois en signe de paix, puis crièrent encore : *Allam-Kiselak!* (que Dieu te préserve en route!) Cependant, quoiqu'ils tinssent tous les deux le même langage, il me fut aisé de reconnaître plus de sincérité dans les regrets de Guibi que dans ceux que manifestait Ibrahim.

Nous arrivâmes de bonne heure à Bagaraya, situé à deux milles et demi à l'E. de Cambaya : la route est couverte de *cés*[1]. Le chef de ce village nous reçut très-bien; il nous donna une très-jolie case pour nous loger, et m'envoya un assez bon souper de riz : il m'assura qu'il n'avait pas entendu parler de moi, tout le temps que j'étais resté à Cambaya. Les saracolets à qui le père d'Ibrahim m'avait recommandé, étaient partis dans la matinée pour traverser les bois qui séparent le Fouta-Dhialon de Baleya. La soirée fut un peu orageuse, l'air sombre et couvert de nuages, la chaleur étouffante. J'allai à la mosquée avec mon nou-

---

[1] Cé, le shea de Park, arbre à beurre.

veau guide, qui paraissait avoir pour moi beaucoup d'égards : il s'empressait de prévenir tous mes desirs ; il portait même la complaisance jusqu'à la servilité. Au sortir de la mosquée, tout le monde s'assembla autour de moi ; on me regardait avec beaucoup de curiosité : Lamfia s'empressa de satisfaire les questions des assistans, et les instruisit des circonstances qui occasionnaient mon passage dans le pays ; il les assura que j'étais un chérif[1] de la Mecque, sans doute pour me donner plus de considération. Le village de Bagaraya est habité par des Dhialonkés et par des Mandingues ; il peut contenir de trois à quatre cents habitans : il y a une mosquée particulière pour les femmes, qui, suivant l'usage de la religion, ne peuvent pas entrer dans celle des hommes. De retour à notre case, nous eûmes la visite du chef, qui vint s'asseoir un moment auprès de nous ; il parla beaucoup, et me questionna sur la manière dont j'avais été traité par les chrétiens : je m'empressai de détruire la mauvaise opinion qu'il avait de notre caractère ; il s'imaginait que j'avais été bien battu et bien maltraité par ces infidèles.

Nous fûmes obligés de rester à Bagaraya toute la journée du 31 mai, pour attendre quelques marchands

---

(1) Les chérifs sont les descendans du prophète ; ces sont les nobles des Arabes.

mandingues qui se proposaient de faire route avec nous. Nous avions des bois à traverser pour arriver à Baleya; il est nécessaire de n'y passer qu'en nombre suffisant pour se défendre; on y trouve des brigands qui dévalisent les voyageurs : il était donc prudent d'attendre les marchands qui devaient se joindre à nous.

Dans le cours de la journée, j'eus plusieurs visites; je reçus en présent une belle poule, du riz et du lait, que nous mangeâmes à notre souper. Les Mandingues de Cambaya, à qui j'avais donné des médicamens et des soins, ne furent pas à beaucoup près aussi généreux que les Dhialonkés de Bagaraya. Ces bons nègres disaient qu'ils étaient bien contens de posséder chez eux un chérif qui allait à la Mecque, qu'ils nomment *Maka*. Je donnai un peu de crême de tartre au chef, à qui Lamfia avait dit que j'avais de très-bonnes médecines; il nous envoya un souper de foigné bouilli, sans être pilé, et avec un peu de lait. Dans l'après-midi, je m'étais aperçu qu'on avait tué deux moutons; j'en fus étonné, et j'en demandai la cause : on m'apprit que c'était pour célébrer le mariage du chef, qui devait avoir lieu le soir; c'était sa quatrième femme. Cet homme pouvait avoir de cinquante à cinquante-cinq ans. Je vis plusieurs femmes du voisinage allumer un grand feu; les amis du chef s'étaient chargés d'envoyer leurs esclaves chercher le bois pour l'alimenter. On mit sur ce feu deux énormes pots en terre qui pouvaient avoir dix-huit à vingt pouces de hauteur, et douze ou quatorze de diamètre : dans l'un on fit cuire du riz et dans l'autre un mouton. Je vis venir plusieurs autres femmes du village, pour aider leurs camarades ; elles allumèrent d'autres feux pour faire un souper particulier, destiné pour les amies de la future épouse. La cuisine se faisait en plein air ; les cuisinières tenaient chacune à la main une grande spatule avec laquelle elles remuaient le riz et la viande ; chacune venait remuer à son tour. Le riz étant cuit, on apporta d'énormes calebasses dans lesquelles elles l'arrangèrent ; elles étaient au moins une douzaine pour chaque plat : elles donnèrent au riz la forme d'un pain de sucre, en y posant les mains et l'arrosant légèrement avec de l'eau froide pour le bien niveler. Il y avait à manger au moins pour deux cents nègres, car la majeure partie des habitans devaient assister à la fête, qui devait commencer à la nuit. Ainsi préparé, on enleva les calebasses de riz, qu'on mit dans une case du chef.

Les mariages sont faciles chez les Mandingues. Après avoir vu la personne qui leur convient pour épouse, ils gagnent les bonnes grâces des parens en leur faisant des cadeaux, ainsi qu'à leur fille. On convient du prix que le prétendu doit mettre à la possession de celle qu'il desire : ce prix consiste en un, deux ou trois esclaves, suivant la beauté et les qualités de la future. Ces esclaves sont donnés à sa mère, qui, pour ce prix, consent au mariage de sa fille. Le mari fait tous les frais de la fête, qui d'ordinaire se célèbre la nuit; puis, sans aucune formalité religieuse, on consomme le mariage.

Il plut un peu dans la soirée : l'orage se fit entendre, mais il ne dura pas. Une partie de la nuit j'entendis les chants joyeux des nègres et négresses, qui ne cessèrent de danser au son d'un petit tambour: leur danse est plus décente que celles des nègres ouolofs des environs du Sénégal; ils ne font que marcher en cadence, en secouant les bras et remuant la tête. Les femmes étaient toutes vêtues avec deux pagnes, et un morceau d'étoffe de couleur qui prenait sur le front, se rattachait derrière la tête, et leur servait de coiffure; elles portent leurs cheveux en tresses et y mettent du beurre. Je n'eus pas le plaisir de voir la nouvelle mariée; on ne m'invita même pas au repas : je n'eus pas sujet de le regretter, car je présumai que ce ragoût devait être détestable.

Le 1.er juin, à six heures du matin, nous fîmes route au S. E. quatre milles dans des gorges de montagnes en granit et peu élevées: notre caravane se composait de quatorze hommes, en me comprenant, et d'une femme portant un fardeau. Nous continuâmes pendant trois milles sur un sol couvert de grands arbres et de la plus belle végétation. Le cé ou arbre à beurre y est très-répandu ; l'indigo et le nédé s'y trouvent aussi. Nous fîmes rencontre de plusieurs marchands foulahs qui revenaient de Kankan : ils me prirent d'abord pour un chrétien, et s'écrièrent avec étonnement : « Un blanc qui va dans l'Est ! les grands du Fouta n'en savent certainement rien, car ils s'y opposeraient ! » Ils voulurent même m'empêcher d'aller plus loin, lorsque Lamfia, mon guide, qui était resté un peu en arrière, arriva et mit fin à cette discussion, qui aurait pu devenir sérieuse, car je ne parlais pas assez bien le mandingue pour m'expliquer. Mon guide leur raconta la manière dont j'avais été pris par les Européens, et les assura que j'étais un véritable Arabe chérif de la Mecque (car dans ce pays, il n'ont jamais entendu parler d'Alexandrie, que j'avais adoptée pour ma patrie ; ce nom ne leur est même pas connu). Lamfia leur fit entendre que j'avais traversé le Fouta avec sécurité, que tous les habitans m'avaient bien reçu, que même ils m'avaient fait des présens ; que je lisais bien le Coran, chose qu'un chrétien ne se déciderait pas à faire ; que d'ailleurs, ajouta-t-il, ces derniers ne marchaient pas seuls et à pied, qu'ils ne connaissaient que les rivières et les bâtimens (l'idée générale des peuples, dans tout l'intérieur du Soudan, est que nous habitons de petites îles, au milieu des mers ; et que les Européens voudraient s'emparer de leur pays, qu'ils croient le plus beau de l'univers). L'un de ces Foulahs m'adressa quelques mots arabes, auxquels je répondis, ce qui le disposa tout-à-fait en ma faveur ; car cela prouvait à ses camarades qu'il parlait cette langue, ce qui flattait son amour-propre ; et généralement les nègres aiment à montrer de la supériorité sur leurs semblables. Ce Foulah assura donc à ses compagnons que j'étais un véritable Arabe, et ils me laissèrent continuer ma route.

A peu de distance, nous fîmes halte dans les bois, sous des cahutes où les voyageurs se mettent à l'abri de la pluie : elles sont très-simples ; ce sont des piquets mis en terre en long et sur une seule ligne, vers lesquels sont inclinées des branches d'arbres recouvertes de paille, et défendues du vent par des morceaux de bois placés en travers, ce qui forme une haie très-inclinée vers la terre, et dans la direction de l'Ouest.

La femme de mon guide prépara notre dîner. Lamfia nourrissait une partie des Mandingues de la caravane, car ces derniers n'avaient point de femmes avec eux, ni de pots pour faire cuire leur riz.

On attrapa une brebis, qui sans doute s'était échappée de chez son maître. Les Mandingues tinrent conseil pour savoir si on devait la tuer ; ils convinrent qu'il n'y avait pas d'inconvénient, puisqu'ils ne connaissaient pas le propriétaire. On l'égorgea donc, et l'on fit un grand souper pour réparer nos forces. Dans tout le pays des nègres, c'est un grand luxe que de manger de la viande, jouissance qu'ils ne se donnent que les jours de fête. Cette brebis portait un agneau, ce qui n'empêcha pas de trouver la viande délicieuse.

L'endroit où nous étions campés se nomme Sokodatakha, nom qui lui vient des arbres dont il est ombragé ; c'est une grande plaine de sable couverte d'arbres, et d'une belle verdure ; elle est entourée de montagnes de granit qui ont à-peu-près trois cents pieds d'élévation ; elles sont sans végétation. Nous passâmes la nuit sous les cahutes dont j'ai parlé plus haut. Quoiqu'il fît chaud, on alluma de grands feux en dehors. Au milieu de la nuit, un orage vint troubler notre sommeil ; je ne pus dormir, car la pluie m'incommoda beaucoup, nos cahutes ne suffisant plus pour nous garantir.

Le 2 juin, vers six heures et demie du matin, après avoir pris un léger déjeûner, nous nous mîmes en route gaiement, quoique nos habits fussent tout mouillés. Nous marchions dans la direction de l'E. La campagne est très-boisée, et la route un peu graveleuse ; l'arbre de cé et l'indigo sont abondans dans cette contrée. Après avoir marché l'espace de quinze milles, sur un sol de sable dur et couvert de gravier, en avançant, la campagne continue d'être boisée ; mais les arbres n'y sont ni aussi gros ni aussi élevés que les précédens. Nous fûmes surpris par un violent orage venant de l'E.; le vent était très-froid, et la pluie tombait par torrens. Dans un instant toute la plaine fut couverte d'eau; nous en avions jusqu'à la cheville : j'avais ouvert mon parapluie; mais il ne put résister contre le vent, et je fus, comme mes compagnons, mouillé jusqu'aux os. Fort heureusement j'avais soin de tenir mes notes dans un porte-feuille du pays, fait en cuir de veau non tanné. Nous fîmes halte sous des cahutes semblables à celles de la veille. Vers trois heures du soir, la pluie cessa, le soleil reparut, et la nature reprit un charme nouveau. On se disposa à allumer du feu; nous eûmes toutes les peines du monde à y parvenir, car le bois était trempé; nous réussîmes enfin, et nous séchâmes nos habits. On brûla beaucoup de paille, car le bois ne s'allumait que très-difficilement; on était obligé de le faire sécher à la flamme avant de pouvoir s'en servir. Nous vîmes passer beaucoup de voyageurs venant de Baleya, qui avaient comme nous reçu l'orage; ils étaient chargés de toile blanche fabriquée dans le pays, et allaient dans le Fouta-Dhialon les échanger pour du sel.

Dans un moment où j'étais caché derrière un buisson pour écrire mes notes, je vis venir la femme de Lamfia; aussitôt je pris ma culotte que j'avois fait sécher au feu : elle retourna vers son mari, qui lui demanda si j'écrivais. — Non, répondit-elle, il s'habille. J'entendis cette conversation, car je n'étais pas très-éloigné; elle me fit présumer que mon guide me soupçonnait; je redoublai de précautions pour ne pas être aperçu, et devins plus assidu à l'étude du Coran. Quelquefois, quand je m'écartais de la route pour écrire, je voyais de mes compagnons qui tournaient autour de moi, et tâchaient de voir ce que je faisais; mais j'avais soin de tenir à la main une feuille du Coran, sur laquelle je posais mon papier pour prendre mes notes; et lorsque je voyais quelqu'un venir à moi, je les cachais, et je paraissais lire un verset du Coran.

Nous fîmes, avec une partie du mouton de la veille, un assez bon souper; Lamfia et moi, nous mangions ensemble, et les autres Mandingues prenaient leur repas à part : malgré la méfiance que mon guide paraissait conserver (puisqu'il avait envoyé sa femme pour voir si j'écrivais), il continuait cependant à me témoigner beaucoup de considération, ne se lassant pas de prendre ma défense contre ceux qui doutaient de ma conversion, et répétant sans cesse que j'étais chérif, ce qui semblait répondre à toute objection. Comme plus ancien, il avait quelque ascendant sur ceux qui composaient la caravane; ce respect pour la vieillesse est en usage parmi les nègres, qui n'entreprennent rien sans consulter les plus anciens de leurs villages. Le terrain où nous étions campés est de très-bonne terre noire dans quelques endroits, et rouge dans d'autres, comme celle de Sierra-Leone, avec des pierres de même nature. Il y croît quelques palmiers.

Le 3 juin, à sept heures du matin, après avoir pris un assez léger déjeûner, nous fîmes route à l'E. un mille en longeant de petites montagnes de cent cinquante à deux cents pieds d'élévation, composées de pierres rouges et poreuses, de la nature de celles de Sierra-Leone. Ces montagnes s'étendent du N. au S., et sont les dernières du Fouta-Dhialon, dans la partie de l'E. Du haut de ces monticules, on découvre une belle plaine sablonneuse, où nous descendîmes par une pente très-rapide ; ensuite nous marchions sur du sable rougeâtre ; plus loin, la route était couverte de gravier, et nous continuâmes à l'E. le chemin étant uni et la campagne très-découverte ; il y croît cependant, dans la partie du N., de gros bombax, des cés, mimosas (gonatiers), nédés, *nauclea africana* et de l'indigo. Nous rencontrâmes beaucoup de voyageurs sur la route. Après avoir fait treize milles dans la matinée, vers quatre heures du soir, étant bien fatigués, nous fîmes halte auprès d'un ruisseau dont le lit large et peu profond est composé de sable argileux ; il est à sec dans quelques endroits : les naturels le nomment le *Ba-ndiégué* (rivière aux poissons). Ce ruisseau arrose le Baleya, et va se perdre dans le Tankisso, qui lui-même se jette dans le fleuve. Deux de nos compagnons allèrent acheter des poissons secs à des pêcheurs qui se trouvaient à quelque distance de l'endroit où nous étions campés. Nous fîmes sécher nos marchandises mouillées de la veille, et j'éprouvai du regret d'être obligé d'étaler ainsi mes belles pièces d'indienne, qui attiraient l'attention de mes compagnons. Le lieu de notre campement était peu boisé ; on apercevait quelques buissons de nauckéa ; le sol était couvert d'herbe sèche, dont la feuille était coupante comme la rouche. Il me parut devoir être inondé, dans la saison des pluies, par le débordement du Ba-ndiégué, dont les rives sont très-boisées.

Le 4 juin, à six heures du matin, nous quittâmes les bords du Ba-ndiégué, et nous trouvâmes la plaine couverte de belles amaryllis à fleurs blanches ; nous tournâmes au S. E., suivant une belle route et de bonne terre : nous fîmes halte vers huit heures du matin, pour déjeûner ; nous nous assîmes sous un gros bombax. On trouve sur ce chemin des cahutes pour recevoir les voyageurs. Je vis beaucoup de cés dans les environs.

Nous entendions le tambour de Saraya, premier village à l'O. de Baleya. Après avoir pris un bon déjeûner de riz et de poissons séchés à la fumée, nous fîmes route à l'E. neuf milles sur de très-bonne terre, contenant beaucoup de sable ; la campagne est très-découverte, et n'offre pas un seul monticule. Après avoir traversé le Ba-ndiégué sur un pont de branches d'arbre très-chancelant, nous arrivâmes à Saraya vers trois heures du soir.

Dans la plaine où ce village est situé, je vis des esclaves qui travaillaient à la préparation des terres : ils avaient avec eux un tambour pour les encourager, car dans quelques parties de ce vaste pays on ne fait rien qu'au son de la musique ; c'était le même tambour que nous avions entendu dans la matinée. Lamfia alla trouver un homme de sa connaissance, qui nous donna une case pour nous loger. A la nouvelle de l'arrivée d'un chérif arabe, les habitans vinrent en foule pour me voir, et me regardèrent avec curiosité ; ils avaient vu, disaient-ils, des *soulocas*[1], mais pas aussi blancs que moi. Lamfia s'empressa de leur raconter mon histoire : la case ne désemplit pas de toute la soirée. Mon parapluie, que je leur fis voir, piqua leur curiosité : ceux qui sortaient allaient annoncer cette nouvelle à leurs camarades, qui accouraient à leur tour. Nous fîmes un bon souper, que j'achetai pour environ trois coups de poudre.

Le 5 juin, nous séjournâmes à Bagaraya, pour

---

[1] Arabes ou Mahométans en général.

nous remettre un peu de nos fatigues ; j'avais mal aux pieds, car mes sandales me gênaient beaucoup.

Je visitai le village et ses environs. Il est entouré de deux murs en terre, de huit à neuf pieds d'élévation sur huit à dix pouces d'épaisseur ; on voit, au-dessus de la porte d'entrée, des créneaux placés à distances rapprochées pour y poser les fusils. Je remarquai aussi une petite guérite autour de laquelle il y a des trous qui s'ouvrent dans toutes les directions. Ce village, frontière de Baleya, est situé dans une belle plaine de sable très-unie, découverte et fertile ; j'ai vu de gros bombax, baobabs, nédés et cés : l'indigo y croît spontanément et sans culture ; ils se servent de sa feuille pour teindre leurs étoffes ; je parlerai plus loin de la manière de l'employer. Ils se procurent de l'eau en creusant dans le sable des puits de deux brasses de profondeur, dont l'eau, quoiqu'un peu trouble, est délicieuse. Ces bons nègres, tous Dhialonkés, continuèrent de venir me voir tout le jour ; ils me firent de petits présens de lait, et le chef m'envoya une poule que nous mangeâmes à notre souper. Je donnai à Lamfia des verroteries, pour acheter du riz et du miel, afin de régaler toute la caravane. Je m'aperçus que ce dernier gardait pour lui une partie de mes verroteries : comme ce n'était qu'une bagatelle, j'y fis peu d'attention. Je le priai de faire piler le riz pour en pétrir de petits gâteaux avec le miel que j'avais acheté et celui que me donnèrent les habitans. Lamfia et sa femme délayèrent avec leurs mains sales la farine, le miel et le piment en poudre; ils firent de petits pains ronds qu'ils manipulèrent fortement, ensuite les exposèrent au soleil : on les mit dans un sac de cuir, et nous les mangeâmes en route. Je fis, pour joindre à ma provision, emplette d'un peu de sel, qui commençait à devenir rare et très-cher. Les habitans me dirent que le village de Foho, résidence du chef de Baleya, se trouvait à un jour à l'E. N. E. du village, et qu'il fallait bien me donner garde d'y aller. « Il n'est pas musulman, disaient-ils, et il te ferait payer des droits de passe. » Aux environs du village, j'ai vu des pierres ferrugineuses : j'en cassai une, elle contenait beaucoup de particules de fer. Ces pierres se trouvent sur la surface du sol, qui est très-uni; les indigènes les fondent pour en fabriquer des instrumens aratoires, c'est-à-dire, des pioches de sept à huit pouces de long et trois de large; le bout est un peu rond ; le manche a deux pieds de long; il est très-incliné.

Le village de Saraya peut contenir de sept à huit cents habitans ; ils ont beaucoup de bœufs, qu'ils font coucher entre les deux murs qui entourent le village. On me dit que le grand fleuve passe à un jour au S. du village. On y prend du poisson que l'on fait sécher à la fumée, et dont on fait des sauces pour manger le riz; ils en font un objet de commerce. Toute la soirée, la jeunesse se réjouit en dansant au son du tambour de basque et d'un petit instrument fait en bambou : leurs danses sont gaies et décentes. Nous allâmes, mon guide et moi, faire visite au chef : il nous reçut très-bien, et fit tendre une peau de mouton pour m'asseoir. La porte de sa cour est ombragée par deux bombax. Dans la soirée, il nous envoya un assez bon souper de riz au gombo.

Le 6 juin, à six heures et demie du matin, nous fîmes, à l'E. S. E., sur une belle plaine de sable, quatre milles, toujours même sol. Nous passâmes près de Fausimoulaya, village entouré d'un mur en terre; la route est couverte de nédés et de cés. Nous traversâmes le Ba-ndiégué, qui coule dans une belle plaine ornée d'une verdure toujours renaissante; nous continuâmes deux milles même direction, sur une plaine unie, composée de terre rouge, où il y a beaucoup de gravier et de pierre également rouge, de la même nature que celle de Sierra-Leone.

Nous entrâmes au village de Sancougnan pour voir le chef; tout voyageur est obligé d'en faire autant : nous le trouvâmes couché sur une grande peau de bœuf, la tête appuyée sur une planche. Mon guide lui dit que j'étais chérif, et que je me rendais dans mon pays, près de la Mecque. Ce chef, que l'on disait ne pas être zélé musulman, nous fit une assez bonne réception; il me donna une très-belle case pour me loger, et me pria de passer le reste du jour dans son village. Lamfia rencontra le fils du chef de Kankan, zélé musulman, qui était venu à Baleya pour vendre un cheval; je m'empressai de faire connaissance avec lui, et lui donnai une feuille de papier. Il parla au chef de Sancougnan en ma faveur : car, disait-il, c'était un grand guerrier, pas trop dévot, qui pourrait bien me faire rançonner en passant. Après notre entrevue, qui eut lieu dans une espèce d'écurie où il était couché auprès de son cheval, nous allâmes à la case que l'on nous avait destinée : peu après on m'apporta, de la part du mansa ou chef, une calebasse de riz, de lait et de beurre fondu, le tout saupoudré de sel, que nous mangeâmes à notre dîner. J'eus soin de débiter dans ce village un mensonge propre à leur en imposer : je leur dis que M. Macaulay, négociant à Sierra-Leone, très-connu dans tout ce pays, avait voulu me retenir; qu'il m'avait fait la proposition de me faire des avances pour le commerce; que je l'avais rejetée, à cause de la grande répugnance que j'avais à rester avec les infidèles. Étant en présence du chef, je tirai quelques feuilles du Coran, que je lus tout haut pour me faire passer pour un zélé musulman. Un vieillard du Bondou, établi dans ce village, me prit des mains les feuilles du Coran, et voulut montrer son érudition; il marmotta quelques mots tout bas, en tenant les feuilles tantôt en travers, tantôt la tête en bas. J'eus l'imprudence de trop le remarquer, de rire un peu de son ignorance : il s'en aperçut, me remit sur-le-champ les feuilles du Coran, et resta après nous auprès du chef, auquel il fit entendre que j'étais un chrétien, et non pas un chérif comme le disait mon guide.

Dans la soirée, l'orage se fit entendre avec force, et il plut beaucoup toute la nuit. Le chef nous envoya un souper de riz, comme le précédent.

Le 7 juin, au matin, nous nous préparâmes à partir. Lamfia et moi, accompagnés du fils du chef de Kankan, nous allâmes voir le mansa de Sancougnan, à qui je fis présent de sept à huit coups de poudre et de quelques feuilles de tabac; Lamfia y joignit des noix de colats, que nous distribuâmes aux parens du chef. Ils étaient tous dans leur case enfumée : on voyait suspendus autour des murs, des arcs, des flèches, des carquois et des lances ; une jarre pour mettre de l'eau, une peau de bœuf et quelques nattes, composaient tout l'ameublement.

Nous sortîmes du village vers huit heures du matin. Bientôt nous fûmes joints par le mansa, suivi du Mandingue de Kankan, qui me servit bien dans cette occasion. Le chef nous dit que le vieux Bondouké assurait que j'étais un Européen, et non pas un Maure; que d'ailleurs j'étais trop blanc; que certainement nous voulions le tromper pour ne pas payer les droits de passe. Mon guide se distingua dans cette circonstance; il assura que j'étais du véritable pays des Arabes, patrie du prophète, et un grand chérif, ajoutant les mêmes preuves qu'il en avait déjà données aux autres incrédules que nous avions rencontrés. Le Mandingue de Kankan appuya fortement l'opinion de Lamfia, qui y mettait beaucoup de zèle, et demanda au chef s'il avait vu quelquefois un chrétien lire le Coran. Le mansa finit par dire qu'il reconnaissait que le vieux Bondouké était un menteur, et qu'il ne doutait plus que je ne fusse un véritable chérif; et me tendant la main en signe de paix, il me souhaita un bon voyage, et retourna dans son village. Nous continuâmes notre route à l'E. sur un sol de gravier et de pierres volcaniques, noires, cassantes et poreuses. Je réfléchissais en marchant à l'indiscrétion de ma conduite de la veille envers le Bondouké, qui s'était piqué contre moi, et qui avait cherché à en tirer vengeance; je me promis bien d'être par la suite plus circonspect avec les nègres, qui sont généralement ignorans, susceptibles et vindicatifs : j'avais blessé son amour-propre, et il est toujours dangereux d'offenser la vanité des ignorans.

Nous avions fait deux milles, lorsque nous arrivâmes à neuf heures et demie du matin à Courouman-Cambaya, village, comme Sancougnan, entouré d'un double mur; il peut contenir de cinq à six cents habitans. Mon guide avait beaucoup de connaissances dans ce village; il me dit qu'ici nous n'avions rien à craindre : « On ne te prendra pas, ajouta-t-il, pour un chrétien, comme là bas (en désignant Sancougnan); on en voulait à ton bagage, car ce sont des kaffres[1]; et sans le fils du chef de Kankan, nous n'en serions pas sortis si heureusement. » Nous nous rendîmes chez un de ses camarades d'école, qui nous donna une belle case pour nous loger; elle fut bientôt remplie par les habitans, attirés par la curiosité de voir un chérif. J'eus la visite d'un saracolet venant de Ségo et allant à Kakondy : il me parla maure; je lui fis un petit présent de quelques feuilles de tabac. Nous séjournâmes le 8 dans ce village; Lamfia fit des échanges de sel pour des étoffes. Toute cette journée, il fit une chaleur suffocante, qui fut suivie d'un violent orage et de beaucoup de pluie. Le 9, nous fûmes encore obligés de séjourner pour attendre plusieurs voyageurs qui devaient faire route avec nous. Quelques personnes m'apportèrent de petits présens de lait, et une poule qui servit à notre dîner. Notre hôte eut de nous un soin tout particulier. Je trouvais les habitans très-doux et hospitaliers : tous les soirs, ils dansaient au clair de la lune, assemblés sous un bombax; je les

---

[1] Le mot *kaffre* ou *kafir* veut dire infidèle et idolâtre.

voyais avec plaisir sauter gaiement au son d'un petit tambour de basque et d'un instrument fait en bambou, qui ressemble au flageolet, et dont ils tirent des sons très-harmonieux.

Le 10 juin, à sept heures du matin, nous prîmes congé de notre hôte, auquel je donnai en partant une feuille de papier et du tabac, pour lesquels il me combla de remerciemens. Nous nous dirigeâmes à l'E. trois milles, en traversant une plaine de sable gris, couverte du plus bel indigo, qui croît sans culture. Nous passâmes à Siraléa, gros village de six à huit cents habitans : nous allâmes voir le chef, qui heureusement était absent ; mon guide m'assura que, si nous l'eussions trouvé, j'aurais été obligé de lui donner beaucoup de marchandises.

Les environs de ce village sont bien cultivés : nous continuâmes au S. E. neuf milles, sur une belle route un peu inondée, car il pleuvait souvent. En chemin nous vîmes plusieurs jolis petits ourondés entourés de haies vives, qui embellissent la campagne : nous traversâmes, ayant de l'eau au-dessus du genou, deux ruisseaux qui coulaient au N. et allaient se perdre dans le Niger. Au N. E. de la route, on me fit apercevoir une chaîne de montagnes peu élevées, qui s'étend dans la direction du N. à l'E. : elle sépare le Baleya de Bouré ; ses bois sont habités par des brigands, qui arrêtent les voyageurs et les pillent sans miséricorde.

Nous fîmes trois milles au S. E. sur de belles terres unies et bien cultivées. Nous arrivâmes, à trois heures du soir, bien fatigués, à Bacocouda, village de cinq à six cents habitans, et le dernier à l'E. de Baleya. Mon guide et moi, nous allâmes voir le chef pour lui demander un logement; nous le trouvâmes assis sur une peau de bœuf tendue dans une grande case, entouré de marchands saracolets qui étaient arrivés la veille. J'avoue que je n'étais pas bien tranquille à la vue de tous ces marchands; c'étaient les mêmes qui avaient passé à Cambaya, dans le Fouta, et qui venaient de Gambie. Il y en eut un qui me parla la langue maure; je répondis à ses questions, et aussitôt le chef se leva et me conduisit dans une de ses cases: il nous donna une peau de mouton pour nous asseoir. Mon guide s'empressa de lui faire le détail de mes aventures; le chef l'écouta avec plaisir, et approuva ma résolution. Nous nous retirâmes, et allâmes à notre case, où le saracolet qui m'avait parlé arabe vint me trouver : il me dit qu'il m'avait pris d'abord pour un chrétien; mais qu'à présent il voyait bien qu'il s'était trompé; que certainement j'étais un Arabe. Mon saracolet parlait beaucoup, et cherchait à me flatter: je m'aperçus qu'il desirait quelque chose; je lui donnai un peu de tabac, et lui promis qu'à mon arrivée à Kankan, je lui ferais présent d'une paire de ciseaux. Il me proposa de me conduire à Ségo, d'où je pourrais, me dit-il, aller à Jenné, dans une embarcation. Je lui dis que je ne demandais pas mieux, et le congédiai. Le chef nous envoya à souper, et un habitant nous donna des ignames blanches bouillies. La soirée et une grande partie de la nuit furent employées par les habitans à des danses guerrières : on vint emprunter le fusil de mon guide. Les hommes du village dansaient au son de deux tambours ayant chacun un bâton de quatorze pouces, dont ils appuient une extrémité au fond, et l'autre sur le bord ; ils sont tenus par des cordes faites en boyau de mouton, et ressemblent un peu à une guitare ; à l'extrémité de ce bâton, il y a nombre de grelots, de boucles et de petits morceaux de fer, qui font entendre un cliquetis qui accompagne le son du tambour, ce qui produit un effet assez agréable. Les musiciens chantent en frappant avec la main sur le tambour ; ils excitent par leurs chants le courage des guerriers, qu'ils exhortent à bien se battre et à détruire les infidèles. Les acteurs de ces petites guerres tiennent un sabre nu à la main, et sont armés d'arcs et de fusils ; ils sautent et dansent au son des instrumens, font des gestes menaçans, comme s'ils voulaient tuer leurs adversaires, tirent des coups de fusil et lancent des flèches ; puis tout-à-coup, comme s'ils étaient vainqueurs, ils font des sauts et des danses en signe de réjouissance, et mille autres grimaces de ce genre. Ce spectacle attira la plus grande partie des habitans : je n'y restai qu'un moment, et puis je me retirai, car je craignais d'être insulté. Quand je fus dans ma case, Lamfia me dit que c'était l'image de la manière dont on fait la guerre aux infidèles.

CHAPITRE IX.

Description du Baleya. — Arrivée sur les bords du Dhioliba. — Couroussa. — Sambarala. — Bouré, pays montagneux, riche en or. — Traversée du fleuve. — La rivière d'Yendan. — Kankan. — Description de la ville. — Marché. — Or de Bouré. — Une fête religieuse. — Épreuve du feu. — Position critique du voyageur. — Maladies du pays.

Le Baleya est situé sur un sol composé de sable argileux, uni, mais de la plus grande fertilité; il produit en abondance tout ce qui est nécessaire à la vie.

Il a pour limites, à l'O., le Fouta; au S., le Sangaran, où passe le Dhioliba; à l'E., le petit pays d'Amana; et au N., des forêts. Tous les villages sont entourés d'un double mur en terre ayant des créneaux; ils ont dix à douze pieds d'élévation : ces villages contiennent de cent à cent vingt-cinq cases construites en paille.

Les habitans du Baleya furent soumis aux lois du prophète par les Foulahs; et depuis, ils font quelques présens en bestiaux à l'almamy du Fouta. Ils sont guerriers et cultivateurs : ils vivent dans l'abondance du nécessaire, qu'ils se procurent en cultivant la terre ; leurs bestiaux leur fournissent du beurre et du lait : ils fabriquent des toiles blanches qu'ils échangent avec leurs voisins, pour du sel, principal article d'échange; dans presque tous les villages, on fabrique de la poterie. Les habitans de Baleya sont Dhialonkés : quoique soumis à la religion de Mahomet, ils sont bien loin d'être aussi zélés que les Foulahs; ils boivent en secret une espèce de bière faite avec du mil et du miel. Lamfia me dit qu'anciennement ils étaient possesseurs du pays de Fouta-Dhialon. Les femmes y sont vives, jolies et coquettes : elles mettent beaucoup de soins à leur coiffure, qui consiste en deux touffes de cheveux, une de chaque côté de la tête; plusieurs en ont quatre; elles y ajoutent des grains de verre de couleur, artistement arrangés. Elles portent au cou un collier de petits grains de verre noirs, parmi lesquels elles mettent un peu de verroterie dorée ; ce collier est large de trois doigts, et leur serre le cou comme une cravate. Leur coiffure serait agréable, si leurs cheveux n'étaient couverts d'une couche de beurre, dont elles se graissent aussi le corps, ce qui leur rend la peau luisante, et leur donne une odeur forte. La plupart des femmes n'ont pour vêtement qu'une bande de toile de cinq pieds de long et deux de large, qu'elles se tournent autour des reins; pendant les jours de fête, elles en mettent une seconde sur leurs épaules, et se couvrent le sein : elles portent aussi des sandales. C'est à-peu-près le costume général des femmes de la Nigritie. Elles sont très-enjouées et douces; elles ont le teint fort noir, de beaux traits, les cheveux crépus, le nez légèrement aquilin, les lèvres minces et de grands yeux : elles sont chargées de tout l'ouvrage de la maison, et sont très-soumises à leurs maris.

Le 11 juin, après avoir pris congé du chef, auquel je donnai trois feuilles de tabac, qui parurent le satisfaire, nous nous mîmes en route au S. E. Les marchands saracolets, qui avaient des ânes pour porter leurs marchandises, prirent les devans, pour passer plusieurs ruisseaux qui devaient retarder leur marche. Il fit une chaleur très-forte, et nous eûmes de l'orage; l'air était lourd, et l'atmosphère chargée de nuages. La fièvre me prit en route, et, malgré la chaleur, j'eus des frissons qui m'incommodèrent beaucoup. Après avoir passé les ruisseaux, ayant de l'eau au-dessus du genou, nous joignîmes les saracolets; ils firent marché avec plusieurs Mandingues pour porter une partie de leurs bagages, car ils étaient très-chargés. Je m'aperçus que le sol était en pente du côté de l'E.; nous continuâmes de suivre la même direction. Le chef des saracolets le plus ancien resta le dernier; et avant de se mettre en route, il traça quelques caractères arabes sur le sol, marmotta des prières, et nous assura que nous pouvions continuer notre route sans danger, qu'il ne nous arriverait rien de malheureux. Le sol est un peu boisé; le nédé et le cé y sont en abondance; la route était couverte de gravier. Vers deux heures du soir, nous arrivâmes à Couroussa, village d'Amana, situé sur la rive gauche du Dhioliba : un peu avant d'arriver, l'orage nous surprit; mon parapluie et les arbres sous lesquels nous étions à l'abri me préservèrent un peu. Nous avions fait quatorze milles au S. E. et nous étions tous bien fatigués. Lamfia me mena avec lui prendre notre logement chez le chef, qui nous fit une bonne réception; il nous donna une belle case, et fit tendre une peau de bœuf pour nous coucher. J'achetai une poule pour deux coups de poudre; elle servit à notre souper. La fièvre m'avait quitté; il ne me restait plus qu'un grand mal de tête. Je courus bien vîte sur les bords du fleuve, qui depuis si long-temps était l'objet de mes desirs; je le vis venant du S. O. 1/4 S.; il coule lentement à l'E. N. E. l'espace de quelques milles, puis il tourne à l'E. J'aperçus, un peu au N. du village, un banc de sable qui se rapproche près de la rive gauche; le canal pour les pirogues est plus du côté de la rive droite. Je m'assis un moment, pour contempler à l'aise ce fleuve mystérieux, dont les savans d'Europe sont si curieux de connaître les particularités.

Sur la rive gauche, et assez près au N. du village, on voit de petites montagnes de cent cinquante à deux cents pieds d'élévation, couvertes de jeunes arbrisseaux ; la terre m'en a paru rouge et de même nature que celle de Sierra-Leone. Quelques forgerons sont établis auprès de ces petites montagnes ; ils exploitent et fondent le fer qu'ils y trouvent en quantité. Ces montagnes s'étendent dans la direction du N. E. ; il y en a aussi sur la rive droite, mais elles sont peu élevées. L'air devint frais, et je retournai à la case ; la nuit, il plut beaucoup.

Le 12, nous séjournâmes à Couroussa. Nous eûmes un fort orage, accompagné d'un vent d'Est qui occasionnait une chaleur étouffante ; il vint plusieurs grosses ondées dans les intervalles d'une averse à l'autre. Je retournai sur les bords du fleuve ; je ne pouvais me lasser de l'admirer. J'examinai son courant, qui peut avoir environ deux milles et demi ou trois milles à l'heure : il a dans cette saison huit à neuf pieds de profondeur ; je le jugeai d'après la longue perche avec laquelle les mariniers poussent les pirogues[1] : je l'estimai dans cet endroit aussi large que le Sénégal l'est à Podor. La rive droite est plus basse que la gauche, sur laquelle est située le village, à une élévation de près d'un vingtième de mille au-dessus

---

(1) Les mariniers qui naviguent sur le fleuve s'appellent *sognios*.

du rivage. Je remarquai, dans l'intérieur du village, plusieurs gros bombax à l'ombre desquels les vieillards se rassemblent, pour passer une partie de la journée à converser. Ces peuples prennent beaucoup de tabac en poudre : ils ne le prennent pas comme en Europe avec les doigts; les uns se servent d'un petit pinceau, et d'autres d'une petite cuiller en fer, de la forme d'un cure-oreille; ils ne font pas usage de la pipe. Les nègres me dirent que le fleuve commence à déborder en juillet, et qu'alors ils vont en pirogue l'espace de trois milles dans la plaine, où ils cultivent beaucoup de riz. Le banc de sable que j'avais vu à découvert la veille, ne paraissait plus le jour suivant.

Couroussa est un joli petit village entouré d'un grand mur en terre, de dix à douze pieds d'élévation et de huit à dix pouces d'épaisseur : il peut contenir quatre à cinq cents habitans. Je remarquai que des milliers d'hirondelles, de la même espèce que celles que l'on voit en Europe, faisaient leurs nids dans ce mur; elles étaient rassemblées par troupes sur de grands arbres, et je pensai qu'elles se préparaient à partir. On entre à Couroussa par plusieurs portes étroites et basses; elles ferment avec une planche faite d'un seul arbre. La ville est ombragée par des bombax et des baobabs, et elle est chef-lieu de cinq petits villages situés sur les rives du Dhioliba. On nomme ce pays *Amana*. Les habitans sont Dhialonkés, la plupart idolâtres : ils ne voyagent pas; ils vivent paisiblement en cultivant leurs petits champs, que fertilisent les débordemens du fleuve Ils prennent beaucoup de poisson avec des hameçons qui leur sont fournis par les voyageurs venant de nos établissemens de la côte : ils se servent aussi de la fouène, instrument à trois branches et à dard avec des dents de scie; cette fouène est emmanchée d'un grand morceau de bois; ils l'emploient avec beaucoup d'adresse. Je vis une espèce de poisson qui ressemble à la carpe, ayant de même beaucoup d'arêtes : ils le font sécher à la fumée, et en vendent à leurs voisins et aux marchands qui passent chez eux.

Bouré est à une distance de cinq jours en descendant le fleuve en pirogue. Voici la distribution du chemin : de Couroussa à Cabarala, un jour; de Cabarala à Balatou, un jour; de Balatou au village Dhialiba, un jour; de Dhialiba à Boun-Bouriman, un jour; de Boun-Bouriman à Bouré, un jour, en remontant un peu le Tankisso pour y arriver.

Bouré est un pays montagneux, qui contient quantité de riches mines d'or, d'après le rapport que m'ont fait les naturels : j'en parlerai plus au long dans son temps. Dans la soirée, mon guide et moi nous allâmes faire une visite au chef, que l'on me dit être un grand guerrier, redouté de ses voisins. Nous le trouvâmes seul et assis dans sa case, tenant une flèche à laquelle il ajustait un dard; je remarquai quantité d'arcs, de carquois et de flèches suspendus dans divers endroits de la case. Il nous fit asseoir sur une peau de bœuf, et Lamfia causa avec lui; la conversation roula sur moi : il nous promit que le lendemain nous traverserions le fleuve; ce sont ses esclaves qui passent les voyageurs; il perçoit des droits en marchandises d'Europe, telles que poudre, tabac, couteaux, ciseaux, etc., ainsi que du sel; ces droits l'enrichissent beaucoup. Il me dit qu'en faveur de ma qualité de chérif, il me faisait grâce du passage. Ce chef pouvait avoir une cinquantaine d'années, taille de cinq pieds et quelques pouces, une physionomie très-douce et même agréable.

En rentrant dans notre case, nous achetâmes du poisson frais pour notre souper: c'était une espèce de carpe, longue de huit pouces sur quatre ou cinq de large; elle contenait beaucoup d'arêtes. La nourriture habituelle des habitans est du riz cuit à l'eau, sans sel, auquel ils ajoutent une sauce faite avec du poisson sec pilé; ils en mangent aussi du frais : avec le foigné ils font une bouillie très-épaisse, qu'ils nomment *tau* (sanglé du Sénégal); ils mangent leur tau avec une sauce aux herbes ou aux pistaches, fruit qu'ils cultivent beaucoup. Comme le sel commence à être très-cher, ils n'en font usage que les jours de fête ou de réjouissance. Ils récoltent beaucoup de nédés, et des fruits de cés avec lesquels ils font du beurre; je remarquai des tas de ces graines fraîchement récoltées, exposées à la pluie, et qui commençaient déjà à germer.

Le 13 juin, nous traversâmes le fleuve dans des pirogues de vingt-cinq pieds de long sur trois de large et un de profondeur : il y avait beaucoup de monde au passage; tous disputaient sur le prix qu'on leur demandait, voulaient passer les premiers, et parlaient tous à-la-fois, en sorte que personne ne s'entendait; ils faisaient un bruit assourdissant. Les saracolets eurent beaucoup de peine à faire embarquer leurs ânes dans les pirogues : ceux qui étaient passés tiraient nombre de coups de fusil, en signe de réjouissance, ce qui ajoutait encore au tapage que les nègres faisaient en disputant. Je fus obligé de rester au soleil toute la matinée; car les bords du rivage sont si découverts, qu'il n'y avait sur la rive gauche qu'un seul arbre, un gros bombax, sous lequel on se mettait à l'ombre; mais il y avait tant de monde dessous, que je ne pus m'y placer. Pendant notre passage, je vis une quantité de femmes et de jeunes filles se baigner dans le fleuve; elles étaient toutes nues, et paraissaient ne pas faire beaucoup d'attention aux hommes qui les regardaient; elles s'en retournèrent au village avec une calebasse sur la tête, et une pagne autour des reins. Il n'y avait que quatre pirogues pour passer au moins deux cent cinquante à trois cents personnes avec leur bagage ; il était près de onze heures lorsque nous fûmes tous sur la rive droite. La chaleur excessive m'occasionna un grand mal de tête et la fièvre. Nous fîmes route au S. E. sur de bonnes terres, laissant derrière nous quelques marchands qui n'avaient pas encore traversé le fleuve : j'avais une peine infinie à marcher, tant j'étais accablé par le mal. La chaleur était trèsforte, et j'ouvris mon parapluie pour me préserver des rayons brûlans du soleil ; plusieurs de mes compagnons de voyage me conseillèrent de le fermer en passant près des villages, pour, disaient-ils, ne pas éveiller la cupidité des caffres (infidèles). Nous continuâmes à l'E. ; la route était inondée, et nous avions dans plusieurs endroits de l'eau jusqu'à la cheville : nous passâmes auprès de Sambarala, village situé sur les bords du fleuve ; il est entouré de nédés et de cés. Nous continuâmes ensuite à marcher sur un sol sablonneux couvert d'une belle végétation ; je vis beaucoup de tamariniers. Nous arrivâmes vers trois heures à Counancodo, où je vis de beaux orangers : nous avions fait neuf milles dans la journée.

J'avais témoigné à Lamfia le desir d'avoir du tamarin pour traiter ma fièvre : il s'empressa d'envoyer son frère en chercher dans le bois voisin ; mais celui-ci me rapporta des feuilles au lieu du fruit, qui eût été plus efficace ; il ne m'avait pas compris. Nous ne pûmes pas nous procurer du lait ; car les saracolets qui nous avaient devancés, avaient acheté tout ce qu'il y avait dans le village. La fièvre ne m'avait pas quitté pendant toute la route ; je fis acheter une poule pour un peu de poudre, afin de me remettre un peu de mes fatigues. Notre caravane était composée de soixante à quatre-vingts hommes : les uns portaient des fardeaux ; plusieurs autres conduisaient des ânes, et le plus petit nombre marchait dégagé de tout embarras. Un de nos compagnons avait un esclave qu'il me dit avoir eu de Sierra-Leone ; il craignait qu'il ne désertât, et il me pria de lui faire un amulette pour l'en empêcher : sa demande était très-instante ; il m'offrit sur-le-champ de me procurer de l'encre et du papier : comme je ne voulais pas écrire en caractères européens pour ne pas éveiller leurs soupçons, je lui fis observer qu'ayant quitté mon pays très-jeune, je ne savais pas faire de grigris, et je l'engageai à s'adresser à quelqu'un de plus savant que moi. Le lendemain, je remarquai ce malheureux esclave ayant sur la tête une charge qu'il avait peine à porter ; il était attaché par le pied avec une corde faite d'écorce d'arbre, amarrée à son fardeau ; il était dans l'impossibilité de la couper, car son prudent et soupçonneux maître avait eu soin de ne pas lui laisser de couteau.

Notre hôte nous envoya un bon souper de riz, que je joignis à ma poule. Toute la soirée, et bien avant dans la nuit, les jeunes nègres et négresses se divertirent en sautant gaiement au son du tamtam; leur danse est bien plus décente que celle des nègres ouolofs qui habitent les environs du Sénégal.

Le 14 juin, à sept heures du matin, la caravane se mit en route : nous nous dirigeâmes au S. S. E.; après avoir fait trois milles dans cette direction, nous passâmes près du fleuve, et, continuant à marcher à l'E. l'espace de six milles, nous fîmes au N. un demi-mille pour arriver à Fessadougou; vers midi, nous y fîmes halte. Ce village peut contenir de trois à quatre cents habitans; il est situé sur les bords d'une jolie rivière, dont la largeur est moitié de celle du Dhioliba à Couroussa : je crus d'abord que c'était un affluent ou bras de ce fleuve; mais j'observai que son courant, qui pouvait être d'environ trois milles et demi à l'heure, venait du S. et coulait au N. D'après les renseignemens que me donnèrent les Mandingues, elle se perd dans le Dhioliba, à peu de distance de cet endroit. Ses rives sont très-basses et découvertes: on nomme cette rivière *Yendan*. A cinq à six milles dans l'éloignement, sur les deux rives, il y a quelques terres élevées. Ce village fait partie du Sangaran.

La route de la journée était partie sablonneuse et partie couverte de pierres rouges et poreuses; la campagne est garnie de grands arbres qui la rendent très-agréable. Les environs de Fessadougou sont boisés de nédés et de cés; on ne laisse dans les campagnes cultivées que ces deux espèces d'arbres, qui y sont d'une très-grande utilité : je vis aux environs du village des terres très-bien soignées. Notre hôte nous envoya à souper.

Le 15 juin, après avoir payé notre écot avec un peu de tabac et de sel, ainsi que nous le fîmes pendant toute la route depuis Cambaya, nous traversâmes la rivière dans des pirogues : il était près de dix heures lorsque nous arrivâmes sur la rive droite; nous nous dirigeâmes au S. E., et fîmes quatre milles sur un sol couvert de gravier. J'avais toujours la fièvre; elle m'avait cependant laissé un peu de repos dans la nuit.

La chaleur étoit très-forte, et le soleil très-ardent: mon guide voulut absolument que je me servisse de mon parapluie pour me préserver de ses rayons; il avait la complaisance de le prendre et de le fermer près des lieux habités. Il était près de onze heures et demie, lorsque nous fîmes halte à Farancou-Manbata; ce village peut contenir de trois cent cinquante à quatre cents habitans. Nous avions le lendemain une longue route à faire sans trouver de villages. L'orage se déclara un peu après notre arrivée; il plut beaucoup.

Le 16 juin, à sept heures du matin, nous nous

mîmes en route, et fîmes vingt-deux milles dans la même direction, en traversant plusieurs petits ruisseaux. Le sol est uni, composé de pierres rouges à fleur de terre et de gravier ; cependant quelques petites montagnes peu élevées s'étendent à l'E. et à l'O.

Vers quatre heures et demie du soir, nous fîmes halte sous des cahutes faites en branches d'arbre et couvertes de paille : notre marche de la journée fut accélérée; nous courions plutôt que nous ne marchions; on voulait arriver le lendemain à Kankan. Nous rencontrâmes sur la route beaucoup de marchands mandingues allant dans le Fouta-Dhialon; ils me regardèrent tous avec beaucoup de surprise, mais ils ne s'informèrent pas si j'étais maure ou chrétien. Les saracolets allèrent plus vîte que nous; ils voulaient se rendre, disaient-ils, à l'ourondé de Kankan (village d'esclaves). Mon guide, lorsque je lui témoignai le desir d'y aller aussi, me dit que c'était trop loin : il est vrai que nous étions très-fatigués de cette marche forcée; j'eus le bonheur ce jour-là de n'avoir pas de fièvre. Dans la soirée, il fit de l'orage et des éclairs, mais sans pluie; nous soupâmes de bon appétit, et, quoique couchés sur les roches avec un peu de paille, nous passâmes une assez bonne nuit.

Le 17 juin, à cinq heures et demie du matin, nous fîmes route au S. : après avoir marché trois milles et demi, nous arrivâmes auprès de l'ourondé, où nous joignîmes les saracolets qui faisaient route pour Kankan. Je vis, dans la campagne, de beaux champs d'ignames cultivés avec beaucoup de soin, de pistaches et de maïs; le foigné était déjà bien avancé. Nous passâmes ensuite dans une belle plaine : j'apercevais dans l'éloignement quelques petits monticules; je remarquai que la pente inclinait un peu à l'E. N. E. Les nègres couraient après nous, pour voir la caravane. Nous avions fait quatre milles et demi au S. S. E. Dans quelques endroits, la terre est rouge, très-productive, et mêlée d'un peu de gravier; la campagne est couverte de cés et de nédés. Nous traversâmes un petit ruisseau, et nous arrivâmes, vers dix heures, à la ville chef-lieu de Kankan; mon guide voulut à toute force que j'ouvrisse mon parapluie pour faire mon entrée dans sa ville natale. Nous rencontrâmes en route des Mandingues à cheval, mis très-proprement : ils avaient de grands chapeaux de paille fabriqués dans le pays; ces chapeaux sont de forme ronde, comme ceux que portent les paysans en France; on m'apprit que ces Mandingues allaient aux champs surveiller leurs esclaves. Lamfia me donna une case chez lui; il fit loger avec moi un Foulah qui avait voyagé avec nous, et venait à Kankan échanger du sel contre des étoffes du pays. Toute la famille accourut saluer le chef, qui était absent depuis long-temps; il envoya chercher du lait aigre, qu'il m'offrit pour me rafraîchir. Toute la soirée, la foule vint dans la cour de Lamfia voir le chérif arabe ; j'eus la visite de plusieurs Mandingues distingués, et d'un bon vieux Maure établi dans le pays depuis long-temps. Je restai trois jours dans ma cabane, sans sortir, pour me reposer de mes fatigues, et prendre quelques doses de sulfate de quinine pour couper ma fièvre. Le 20, j'allai avec Lamfia et quelques vieillards voir le chef, que les Mandingues de cette partie de l'Afrique appellent *dougou-tigui* : il était prévenu de mon arrivée ; il me reçut très-bien, et me fit asseoir sur une peau de bœuf. Je lui demandai la permission de passer dans son pays, pour aller à Jenné : il me dit qu'il me ferait conduire par la première occasion. Je laissai Lamfia s'expliquer pour moi (car je ne parlais que très-peu la langue du pays); il s'empressa de lui faire un détail bien circonstancié des fables que j'avais fait courir concernant la manière dont j'avais été pris par les chrétiens. Ce bon vieillard (Mamadi-Sanici est son nom) était le père du Mandingue qui m'avait si bien servi à Sancougnan lors de l'aventure du vieux Bondouké. Nous prîmes congé du chef, et retournâmes à notre demeure dans la case que m'avait donnée mon guide : on avait tendu une peau de bœuf qui me servait de lit; et une grande jarre en terre, dans laquelle il y avait du foigné, composait tout l'ameublement. Lorsqu'il se trouvait dans le village quelques esprits soupçonneux qui disaient que j'étais un chrétien et que ma figure ne ressemblait pas du tout à celle d'un Maure, Lamfia prenait fortement mon parti, et se fâchait même contre ceux qui cherchaient à me nuire. Il avait de moi un soin tout particulier; nous mangions ensemble, et deux fois par jour on nous donnait de très-bon riz avec une sauce aux pistaches dans laquelle il y avait beaucoup d'ognons, qui viennent très-bien dans le pays : tous les soirs il avait soin de faire allumer du feu dans ma case; habitude très-répandue dans le pays ; ils en conservent la nuit, même dans toutes les saisons. Le jour de mon arrivée chez lui, je lui fis un joli cadeau pour reconnaître les soins qu'il avait eus de moi en route : ce présent se composait d'une brasse de belle guinée bleue qu'il m'avait déjà témoigné desirer, trois brasses de belle indienne, et six feuilles de papier : il parut très-content, me remercia beaucoup, et me promit qu'il viendrait me conduire jusque dans le Ouassoulo; je sus par la suite qu'il y était appelé par ses propres affaires. Il passait une partie de la journée auprès de moi dans ma case; c'était, disait-il, pour ne pas me laisser seul avec les étrangers qui venaient continuellement me voir; il s'occupait à coudre ensemble des lèzes d'étoffes du pays.

Le chef de Kankan me fit appeler le jour du marché. En entrant avec mon guide dans la case de Mamadi-Sanici, je vis beaucoup de vieillards rassemblés ; ils étaient tous mis très-proprement : on nous fit asseoir sur une peau de bœuf. J'avoue que je n'étais pas tranquille, mais très-impatient de savoir la décision qu'on allait prendre sur le sort d'un Arabe que plusieurs d'entre eux disaient être un chrétien. On fit d'abord une courte prière ; puis on questionna mon guide sur la manière dont il m'avait connu : il parla beaucoup, et dit que le chef de Cambaya m'avait mis entre ses mains pour me rendre à Kankan auprès de Mamadi-Sanici ; que je desirais aller à Jenné pour me rendre à la Mecque, mon pays natal : il fit valoir surtout, et avec avantage, que M. Macaulay, roi des blancs à Sierra-Leone (selon l'expression des nègres), avait voulu me retenir auprès de lui pour y faire le commerce ; mais que j'avais repoussé l'idée affreuse de rester chez les infidèles. Alors ils me demandèrent le nom de mes père et mère, s'ils existaient encore, si j'avais d'autres parens, et enfin si je les reconnaîtrais lors de mon arrivée dans mon pays : je leur répondis qu'ayant quitté l'Égypte très-jeune, j'ignorais quel était le sort de mes parens, et si j'avais eu le bonheur de les conserver. Après avoir pris tous ces renseignemens, ils s'entretinrent entre eux un moment, puis me congédièrent avec mon hôte, en me disant qu'il fallait rester chez Lamfia, à qui le chef Mamadi-Sanici avait eu soin de me recommander.

En sortant de l'assemblée, je demandai à mon guide quel parti on avait pris relativement à mon passage dans le pays : il me dit que l'on avait arrêté que la route de Ouassoulo me convenait mieux que celle de Bouré, parce que ce pays était en guerre avec Kankan; qu'un homme des leurs avait été tué sur cette route, et que l'on devait me faire conduire dans le Ouassoulo par la première occasion, d'où je prendrais ensuite le chemin que je préférerais, soit par Ségo, soit par Sambatikila, pour me rendre à Jenné. Je fus assez satisfait de cette décision, et je retournai à ma case, où je pris quelques verroteries pour aller au marché acheter un peu de lait.

Le 22 juin, j'allai à la mosquée, accompagné de mon guide : cet édifice consiste en un bâtiment carré, construit en terre, avec trois portes d'entrée, à l'O., au N. et au S. Il y a plusieurs avenues formées par de gros piquets qui en soutiennent le toit; il est d'une construction informe, et loin d'être aussi bien que les mosquées en paille du Fouta-Dhialon. La prière fut très-courte; mais l'almamy, chef de la religion, fit lecture de quelques passages du Coran. Tous les assistans étaient vêtus avec une très-grande propreté. Les femmes ont aussi une mosquée particulière, où elles font leurs prières; car il ne leur est pas permis d'entrer dans celle des hommes; je m'aperçus qu'elle n'était pas très-fréquentée. Au sortir de la prière, je vis des vieillards bien vêtus se réunir sous la mosquée des femmes, qui est construite en paille et très-aérée; on me fit appeler avec mon guide, et on nous fit asseoir tous deux au milieu de l'assemblée. On pria Lamfia de rappeler de nouveau les circonstances qui m'avaient engagé à traverser le pays : les paroles de mon guide étaient répétées à haute voix par un crieur, pour que ceux qui étaient assis dehors pussent entendre ce qu'il disait. Lorsqu'il eut fini de parler, l'un des vieillards me demanda si je n'avais plus rien à faire dire, ou plutôt si ce que Lamfia annonçait était bien vrai; je donnai mon assentiment. Alors on fit appeler le saracolet parlant arabe, et qui avait fait route avec nous depuis Baleya; je répétai en arabe tout ce que mon guide venait d'annoncer : on engageait le saracolet à me faire beaucoup de questions; mais il s'en dispensa, en disant que l'arabe qu'on parlait dans mon pays ne ressemblait pas du tout à celui qu'il entendait. On fit l'apologie de Lamfia, et l'on approuva beaucoup la conduite qu'il avait tenue à mon égard ; ils convinrent à l'unanimité que j'étais un vrai musulman, et que l'on me donnerait assistance si j'en avais besoin. Ce rassemblement n'avait eu lieu que pour prévenir tous les habitans de mon passage dans le pays, et des circonstances qui l'occasionnaient. De cette façon, je n'avais plus rien à craindre de ceux qui me prenaient pour un Européen. Cette assemblée se composait de mille à douze cents personnes, toutes mises avec la plus grande propreté; il y en avait beaucoup plus dehors que dans la mosquée, qui est très-grande. On nous dit que nous pouvions nous retirer, ce que nous fîmes sans nous faire prier. Mais, depuis cet interrogatoire, pour éviter de faire naître des soupçons, je me rendais souvent à la mosquée; et lorsqu'il entrait quelqu'un dans ma case, j'avais la précaution de tenir à la main une feuille du Coran. Je voyais souvent mon saracolet, à qui je donnai une paire de ciseaux que je lui avais promise en route; il me faisait très-bonne mine, et avait envie de m'emmener avec lui à Ségo. Je pensais qu'il avait l'espoir de tirer de moi de nouveaux présens; peut-être étais-je trop prévenu contre lui; il séjournait à Kankan avec ses camarades pendant quelques jours pour se reposer. Non-seulement la route de Ségo ne me convenait pas, parce que je craignais d'y être reconnu; mais ensuite, en y allant, je me voyais forcé de renoncer à Jenné, où je desirais me rendre, à cause de la guerre continuelle entre ces deux pays. J'ajouterai encore que les soins assidus du saracolet me déplaisaient; sa complaisance me paraissait suspecte, et je me décidai à ne point mettre sa probité à l'épreuve, presque persuadé que j'en serais la dupe : je le laissai donc partir pour Kankari, où il devait aller pour s'embarquer sur une rivière qui se perd dans le Dhioliba, et de là se rendre à Ségo. Je me décidai, d'après les conseils du bon vieux Maure Mohammed, qui connaissait parfaitement le pays, à prendre la route de Sambatikila, d'où je me rendrais à Jenné avec plus de sûreté. On me dit que ceux qui allaient en pélerinage à la Mecque prenaient toujours cette route; on me cita même un Foulah du Fouta-Toro qui avait traversé le Bondou, une partie du Fouta-Dhialon, Baleya et Kankan pour aller à Sambatikila et se rendre à Jenné, plutôt que de passer dans le pays de Kaarta et de Ségo. Je n'attendais qu'un guide ou une occasion favorable pour en profiter.

Le 23 juin, j'eus la visite de mon saracolet, qui venait s'informer de ma santé; il me demanda pourquoi je ne venais pas le voir dans sa case : il s'assit auprès de moi sur une peau de mouton; et après les complimens d'usage, il me remit un morceau de papier écrit en arabe; il m'assura qu'en gardant ce gri-gri, je pouvais voyager avec sécurité, sans craindre les maladies; j'acceptai avec reconnaissance et empressement ce précieux talisman, que je payai de quelques coups de poudre.

Le 24 juin, mon saracolet revint de nouveau : il me pria de lui écrire un charme pour avoir des richesses comme les blancs. Je lui dis qu'ayant quitté mon pays très-jeune, je ne savais pas en faire; que si j'avais ce talent, je m'en servirais pour moi; que cependant je pouvais lui donner un bon conseil pour devenir riche comme il le desirait; et lui rappelant qu'il m'avait souvent parlé des mines d'or de Kankari, j'ajoutai que je l'engageais à s'y arrêter quelques jours, à faire fouiller la mine par son esclave, et, lorsqu'il aurait une certaine quantité d'or, à aller le porter chez les chrétiens; qu'avec ce talisman il aurait tout ce qu'il pouvoit desirer; que c'était donc le meilleur à employer. Il rit beaucoup de cette manière de se procurer des talismans, disant qu'il la connaissait bien, mais qu'elle était d'une exécution trop difficile. Par ce moyen, je me débarrassai de cet importun, et je tirai ma petite vengeance du mensonge qu'il m'avait fait pour m'emmener avec lui à Kankari; car l'on m'avait assuré qu'il n'y avait aucune trace de mine d'or dans cette ville.

Le 25 juin, je visitai mon bagage, qui n'était pas renfermé: je m'aperçus que l'on m'avait volé une partie de mon papier; j'en prévins Lamfia, qui continuait d'avoir pour moi tant d'égards, que je n'osais le soupçonner. Il prit d'abord l'air étonné, protesta que ce n'était pas lui; il alla chercher les objets que je lui avais donnés, les mit entre les mains d'un nègre qui était dans ma case, pour me les rendre: mais je refusai de les accepter, assurant que j'avais trop de confiance en lui pour le soupçonner de ce vol. Après un moment de réflexion, il me dit qu'il avait vu le Foulah qui avait logé dans ma case chercher dans mes effets; qu'il l'avait fortement grondé, et lui avait défendu de toucher une autre fois aux effets de l'Arabe. Le pauvre Foulah qu'il accusait était parti depuis trois jours pour retourner dans son pays. Je passai sous silence cette filouterie. Dans la soirée, j'allai avec lui voir un nègre mandingue arrivant de Jenné: cet homme avait les cheveux pleins de fumier, comme la laine d'un mouton qui aurait couché six mois sur la même litière; et cependant il avait un air à prétention et paraissait content de sa personne; il remuait la tête de côté et d'autre, agitait ses cheveux qui étaient longs et en tresses. Je m'assis avec mon guide auprès de lui; il me regarda d'abord avec curiosité, et semblait douter que je fusse Arabe: on lui apprit d'où je venais et que j'avais le désir de me rendre à Jenné. Je m'informai de la distance de cette ville à Kankan, et des peuples qui habitaient sur la route; il m'assura affirmativement qu'il y avait trois mois et dix jours de marche continuelle: comme je lui fis observer que l'on devait s'arrêter pour se reposer, il m'attesta le contraire, et dit que les caravanes marchaient tous les jours, et que la plus grande partie des peuples chez lesquels je devais passer étaient idolâtres; que je verrais peu de musulmans: il ajouta aussi que j'aurais bien des difficultés à vaincre, et que les nègres me prendraient pour un blanc; qu'ils n'aiment pas les hommes de cette couleur. Quant aux difficultés qu'il m'annonçait, je m'y attendais, et j'étais décidé à les surmonter; mais j'étais effrayé par la longueur du chemin qu'il fallait faire à pied : cependant je réfléchis bientôt que les nègres ne comptent jamais le temps qu'ils mettent dans leurs voyages, et que celui-ci ne savait sûrement pas le nombre de jours qu'il avait mis pour effectuer son retour. Je voulais partir le plus tôt possible, avant que les pluies fussent plus fortes; mais il me fallait un guide, et je ne pus trouver personne qui voulût m'accompagner à Sambatikila, quoique je promisse un très-joli cadeau en paiement. On m'engagea à attendre l'occasion qui se présenterait bientôt, ajoutant qu'il y avait beaucoup de communications entre le Kankan et le pays où je voulais aller.

Le 29 juin, les saracolets et quelques Mandingues se réunirent pour traverser les bois qui séparent Kankan du Ouassoulo : mon homme aux grigris vint me voir, et me demanda si j'étais disposé à partir avec lui, ajoutant que de long-temps je ne trouverais une occasion aussi favorable pour traverser les bois du Ouassoulo, qui sont infestés de voleurs; je lui fis part de la résolution que j'avais prise de me rendre à Sambatikila, pour aller à Jenné; il s'informa auprès de quelques Mandingues si cette route qu'il ne connaissait pas était bien convenable à mes desseins, et me fit ses adieux. Je me trouvai bien aise d'être débarrassé de lui. Peut-être, comme je l'ai dit plus haut, étais-je trop prévenu contre les saracolets, à cause de la conduite que je les avais vus tenir à Sierra-Leone : quant à celui-ci, il paraissait assez doux; il pouvait bien ne pas être aussi coquin que ses camarades ; mais on ne peut commander la confiance.

Comme je me disposais à profiter de la première occasion pour partir, je me défis d'une partie de mes marchandises pour alléger mon bagage : je fis vendre un baril de poudre et une pièce de guinée; le reste étant soieries, verroteries, ambre, corail, je les gardai pour les emporter: Je me défis des premières à 60 p. o/o de bénéfice, parce que je ne voulais prendre pour paiement que de l'or, et que cet article était très-rare dans le pays, depuis la guerre entre les gens de Bouré et de Kankan, qui intercepte toute communication entre ces deux peuples. Je ne parlais pas assez mandingue pour effectuer moi-même la vente ; je chargeai Lamfia de faire ce marché pour moi : il me dit que, pour assurer la vente de ses marchandises, il avait coutume d'écrire un grigri sur une planchette sur laquelle les écoliers écrivent ordinairement; puis qu'il lavait l'écriture, et arrosait avec l'eau les objets à vendre: par ce moyen les bénéfices étaient toujours très-considérables. Au reste, je crois qu'il s'entendait avec les personnes qui achetèrent ma poudre et ma guinée, et qu'il fit un petit bénéfice. Il témoigna le desir d'échanger mon tabac contre quelques mauvaises verroteries, desquelles il ne pouvait se défaire avantageusement ; il m'assura, sans doute pour me décider, que dans le pays où j'allais passer, le tabac n'avait pas de prix, et que ces verroteries, au contraire, se vendaient très-bien ; pour me débarrasser encore, je fis cet échange, dans lequel je remarquai qu'il cherchait à me tromper sur mon tabac, auquel il attribuait une valeur très-médiocre. Je fis un second échange avec un autre Mandingue, qui me traita plus favorablement. On me dit qu'il y avait à Ouassoulo un marchand saracolet allant à Sambatikila ; que cet homme ne devait partir que dans quelques jours : il fut arrêté que nous irions, Lamfia et moi, le rejoindre, et que je ferais ensuite route avec lui ; notre départ fut fixé après la fête du salam, qui devait avoir lieu dans quelques jours. Mais il en devait arriver autrement, comme on le verra par la suite.

J'allai plusieurs fois visiter le marché, qui a lieu deux fois par semaine dans la ville de Kankan; je remarquai beaucoup d'étrangers du Ouassoulo, du Sangaran et du Toron, qui viennent faire le commerce dans cette ville ; ils apportent des toiles du pays, du miel, de la cire qui est transportée sur nos établissemens de la côte, du coton, des bestiaux et de l'or. Les habitans de Toron se font remarquer par leur costume, qui consiste en un coussabe jaune et court, une culotte de même couleur, dont le fond est très-large et d'une très-grande malpropreté; un grand chapeau de paille, à forme ronde, et quelquefois des sandales : ils sont tous armés d'un sabre, apporté dans le pays par des marchands mandingues, d'un arc et d'un carquois plein de flèches, et tiennent une lance à la main; ils ont une bande de toile qu'ils se passent autour des reins pour attacher leur coussabe, qui est très-court et étroit : ils portent la barbe comme les musulmans; mais ils l'entretiennent si mal, qu'on dirait leur figure pleine de fumier. Ils prennent par le nez beaucoup de tabac, et fument encore davantage, ce qui ajoute à leur extrême malpropreté : il n'y a qu'en voyage qu'ils ne font pas usage de la pipe; mais ils s'en dédommagent bien à leur retour, et l'on m'assura qu'ils passent des journées entières, rassemblés à l'ombre de grands arbres, à converser en fumant. Ils sont idolâtres. Tous ceux que j'ai vus étaient grands, bien faits, et avaient l'air guerrier : ils ont le teint aussi noir que les Mandingues, mais n'ont rien des traits de ces derniers; leur visage est un peu rond, leur nez court, sans cependant être aplati, et leurs lèvres minces. Je n'ai jamais vu de femmes de cette nation : mais je présume que leur costume n'est ni plus élégant ni plus propre que celui des hommes, et qu'il consiste en une bande de toile de coton du pays, qui leur passe autour des reins. Ils ont les cheveux crépus, et les portent en tresses. L'habitude du pays permet aux hommes de prendre autant de femmes qu'ils peuvent en nourrir; mais comme ils sont obligés de faire aux mères de grands cadeaux, ils sont souvent retenus faute de moyens : cette coutume existe en général chez tous les peuples idolâtres. Ils sont soumis à une quantité de petits chefs, tous indépendans entre eux, et qui gouvernent despotiquement ; les dignités sont héréditaires. Ils ont de nombreux troupeaux de bœufs et de moutons, et nourrissent beaucoup de volailles. Leur pays montagneux leur fournit du miel, qu'ils aiment beaucoup, et qu'ils viennent vendre au marché ; leur sol, fertile, produit tout ce qui est nécessaire à la vie ; on m'assura que leurs cultures sont très-soignées : ils récoltent du riz, des ignames, de la cassave, des pistaches, du foigné, du maïs, et un peu de mil. Ils fabriquent beaucoup d'étoffes de coton, dont les lés n'ont que cinq pouces environ. Je les ai vus porter des poignards qu'ils font eux-mêmes; ils fabriquent aussi leurs instrumens aratoires : mais je n'ai pas su d'où ils tirent leur fer. Les habitans de Toron sont souvent en guerre avec ceux de Kankan, qui voudraient les réunir à l'étendard du prophète. Ils sont d'un naturel guerrier et belliqueux ; ils repoussent vivement les attaques des musulmans, qui ne sont pas assez forts pour leur faire une guerre continuelle.

Mais revenons au marché. Il est toujours bien garni de marchandises d'Europe, apportées de la côte par les marchands mandingues : elles consistent en fusils, poudre, pierres à feu, indienne de couleur, guinée bleue et blanche, ambre, corail, verroteries et quincailleries. J'ai vu beaucoup de toiles blanches, tissées dans le Ouassoulo; des pots en terre, fabriqués dans le pays; toute espèce de comestibles, tels que riz, foigné, ignames, cassaves, etc.; volailles, moutons, bœufs et chevaux, amenés par les étrangers. On vend aussi à ce marché du bois de chauffage. Ce sont les esclaves qui font ce commerce pour se procurer une petite provision de sel, qui est un objet très-cher et le premier article d'échange. Je m'aperçus que plusieurs marchands avaient de l'or, mais ils y tiennent beaucoup; ils n'achètent avec ce métal que des marchandises choisies. Tous les marchands sont porteurs de petites balances, faites dans le pays, et qui m'ont paru très-justes; ils n'ont d'autres poids que les graines d'un arbre qui se trouve dans le Fouta-Dhialon, et dont j'ai oublié le nom. Ces graines sont noires, de la grosseur et de la forme des graines de corossol, mais un peu plus lourdes : le poids en or de deux de ces graines équivaut à six francs. Ils ne se trompent jamais; leurs poids sont aussi justes que les nôtres. L'or que j'ai vu à

Kankan, et que l'on me dit sortir des mines de Bouré, était en boucles d'oreilles de la valeur de six gourdes; il y en a même dont le poids équivaut à vingt-cinq gourdes; j'en vis aussi en petits grains gros comme du plomb de chasse, et de plus petits; ils le portent ordinairement dans un tuyau de plume. Lamfia me fit la confidence que les marchands qui possédaient de l'or le cachaient dans des grigris recouverts en cuir tanné, qu'ils se mettent au cou ou au bras, soutenus par un cordon en cuir; ils agissent ainsi dans la crainte d'être dévalisés en route ou de le perdre. Depuis le vol que l'on m'avait fait de mon papier, j'étais devenu très-soupçonneux, et je ne m'absentais de ma case qu'avec circonspection : je me rendais cependant à la mosquée deux fois par jour, afin de paraître dévoué à la religion; car j'avais besoin d'en imposer aux nègres; j'en trouvais toujours qui n'étaient pas disposés favorablement pour moi ; ils ne cessaient de dire que j'étais un blanc : or les Mandingues ne nous aiment pas du tout; ils ont horreur du nom chrétien. Cependant ils ne méprisent pas les Européens : le fanatisme seul les porte à nous détester, et, s'ils m'eussent connu pour ce que j'étais, il est possible qu'ils ne m'eussent fait aucun mal; mais sans scrupule ils m'auraient dévalisé, et empêché de continuer mon voyage. Je trouvai les habitans de Kankan aussi importuns et mendians que ceux de Cambaya, et pas plus généreux. Je ne reçus d'eux que quelques noix de colats; cependant le chef me fit présent d'un petit morceau de viande, que Mohammed, Maure établi dans le pays, lui demanda pour moi : je ne l'en avais pas prié, mais il pensait qu'il en aurait sa part; en effet, je fis faire, avec le cadeau du chef, un assez bon souper que nous mangeâmes ensemble.

Le 5 juillet se trouvait être la fête du salam, qui toujours est célébrée avec beaucoup de magnificence par les musulmans. La veille, Lamfia m'avait demandé si je voulais acheter de la viande en faveur de la cérémonie : je lui fis observer qu'ayant une longue route à faire et peu de moyens, j'avais besoin d'économiser, si je ne voulais pas rester en chemin : il se tut, mais il ne parut pas très-satisfait. J'assistai à la cérémonie de la fête avec mon guide : elle avait lieu dans une grande plaine à l'E. du village, non loin du Milo. En traversant les rues, je vis des vieillards vénérables, recouverts d'un petit manteau court fait d'écarlate, dont les bords étaient garnis d'une étoffe de coton à fleurs jaunes, pour imiter des galons en or; ils marchaient séparés, et étaient suivis d'une nombreuse escorte; ils se promenaient de tous côtés, et chantaient, *Allah-akbar, Allah-akbar, la illa il-Allah, Allah-akbar*, etc. : ces paroles étaient répétées par leur suite, qui grossissait à chaque instant. Ils tenaient à la main droite une lance, et avaient sur la tête un bonnet rouge. Rendu dans la plaine, je vis une nombreuse assemblée habillée de diverses manières ; la majeure partie était en costumes du pays, qui consiste en un coussabe, une culotte, un bonnet de forme pointue, et une paire de sandales ; plusieurs étaient affublés de vieux habits rouges de soldats anglais, qu'ils s'étaient procurés à Sierra-Leone ou à Gambie ; et d'autres couverts de vieux manteaux européens, de diverses couleurs, avec un chapeau à l'européenne, et mille haillons de ce genre ; enfin, chacun avait pris ce qu'il croyait avoir de plus beau, et tout le monde était en parure. Ils étaient tous armés de fusils, de lances, d'arcs et de flèches ; et au moment de la prière, chacun mit ses armes à terre. Je voyais arriver à chaque instant des vieillards à manteaux rouges, suivis d'une foule d'habitans ; peu après parut le chef, à cheval, escorté de deux ou trois cents Mandingues formant une haie à ses côtés. Je remarquai que les hommes de la suite avaient tous des fusils : le chef faisait porter devant lui un pavillon de taffetas rose. L'almamy, chef de la religion, suivait Mamadi-Sanici, premier magistrat ; il avait, comme lui, une nombreuse garde portant un pavillon de taffetas blanc, avec un autre morceau rose au milieu, formant un cœur. Mamadi-Sanici était mis très-simplement, mais propre. L'almamy, au contraire, était magnifiquement vêtu ; il était couvert d'un manteau de belle écarlate, garni de franges et de galons en or : c'était un cadeau que lui avait fait le major Peddie, lors de son séjour à Kakondy sur le Rio-Nunez ; au moment où il devait explorer l'intérieur de l'Afrique, il envoyait des cadeaux de tous côtés pour se rendre les chefs favorables.

Ceux des autres vieillards qui avaient des manteaux rouges avaient pris modèle sur celui de l'almamy. La musique de la fête consistait en deux grosses caisses ou tambours, exactement semblables à ceux que j'ai décrits à Cambaya. L'almamy fit la prière avec beaucoup de piété ; il paraissait très-recueilli : c'était un spectacle frappant que de voir une aussi grande assemblée se prosterner pour adorer Dieu. Après la prière, les vieillards revêtus de manteaux formèrent un dais avec des pagnes blanches ; l'almamy se plaça sur un petit siége qu'on avait apporté exprès ; il lut une longue prière en arabe, que bien certainement personne ne comprenait. Après cette prière, le chef Mamadi-Sanici harangua le peuple ; il avait à ses côtés un homme qui répétait à haute voix ce qu'il disait, afin que tout le monde pût l'entendre. On me dit qu'il engageait ses sujets à tourner leur commerce vers le Ouassoulo, Baleya et le Fouta-Dhialon, ajoutant qu'il serait trop dangereux d'aller à Bouré, et qu'il fallait jusqu'à nouvel ordre renoncer au commerce de ce pays. Après cette courte harangue, on se retira avec précipitation; les portes ne pouvaient livrer passage à tout le monde; les hommes et les chevaux étaient mêlés dans la foule. Les femmes assistèrent à la fête, se tenant à une distance respectueuse des hommes; elles firent aussi la prière. Après cette cérémonie, on alla tuer l'agneau pascal pour se régaler le reste du jour. Les nègres n'ont pas de plus grande jouissance que celle des grands repas. Lamfia s'était affublé de ma couverture de laine et de mon parapluie, qu'il tenait toujours sur sa tête, comme pour se préserver du soleil : avant de partir de chez lui, il m'avait engagé à me couvrir de cette manière; mais je m'y refusai. Ce jour était celui du marché; je ne m'aperçus pas que la fête lui eût fait aucun tort : j'y allai pour me procurer un peu de cassave pour mon déjeûner; car ce jour-là mon guide, qui commençait à n'être plus aussi complaisant, sans doute parce que je n'avais plus de beaux présens à lui faire, m'avait laissé sans déjeûner, et me représenta, pour s'excuser, que c'était jour de fête et de marché, et que ses femmes étaient très-occupées; cependant il en avait deux qui n'avaient d'autre occupation que de préparer le repas de la famille; et les esclaves leur fournissaient du bois qu'ils se procurent dans la campagne.

Le reste du jour se passa comme les précédens; je ne remarquai aucune autre réjouissance. A l'heure du souper, qui se fit plus tard que de coutume, les femmes se rassemblèrent entre elles pour partager leur repas ; elles se divertirent gaiement : mais leurs jeux sont bien loin d'être aussi gais que ceux des nègres idolâtres de Baleya et d'Amana ; je les voyais sauter, danser, dans la case et dans la cour, tenant à la main un morceau de viande, dans lequel elles mordaient d'une manière dégoûtante. La musique et la danse sont interdits chez les musulmans ; leurs divertissemens sont loin d'égaler la joie et la gaieté qui règnent chez les païens. Après souper, j'eus la visite d'un vieux marabout venant de Ségo : il me regarda avec curiosité ; il ne pouvait s'empêcher de rire de la longueur de mon nez, assurant qu'il n'en avait jamais vu de pareil. Toutefois, il me combla de bénédictions, ainsi que Lamfia : il loua beaucoup la conduite que ce dernier tenait avec moi; Lamfia, en reconnaissance, loua beaucoup mon zèle pour la religion. Le marabout me confirma la nouvelle que j'avais apprise de la guerre entre les villes de Ségo et Jenné ; il me conseilla de prendre la route de Sambatikila. Mon hôte s'empressa de couper deux ou trois brasses de toile du pays, qu'il donna en présent au marabout, qui n'avait cessé de flatter son amour-propre. Aussitôt qu'il eut le présent, il s'en alla, en le comblant de nouvelles bénédictions et en louant sa générosité.

Le 6 juillet, je me trouvais seul dans ma case ;

je profitai de cette occasion pour visiter mes effets, qui malheureusement n'étaient pas fermés à clef. Je m'aperçus qu'on y avait touché; je vis des paquets de verroteries qui n'étaient pas attachés comme je les avais laissés : je m'empressai de faire une visite exacte de la totalité, et je vis avec douleur que j'avais été volé, que mes plus belles verroteries avaient disparu. Heureusement pour moi, la veille de la fête, j'avais caché mon ambre, mon corail et un peu d'argent, dans un petit sac de crême de tartre et de sel purgatif : le voleur avait commencé à ouvrir le sac où était le sel; mais lorsqu'il aperçut ce qu'il contenait, il le laissa, et se rejeta sur les verroteries; un rasoir que j'avais prêté la veille à Lamfia pour couper ses moustaches, avait aussi disparu; il en avait grande envie et m'avait prié de le lui donner. Cet homme me croyait beaucoup plus riche que je ne l'étais; il s'imaginait que j'avais de l'argent, de l'or, beaucoup d'ambre et de corail; souvent il m'avait demandé à m'en acheter; mais j'avais toujours eu soin de répondre que je n'en avais pas. Le jour de la fête, je m'absentai pour aller au marché; je passai aussi chez un Mandingue qui avait envie de venir à Jenné avec moi, pour se rendre de là à la Mecque. Cet homme pouvait avoir de trente-cinq à quarante ans; et malgré son zèle pour la religion, il ne pouvait se résoudre à désobéir à son père, qui s'opposait de toute son autorité à ce voyage. Cette désobéissance pouvait en quelque sorte paraître excusable, puisqu'elle avait pour but d'être agréable à Dieu.

Je ne voulus pas laisser ignorer à mon hôte que je me fusse aperçu qu'il était resté seul dans ma case; je le lui dis, en présence de plusieurs personnes qui étaient venues me voir; il parut très-fâché du vol qui m'avait été fait; il fit beaucoup de bruit, assurant aux Mandingues qui étaient présens, que le jour de la fête tout le monde était allé à la prière, et qu'il n'était resté au logis qu'une petite fille de dix à douze ans. Ne pouvant pas d'ailleurs accuser, comme il avait déjà fait, le Foulah du Fouta-Dhialon, il fit venir la jeune esclave; il lui parla d'un ton fort dur, lui prit les deux mains dans une des siennes, et la menaça de la fouetter, si elle ne nommait celui qui était venu pendant notre absence : l'enfant assura qu'il n'était entré personne, et qu'elle n'avait pas quitté la maison. Lamfia eut soin de s'en tenir aux menaces, parce qu'elle eût peut-être parlé contre lui; il quitta les mains de l'enfant, et dit aux assistans que certainement on ne m'avait rien pris. Cependant j'étais bien sûr que ce vol n'avait pas été fait par des étrangers; j'avais eu soin, avant d'aller à la prière, de mettre mes effets dans la jarre au mil, et personne autre que Lamfia ne m'avait vu : je ne lui parlai pas dans le moment du rasoir qui me manquait aussi; il continuait à faire du bruit, à menacer la petite esclave, qui en fut quitte pour la peur, et moi pour ma verroterie. Repassant dans mon souvenir les égards et les complaisances que cet homme avait eus pour moi, je n'osais tourner sur lui mes soupçons; j'accusais en secret ses femmes qui, plusieurs fois, avaient paru envier mes beaux grains de verre : quant à lui, il répétait sans cesse que je ne connaissais pas le nombre de mes marchandises, et que certainement je n'avais pas été volé. Cette conduite excita mon indignation ; je jetai sur lui un regard sévère : il baissa la tête, ne pouvant le supporter, et dès ce moment il me parut coupable; je n'accusai plus que lui, et je me promis de me tenir désormais sur mes gardes. Dans la soirée, il me demanda d'un air assez froid si je n'allais pas à la mosquée : je lui répondis que je desirais beaucoup y aller, mais que je craignais pour le reste de mon bagage ; que le voleur ne serait peut-être pas aussi modéré qu'il l'avait été jusqu'à présent. Cette réponse lui fit baisser la tête de nouveau, comme à une personne coupable et humiliée : cependant je me gardai de laisser voir mes justes soupçons ou du moins de les faire éclater au-dehors, ce qui m'eût peut-être été funeste; mais, malgré moi, la chose devint publique. Ne pouvant rester continuellement dans la case pour garder mes effets, je fis acheter un cadenas, que je mis à mon sac. Ce fut Lamfia qui, toujours très-complaisant, se chargea de cet achat ; l'ayant fermé devant lui, il me dit : « Maintenant, tu ne risques plus d'être « volé! Non, lui répondis-je, mais cela ne me rendra « pas mes belles verroteries : il est bien tard à pré- « sent ; mais j'aurais fermé plus tôt mon sac, si j'avais « pu penser que mes effets n'étaient pas en sûreté « chez toi. » Il sentit ce reproche, et se troubla visiblement. Il chercha à sortir d'embarras en niant toujours le vol, et observant qu'un voleur ne se serait pas contenté d'une partie de mes marchandises. C'était justement ce qui fortifiait mes soupçons ; car un voleur étranger eût emporté le tout, tandis que lui, craignant une esclandre, n'en avait pris qu'une partie, dans l'espoir que je ne m'en apercevrais pas.

La situation devenait pénible ; il craignait qu'en prolongeant mon séjour, mes plaintes ne lui causassent de plus grands désagrémens ; aussi pressait-il notre départ. Dans la soirée, j'allai avec lui prendre congé du mansa ; et quoique je fusse convaincu qu'il m'avait volé, je me décidai à traverser avec lui les bois du Ouassoulo, de peur de rencontrer pis dans un autre guide. Nous ne trouvâmes pas le chef chez lui ; il était allé inspecter ses esclaves à l'ourondé ; notre visite fut remise au lendemain. Dans la même journée, les femmes et les enfans venaient dans la cour au devant de moi, me montrant avec affectation des grains de verre semblables à ceux qui m'avaient été pris ; Lamfia affectait de voir ces insultes avec indifférence ; il craignait peut-être une nouvelle explication avec moi. Je dévorai mon impatience, et attendis la fin de cette scène, sans marquer de colère, certain que cela n'eût servi qu'à la prolonger. Je n'avais rien pris de la journée, et, un peu après le coucher du soleil, il me fit donner une portion de riz assez bien apprêté. Avant cet événement, il avait soin de faire hâter son souper, pour que nous le prissions ensemble un peu avant le coucher de cet astre, parce que, disait-il, les Arabes n'aimaient pas à souper tard. Je n'avais qu'à me louer des égards qu'il avait eus pour moi jusqu'alors ; il s'était empressé de prévenir tous mes desirs ; souvent, étant endormi le jour dans ma case, j'étais tout étonné, en me réveillant, de trouver des pistaches grillées et préparées, que lui-même avait déposées près de moi ; je lui avais aussi l'extrême obligation d'avoir toujours pris mon parti contre ceux qui cherchaient à me nuire : mais je devais être la dupe de ses soins assidus.

Le 7 juillet, nous retournâmes chez le mansa, pour prendre congé de lui ; il était encore absent. En revenant, je dis à Lamfia (peut-être indiscrètement) que le voleur avait aussi pris le rasoir avec lequel il s'était fait la barbe la veille de la fête ; il me répondit, d'un air assez assuré, que c'était impossible, qu'il était certainement dans mon sac.

Revenu à la case, il me pria, en présence du Mandingue, de visiter de nouveau mes effets : après nombre de recherches inutiles, de longs pourparlers, et beaucoup d'allées et de venues, le rasoir fut enfin retrouvé dans la jarre au mil, où j'eus la certitude qu'il avait été mis à l'instant même, dans l'espérance de me persuader qu'il n'avait pas été volé, mais égaré. Lamfia voulait me le rendre; je refusai de le recevoir, en disant que je voulais avoir en même temps toutes les marchandises qui m'avaient été prises. A ces mots, il parut tout déconcerté. Deux vieillards me conseillèrent d'aller me plaindre au chef, si le fripon ne restituait à l'instant le vol qu'il avait fait; saisissant cette idée, je le menaçai de porter ma plainte; il fut effrayé, et me demanda de différer un peu. Après un momeut de réflexion, il me dit que, puisque j'avais été volé chez lui, et que ma personne et mes effets avaient été confiés à sa garde par le chef de Cambaya, j'étais sous sa responsabilité; qu'il se croyait garant de tous les événemens, et me rendrait tout ce que j'avais perdu. A cette condition, je promis le silence ; mais voyant qu'il ne se pressait pas de tenir sa parole, et craignant d'être dévalisé une troisième fois, je suivis le conseil de plusieurs vieillards qui m'accompagnèrent chez le chef du pays, pour le prier de me donner un logement, jusqu'à ce qu'il se présentât une occasion pour traverser le bois du Ouassoulo.

Lamfia, qui nous accompagnait, portait mon sac : il m'avait déjà engagé plusieurs fois à aller chez le mansa, pour subir une épreuve qui consiste à se passer un fer rouge sur la langue : l'accusé est acquitté si le fer rouge ne le brûle pas; mais alors l'accusateur est obligé de subir la même épreuve; celui des deux qui s'y refuse est condamné. Si c'est l'accusateur, il fait une réparation, en donnant un présent à son antagoniste; si au contraire c'est le coupable, et qu'il soit accusé de vol, il doit restituer la valeur de ce qu'il est censé avoir soustrait. Cette coutume bizarre, dictée par l'ignorance, est usitée dans toute la partie occidentale de l'Afrique. Nous trouvâmes le chef en affaires; il présidait le conseil des vieillards, qui était assemblé à la mosquée des femmes; nous entrâmes dans une case, et bientôt après nous vîmes arriver nos juges. Un homme de Kankan, connaissant un peu la langue arabe, me servit d'interprète; je l'en avais prié, ne parlant pas assez bien le mandingue pour me faire comprendre : il expliqua à l'assemblée, dans des termes qui me parurent très-énergiques, comment j'avais été volé; il détailla tout, jusqu'à la scène du rasoir. Lamfia soutint hardiment que je n'avais pas été dévalisé; il rappela de nouveau le vol de mon papier, en accusant toujours le Foulah absent. Mon interprète reprit la parole, et dit en mon nom que je n'avais qu'à me louer de la bonne réception que m'avaient faite les habitans du Fouta-Dhialon, lors de mon passage dans leur pays; que, loin de me tromper, ils m'avaient accordé la plus généreuse hospitalité, et que bien certainement celui qui m'avait pris le papier m'avait aussi soustrait mes verroteries. Lamfia, pour se justifier et défendre sa réputation, proposa de faire l'épreuve et de faire rougir le fer (cette épreuve se fait souvent entre les habitans, sans avoir recours au chef). Le mansa lui imposa silence. Ce vieillard, à qui je demandais un logement, me conseilla de rester chez mon hôte, vu qu'il devait partir dans deux jours avec beaucoup d'autres marchands pour traverser les bois du Ouassoulo[1]. Je pensai que le chef craignait de m'avoir à sa charge, et je n'insistai plus pour loger chez lui. Je répondis que j'aimais mieux retourner dans le Fouta-Dhialon que de rester plus long-temps chez cet homme, et je demandai à loger chez le bon vieux Maure qui avait continué à me faire des visites amicales, et avec qui je vivais en bonne intelligence. On y consentit à l'unanimité. Je laissai tous mes effets en dépôt chez le chef, jusqu'à ce qu'on m'eût procuré un endroit sûr pour les serrer. Ce dernier m'engagea d'un air d'intérêt à prendre ma couverture de laine

[1] Les caravanes se rassemblent pour traverser ces bois, qui sont infestés de voleurs.

pour me couvrir la nuit, m'observant que je pourrais avoir froid. Je retournai à mon ancien logement pour prendre quelques médicamens que j'y avais laissés, parce que Mamadi-Sanici m'avait témoigné le desir d'avoir une médecine; je m'étais fait accompagner d'un nègre, parce que je craignais d'être insulté en y allant seul; quoique beaucoup de gens prissent mon parti, et fussent indignés de la conduite de Lamfia envers moi, je craignais que sa colère, excitée par la scène qui venait de se passer, ne le portât à quelque excès. Cette précaution ne fut pas inutile, car il me reçut fort mal, et fit beaucoup de difficultés pour me donner ce que je réclamais : il voulut me chasser de chez lui, et alla même jusqu'à essayer de me frapper, mais plusieurs personnes qui se trouvaient dans sa case s'y opposèrent fortement, en blâmant sa conduite. Dans sa fureur, il disait ce qu'il avait démenti lui-même tant de fois, que j'étais un chrétien, que je cherchais à pénétrer dans l'est pour surprendre les musulmans et les tromper.

Cette scène, que j'avais bien prévue, mais que je ne pouvais éviter, me contraria beaucoup; je craignais même qu'elle n'eût pour moi des suites fâcheuses : mais on ne fit aucune attention à la colère de mon guide; on reconnut en lui un voleur méchant, humilié de se voir découvert; on m'engagea à ne plus penser à tout cela. Je cherchai à intéresser les habitans en ma faveur, en leur faisant remarquer ma position critique; seul, sans moyens, dans un pays étranger, et, pour comble de malheur, ne parlant pas bien la langue; beaucoup paraissaient sensibles à ma position, et c'étaient les plus zélés sectateurs. J'allai donc à l'humble cabane de mon nouvel hôte, qui était très-pauvre; mais il me reçut du mieux qu'il put : il me donna même la natte sur laquelle il avait l'habitude de coucher; je fis difficulté de l'accepter, car il m'était pénible de déplacer ce bon vieillard; mais il insista, en me disant que, comme étranger, je devais lui céder, qu'il était naturel qu'il me fît les honneurs de chez lui. Je partageai son frugal souper, qui consistait en un petit plat de tau, avec une assez bonne sauce au gombo, à laquelle on avait ajouté du sel. Pourquoi donc, dans tous les pays, le pauvre est-il toujours le plus charitable ? C'est qu'étant malheureux il mesure les maux des autres à ceux qu'il endure.

Le 8 juillet au matin, le chef me fit appeler; j'y allai avec le Maure Mohammed : il était chez l'alkali[1], Foulah du Ouassoulo, établi à Kankan; c'est un des plus riches habitans de cette ville; il fait partie du conseil. Je trouvai trois ou quatre Mandingues de distinction qui accompagnaient Mamadi-Sanici : on rendit compte aux assistans du vol qui m'avait été fait;

[1] Nom de chef.

je m'aperçus qu'on vantait la bonne conduite de Lamfia à mon égard, jusqu'au moment où cette affaire avait été connue; ils décidèrent que, puisqu'il n'y avait pas de preuve contre lui, on ne pouvait le punir. Je trouvai cette décision assez sage. On me prévint que l'alkali allait devenir mon hôte, parce que Mohammed le chérif était pauvre et n'avait pas de riz à me donner; on ajouta que la case que j'allais occuper fermait bien à clef, et que je ne serais pas volé une seconde fois. Puis ils témoignèrent le desir de visiter tous mes effets, pour s'assurer de leur quantité, afin, dirent-ils, que si j'étais volé de nouveau, ils pussent m'en tenir compte. Je ne leur sus pas gré de cette prévoyance; cependant, quoique très-contrarié, j'étalai mes marchandises, ayant bien soin de soustraire mes notes, qui leur eussent donné des soupçons : tout fut visité exactement; on compta les verroteries, et l'on mesura les étoffes; ils n'aperçurent pas mon ambre; je l'avais caché dans de la crême de tartre. J'ouvris moi-même le paquet, et leur laissai entrevoir cette poudre blanche; ils en goûtèrent, car plusieurs la prirent pour du sucre; et lorsqu'ils furent détrompés, ils me témoignèrent le desir d'avoir des médecines; tous se dirent incommodés. Après avoir tout visité, on me laissa ramasser mon bagage; personne ne se permit de me demander autre chose que des médicamens. On me donna une case pour me loger, et je mis mes effets dans un magasin fermant à clef, et qui faisait partie de mon logement; chose que je n'avais pas encore vue dans le pays. On me prodigua des soins, et l'on me donna exactement tout ce que je pouvais raisonnablement desirer dans ma position. Comme je craignais d'être à charge, je voulus acheter du riz au marché pour me nourrir; on s'y opposa, en me disant que je ne manquerais de rien chez mon nouvel hôte.

Je devins plus assidu à la prière, car ce dernier était très-dévot : cependant j'étais dans l'impatience de trouver une occasion pour partir; on me faisait espérer que bientôt il s'en présenterait une. Les pluies étaient devenues fréquentes; il ne se passait pas de jour que nous n'eussions un fort orage, et j'étais continuellement tourmenté par la pensée que j'aurais à traverser un pays inondé : mais cette idée m'effrayait moins encore que celle de rester dans un lieu où la discussion que j'avais eue avec Lamfia ne me permettait plus d'habiter avec sécurité; je craignais que, par ses insinuations, il ne me suscitât quelque affaire désagréable. Pourtant j'étais très-bien chez mon nouvel hôte; il était fort riche et beaucoup plus généreux que ne le sont ordinairement les Mandingues; il possédait de nombreux troupeaux de bœufs et de vaches qui lui fournissaient en abondance de très-bon lait; il m'en envoyait souvent, avec du déguet (espèce de couscous), attention qu'aucun Mandingue n'avait encore eue pour moi, à l'exception d'un chérif du pays qui m'envoya un peu de lait, en disant que nous étions parens. J'étais voisin du bon Maure Mohammed, et tous les soirs nous joignions notre souper, pour passer un moment plus agréable : il me tenait souvent compagnie, et contribuait beaucoup à me faire trouver le temps moins long, en me procurant la connaissance de tous ses amis. Ce respectable vieillard pouvait avoir soixante ans; il était petit, et avait une figure arabe; il était d'une agilité incroyable, parlait beaucoup et avec volubilité; sa femme, négresse, lui avait donné un fils qui avait à cette époque douze à quinze ans ; ce jeune homme était chétif et d'une santé débile, ce qui affligeait beaucoup son vieux père. La mère était très-laborieuse ; elle préparait seule le manger de toute la famille, et s'occupait des soins du ménage. Il possédait un esclave, auquel il faisait cultiver un petit jardin qui entourait son habitation. Trois cases, élevées sur un terrain que l'alkali lui prêtait, servaient de logement pour lui et sa famille : il n'avait point de champ à cultiver; sa seule ressource était d'aller de côté et d'autre chez les Mandingues demander du riz, du foigné, du sel, de la viande, etc., pour l'entretien de sa maison. Il avait au milieu de son habitation un bel oranger qui portait de beaux fruits; il était, disait-il, bien fâché qu'ils ne fussent pas mûrs, parce qu'il eût été bien aise de m'en faire goûter. L'état de pauvreté dans lequel il était réduit, le désintéressement avec lequel il m'avait offert l'hospitalité, me touchèrent ; je regrettai de ne pouvoir améliorer son sort ; je tâchai de l'adoucir un peu en le forçant à accepter quelques légers cadeaux qu'il reçut avec les marques de la plus vive reconnaissance. Mamadi-Sanici me fit demander un remède pour les yeux d'une de ses femmes : je ne savais que lui donner ; mais comme il était dans mes intérêts de ne rien lui refuser, je mis un peu d'alkali volatil dans de l'eau, et conseillai d'en laver les yeux de la malade, pensant que cela ne pourrait lui faire aucun mal : on exigea ma présence ; j'y allai et je lavai moi même les yeux malades. Le mansa profita de cette occasion pour me demander des médicamens pour un mal de pied qu'il avait depuis plusieurs années : j'ordonnai des cataplasmes de pourpier, qui croît spontanément dans tout le pays. Les maladies que je remarquai parmi eux, sont, des plaies aux jambes, des fièvres, la lèpre, l'éléphantiasis et le goître : je remarquai aussi que plusieurs nègres avaient sur les bras et sur les jambes de grandes marques blanches de la couleur de notre peau ; on me dit que c'était une maladie ; je pense que ce sont des marques de lèpre.

CHAPITRE X.

Nouveaux détails sur le Kankan et ses environs. — Gouvernement des vieillards. — Commerce. — Degré de civilisation. — Pays de Kissi. — Pays de Bouré. — Son commerce avec Bamako, Yamina, Ségo, Sansanding, Jenné. — Exploitation de l'or. — Établissement de Bamako. — Traversée du Milo et autres affluens du Dhioliba.

La saison s'avançait; nous étions au milieu de juillet, et en août il est presque impossible de voyager, attendu que le pays est entièrement couvert par les inondations : j'étais dans le plus grand embarras, lorsque enfin je trouvai une occasion pour Sambatikila. Je fis marché avec un Poulh[1] du Fouta-Dhialon, pour porter mes effets jusque dans le Ouassoulo ; je convins de lui donner trois têtes de tabac, valeur de dix à douze sous à-peu-près. Mon nouveau guide, qui se nommait Arafanba, avait une grande réputation de sainteté ; il paraissait très-doux, et Mamadi-Sanici eut la complaisance de me recommander à lui. Notre départ fut fixé au 16 juillet.

(1) Poulh ou Foulah.

Avant de quitter le Kankan, je vais entrer dans de nouveaux détails sur ce pays. Kankan, chef-lieu d'un canton du même nom, est une petite ville située à deux portées de fusil de la rive gauche du Milo, jolie rivière qui vient du S. et arrose le pays de Kissi, où elle prend sa source : elle coule au N. E., et se perd dans le Dhioliba, à deux ou trois jours de Kankan ; elle est large, profonde, et susceptible de porter des embarcations tirant de six à sept pieds d'eau : dans les mois d'août et de septembre, elle déborde et fertilise les terrains qui l'environnent. Voici les noms des villages dépendant de Kankan, tels qu'on me les a nommés : Carfamoudeya, Diocana, Boucalan, Nafadi, Bacouco, Foussé, Sofino, Dio-Samana et Kiémorou. Cette ville est entourée d'une belle haie vive, très-épaisse, qui la défend mieux qu'un mur en terre. Elle a deux portes, une à l'O. et l'autre à l'E. ; elle ne contient pas plus de six milles habitans ; elle est située dans une belle plaine de sable gris, de la plus grande fertilité. On n'aperçoit, dans l'éloignement, que de très-petits monticules. On voit dans toutes les directions de jolis petits villages qu'ils nomment aussi ourondés ; c'est là qu'ils placent leurs esclaves : ces habitations embellissent la campagne et sont entourées des plus belles cultures ; l'igname, le maïs, le riz, le foigné, l'ognon, la pistache, le gombo, y viennent en abondance.

Les habitans de Kankan sont gouvernés par un chef qu'ils appellent *dougou-tigui;* mais ce chef ne décide jamais rien sans assembler le conseil des vieillards, qui d'ordinaire se tient dans la mosquée des femmes, et auquel j'ai assisté souvent. J'ai remarqué qu'il y règne le plus grand silence; contre l'habitude des assemblées turbulentes des nègres, chacun y parle à son tour, et l'on met à la porte ceux qui ne se conduisent pas comme ils le doivent. Dans leurs décisions, ils sont toujours très-circonspects; ils craignent de se tromper : aussi délibèrent-ils long-temps. Ils sont tous mahométans et portent une haine mortelle aux païens ou infidèles.

Il y a à Kankan un marché trois fois la semaine; on y apporte, comme je l'ai déjà dit, toute sorte de marchandises et les choses les plus utiles à la vie. Les Mandingues sont tous marchands et voyagent beaucoup : ils vont à pied à Sierra-Leone, à Kakondy, à la Gambie, au Sénégal, et même jusqu'à Jenné; plusieurs m'ont parlé de M. Potin, négociant au Sénégal, et de M. Joffret, établi au comptoir français d'Albréda sur la Gambie. Le voisinage de Bouré les rend très-riches; ils tirent de ce pays beaucoup d'or. En temps de paix, les femmes de Kankan vont à Bouré vendre du riz, du mil et plusieurs autres comestibles, qu'elles échangent contre de l'or. Les hommes parcourent le Kissi, où ils se procurent de beaux esclaves, dont le prix courant est d'un baril de poudre de vingt-cinq livres, un mauvais fusil de cinq gourdes et deux brasses de soie rose. Un Mandingue qui possède une douzaine d'esclaves, peut vivre à son aise et sans voyager; il ne s'occupe uniquement que de les surveiller.

Le Kankan fait beaucoup de commerce avec ses voisins; il tire du Ouassoulo des toiles blanches fabriquées dans le pays, et qui sont très-estimées dans le commerce. Ils ont quelques moutons poilus, des chèvres, des cabris, et beaucoup de bœufs, dont la grosseur n'approche pas de celle des nôtres; ces animaux ont tous une bosse, comme ceux des Maures qui habitent les bords du Sénégal. Ce pays fournit aussi d'assez beaux chevaux, qui cependant sont bien loin d'atteindre à la supériorité de ceux des Arabes. J'ai vu chez l'alkali une jument qui coûtait cinq esclaves et deux bœufs; c'était le plus bel animal que j'eusse rencontré dans toute cette partie de l'Afrique. Ils élèvent beaucoup de volailles, et leurs bestiaux fournissent du lait en quantité.

Ils sont, dans leurs ménages, de la plus grande propreté, et toujours vêtus de linge très-blanc. Ils fabriquent dans le pays de belle toile avec le coton que filent leurs femmes : rarement cette toile est vendue; ils s'en servent pour se vêtir. Chaque famille a son petit entourage en paille ou en épines; dans l'intérieur, il y a des cases pour la loger, et au-dehors un petit jardin cultivé par les femmes ou les enfans ; on y récolte ordinairement du maïs et un peu de tabac. Les rues sont assez larges et tenues proprement ; le village est ombragé par quantité de dattiers, papayers, bombax et baobabs.

A trois jours au S. de Kankan, on trouve le premier village du Sangaran, dont j'ai oublié le nom : en continuant six jours dans la même direction, et traversant le Sangaran, on arrive dans le joli pays de Kissi, qu'il ne faut pas confondre avec celui de Kissi-Kissi, situé aux environs de Sierra-Leone. Lamfia, qui avait fait plusieurs voyages pour acheter des esclaves, me dit que ce pays est hérissé de montagnes et arrosé par une infinité de ruisseaux : le sol y est très-fertile, et les habitans cultivent beaucoup de riz, des ignames, du foigné, et tout ce qui est nécessaire à la vie. Ils sont tous idolâtres, et se font, comme les Bambaras, des incisions à la figure et sur le corps. J'en ai vu plusieurs à Kankan : je remarquai qu'ils avaient tous les dents très-aiguës et très-blanches ; ils ont, comme les Mandingues, les cheveux crépus, le teint plus clair, le nez un peu aquilin, les lèvres minces, et le visage presque ovale. Ce pays est divisé en plusieurs petits états, gouvernés par des chefs indépendans, qui se font souvent la guerre entre eux pour se procurer des esclaves qu'ils vendent très-cher. Il y a de ces barbares qui font profession de se cacher derrière les buissons, de surprendre les malheureux nègres cultivateurs dans leurs champs, et d'aller ensuite les vendre impitoyablement.

A un jour et demi au S. S. E. de Kankan, se trouve le Toron, habité par des nègres idolâtres, dont j'ai parlé plus haut. A deux jours à l'E., on voit le joli pays de Ouassoulo, habité par des Foulahs. A quatre jours (on en met quelquefois cinq) au N. 1/4 N. E. de cette ville, en descendant le Milo, on aperçoit celui de Bouré, à trois quarts de jour, en remontant le Tankisso, sur la rive droite duquel il est situé. Je vais donner en peu de mots les renseignemens que j'ai obtenus des nègres connaissant ce pays.

La ville de Bouré est le chef-lieu du pays de ce nom. Tintigyan, Bougoreya, Fataya, Setiguia, Docadila, sont de sa dépendance. Ces villages sont peu éloignés du Tankisso; car on m'assura que les esclaves portaient sur leur tête les marchandises provenant des embarcations, et faisaient plusieurs voyages par jour. Le pays de Bouré, me dirent les Mandingues qui l'avaient visité, est couvert de petites montagnes; il s'y trouve beaucoup de mines d'or très-abondantes. Les naturels qui journellement les exploitent, n'en connaissent pas la richesse. Des esclaves sont continuellement occupés à tirer les terres; ils emploient, à cet usage, des paniers faits avec des branches d'arbre : les femmes lavent cette terre dans des calebasses ; elles mettent beaucoup d'eau, et après l'avoir bien remuée, elles la transvasent; ainsi plusieurs fois lavée, les morceaux d'or se déposent au fond de la calebasse, et sont ramassés précieusement : cet or est fondu, mis en boucle ou en lingot. On concevra que, par ce procédé imparfait, il reste encore une bonne quantité d'or dans les terres lavées ; mais ils ne connaissent pas les moyens de l'en extraire. Quoique le sol de Bouré soit très-fertile, il n'y a aucune espèce de cultures ; les habitans achètent tout de leurs voisins ; riz, mil, pistaches, piment, etc., tout se trafique avec de l'or : ils ont des bœufs, et élèvent quelques volailles. Avant la guerre, Kankan leur fournissait beaucoup de provisions; mais depuis que la route est interceptée, on n'en apporte plus.

Bouré fait beaucoup de commerce avec Bamako, qui se trouve à six ou huit jours de distance, en descendant le Dhioliba. Les Maures portent dans ce pays une grande quantité de sel et d'autres marchandises qu'ils échangent. L'or de Bouré se répand dans tout l'intérieur, dans les établissemens français et anglais de la côte; et Jenné, qui passait pour être le pays le plus fourni de ce précieux métal, n'a en partie que celui qu'on y apporte de ce riche pays ; Sansanding, Yamina et Ségo sont dans le même cas. En face de Bamako, il y a, dit-on, une cataracte que les Mandingues nomment *Fada;* mais, suivant le rapport qu'ils m'en ont fait, elle n'est pas très-élevée, puisque les pirogues peuvent descendre et remonter à la cordelle, sans même être déchargées : c'est ce qui a lieu durant la crue des eaux ; alors la cataracte doit être entièrement couverte.

Les Mandingues de Sansanding et de Yamina, et beaucoup de saracolets, portent à Bouré du sel et des marchandises d'Europe ; tous les jours il s'y tient un marché bien fourni. Ce pays est habité par des Dhialonkés, en partie idolâtres : ils ont un chef absolu, qui a la réputation d'être grand guerrier ; il a beaucoup d'esclaves employés à l'exploitation des mines ; outre la grande quantité d'or que ses ouvriers lui procurent, chaque propriétaire qui fait travailler aux fouilles est obligé de lui donner la moitié du produit de la journée. Ce chef faisait en ce moment la guerre aux bourgades situées aux bords du fleuve. Sansando, gros village, chef-lieu de trois ou quatre autres petits, lui tenait tête ; ce village est presque en face de Bouré, sur la rive droite du Dhioliba ; il est aussi habité par des Dhialonkés idolâtres. Cette guerre, ou plutôt ce pillage, faisait beaucoup de tort au commerce. Les pirogues qui arrivaient chargées de marchandises, étaient souvent pillées par les habitans de Sansando, qui sont très-envieux des richesses de Bouré.

Boucary est le nom du chef de ce riche pays : quoique peu zélé musulman, il traite avec égard tous les hommes de cette religion, principalement les marabouts ou prêtres. Il a la plus grande confiance dans les grigris, et ne voyage jamais sans que ses habits en soient couverts. Naturellement très-soupçonneux, il a plusieurs cases, et ne couche jamais deux fois de suite dans la même ; il a un grand nombre de femmes: à la porte de sa cour, il y a triple garde, et l'on n'arrive à lui qu'après avoir traversé cinq ou six cases toutes également bien gardées. Dans ce moment, il était aussi en guerre avec le village de Damsa, habité par des païens, et situé sur le Milo entre Kankan et Bouré, ce qui interceptait les communications de ces deux endroits. Il serait à desirer que l'on fît des tentatives pour établir un comptoir à Bamako ; ce poste rendrait maître du commerce de l'intérieur, en y attirant les richesses des mines d'or qui s'exportent en partie à Kakondy, Gambie et Sierra-Leone. L'éloignement du Sénégal l'empêche d'y participer, puisque les marchands mandingues seraient obligés pour y arriver de traverser le Kankan, le Baleya, le Fouta-Dhialon, le Bondou, le Fouta-Toro, et une partie de Cayor ou du Oualo. Il faudrait d'abord faire reconnaître la distance qu'il peut y avoir entre Bamako et l'endroit du Sénégal où les embarcations peuvent remonter, j'entends au-dessus du rocher Felou. Après avoir établi un comptoir auprès de cette cataracte, on en formerait un second à l'endroit où le fleuve cesse d'être navigable. Il est à présumer que de ce second comptoir à Bamako, il n'y aurait pas plus de huit à dix jours de marche ; et c'est de ce point important que des caravanes de sel et de marchandises d'Europe se rendraient à Bamako. Il serait à craindre peut-être que les naturels ne s'y opposassent ; mais on les rendrait bientôt plus favorables, en leur faisant entrevoir les grands avantages qu'ils pourraient en retirer, et en leur payant des coutumes annuelles : la conduite de ces hommes sera toujours dictée par l'intérêt. Les Maures, qui font la majeure partie de ce commerce qui les enrichit, s'opposeront de tout leur pouvoir à ce projet d'établissement ; mais les droits que l'on paierait au roi nègre aplaniraient toutes les difficultés ; car les Maures ne paient aucune espèce de rétribution.

Le 16 juillet, vers neuf heures du matin, après avoir pris un léger déjeûner de riz, nous nous disposâmes à partir : je donnai en cadeau à mon hôte un petit pot de fer-blanc dans lequel je buvais, et qu'il paraissait desirer ; il en témoigna beaucoup de joie. Après m'avoir conduit hors du village, il me quitta, en me donnant sa bénédiction. J'étais accompagné du bon vieux Mohammed, qui, pendant mon séjour à Kankan, n'avait cessé de me témoigner beaucoup d'attachement ; souvent il me disait que, s'il était seul avec son fils, il viendrait avec moi jusqu'à Jenné.

Nous fîmes environ un mille à l'E. en traversant la plaine, où nous vîmes plusieurs petits ourondés entourés de belles cultures de maïs. Nous arrivâmes sur les bords du Milo, que je trouvai bien rapide, et une fois plus large que lorsque je le visitai pour la première fois. Nous passâmes, avec notre bagage, dans une pirogue longue de quinze pieds environ, très-étroite, et faite de deux troncs d'arbres ajustés l'un contre l'autre en longueur, et liés ensemble avec des cordes; il était près de onze heures lorsque nous eûmes passé sur la rive droite. Le bon Maure me témoigna un véritable regret de se séparer de moi : après avoir cassé en deux une noix de colats, que nous mangeâmes ensemble, il me quitta, en faisant des vœux pour le succès de mon voyage; lorsqu'il fut un peu éloigné du rivage, il tourna la tête de mon côté, m'adressa de nouveaux adieux, et me souhaita un prompt retour dans ma patrie.

Nous quittâmes les bords de la rivière, et nous nous dirigeâmes à l'E., l'espace de deux milles, en traversant de belles cultures. Dans quelques endroits, j'aperçus, à fleur de terre, des roches qui me parurent de la même nature que celles de Sierra-Leone, rouges et poreuses. Nous traversâmes un gros ruisseau sur un pont très-chancelant, dont le passage présentait quelque danger aux marchands, qui avaient tous des charges sur la tête ; il y en eut un qui heureusement était arrivé au bout du pont, lorsque, ne pouvant plus se tenir en équilibre, il tomba à l'eau, mais ne se fit aucun mal : ce ruisseau se perd dans le Milo. Nous fîmes halte à Sofino, village de la dépendance de Kankan, habité par des Foulahs du Ouassoulo : la campagne est en général couverte de nédés et de cés ; les environs de ce village sont très-bien cultivés ; les cultures y sont mieux soignées que celles de Kankan. Nous allâmes nous mettre dans une case dont les murs intérieurs me parurent avoir été blanchis ; je ne sais si c'est à la chaux, mais cela y ressemblait beaucoup. Nous fîmes griller quelques pistaches, que nous mangeâmes en attendant l'heure du départ ; car on voulait profiter de l'obscurité de la nuit pour traverser les bois, qui passent pour être infestés de voleurs. Notre petite caravane était composée de quatorze individus, Foulahs, Mandingues et saracolets. Il pouvait être une heure et demie lorsque nous nous remîmes en route, par un temps frais, sombre et brumeux. Nous nous dirigeâmes à l'E. ; nous marchions très-vite, en observant le plus grand silence, dans la crainte d'être entendus des voleurs, qui infailliblement nous eussent dévalisés. Nous nous enfonçâmes dans des bois, marchant dans des herbes si hautes, qu'elles passaient par-dessus nos têtes. Nous vîmes les habitations de quelques Foulahs, dont les figures ainsi que le costume n'étaient pas du tout rassurans : ils n'avaient pour vêtemens que des haillons, qui, quoique couverts de deux lignes de crasse, laissaient apercevoir qu'autrefois ils avaient été jaunes. Ces hommes avaient la face garnie d'une barbe épaisse de la plus grande malpropreté, et leur nez tout plein de tabac inspirait le plus grand dégoût. Ce sont des familles isolées qui cultivent du riz, des ignames, du foigné et des pistaches : la terre y est noire, très-bonne, et de la plus grande fertilité ; je n'en ai pas vu à Kankan d'aussi productive. Nous achetâmes de ces Foulahs quelques ignames pour notre souper ; on leur donna en échange du tabac et quelques branches de verroterie. Ils me regardèrent avec curiosité ; et lorsque nous les quittâmes, ils nous recommandèrent de prendre bien garde aux caffres (infidèles) qui étaient très-nombreux dans la forêt. A la nuit tombante, nous fûmes surpris par la pluie, ce qui rendit notre marche pénible et bien plus fatigante qu'elle n'était avant. Pour comble de malheur, la nuit devint très-obscure ; nous marchions sans savoir où poser les pieds ; vers huit heures, ayant perdu la trace de la route, nous fûmes obligés de nous arrêter. Nous nous assîmes sous des arbres, ayant la pluie sur le dos, n'osant ni tousser, ni cracher, de crainte d'être entendus des voleurs ; nous étions mornes et silencieux. Un peu avant la nuit, nous avions rencontré trois hommes armés, sans bagages : ils étaient assis par terre, tenant leurs fusils sur les genoux : cette attitude et l'air de leurs figures nous les avaient rendus suspects ; sans doute que notre nombre leur en imposa, et qu'ils furent arrêtés par la crainte de ne pas être les plus forts. A Kankan, on m'avait dit que ces voleurs attaquaient toujours les Mandingues qui traversaient les bois,. mais jamais les caravanes de saracolets, parce qu'ils savent que ceux-ci portent des fusils, et que les premiers ne sont pas aussi bien armés ; les saracolets, en traversant la forêt, ont soin de faire retentir les bois d'une nombreuse décharge de mousqueterie.

Lorsque la pluie eut cessé, nous parvînmes, non sans beaucoup de peine, à allumer du feu : un de nos compagnons déchira un morceau de sa pagne, le mit en charpie, y mêla un peu de poudre ; puis, plaçant cette préparation dans le bassinet de son fusil, il obtint du feu. On coupa quelques branches d'arbre pour faire une cahute, afin de passer à couvert le reste de la nuit : la pluie n'eut pas plutôt cessé, que nous fûmes tourmentés par des essaims de moustiques qui ne nous laissèrent aucun repos. Deux de nos compagnons, armés de poignards et de lances, allèrent à la recherche de l'eau ; nous avions une calebasse destinée à cet usage : lorsque notre feu fut allumé, nous fîmes cuire sur les charbons quatre ignames et quelques pistaches pour notre souper; après ce frugal repas, nous nous étendîmes auprès du feu sur des feuilles d'arbre toutes mouillées. J'estime que, depuis Sofino, nous avions fait douze milles à l'E. sur de très-bonnes terres, mais un peu graveleuses. La pluie m'avait empêché de me servir de mes sandales; j'étais obligé de marcher pieds nus sur ce gravier, ce qui m'occasionna des douleurs aiguës. Étant couché auprès du feu, je me mis à réfléchir aux peines et aux fatigues que j'aurais à surmonter, si je continuais ma route dans la saison où les pluies sont continuelles; je pensais aussi aux dangers auxquels j'aurais été exposé si je m'étais hasardé seul dans ces bois avec Lamfia, qui me l'avait proposé; il aurait bien pu me dévaliser sans miséricorde. J'eus le temps de me livrer à mes tristes réflexions dans le silence de cette vaste solitude; il n'était interrompu que par le chant de quelques oiseaux nocturnes et par le coassement des grenouilles : cette nuit fut affreuse; je ne pus sommeiller; le soleil me parut bien long à recommencer sa carrière.

Le 17 juillet, enfin, je vis arriver le jour; il dissipa les vapeurs de l'atmosphère et ranima toute la nature. Nous mangeâmes un reste d'ignames grillées de la veille; puis, après ce léger repas, nous fîmes route à l'E., et traversâmes un gros ruisseau sur un pont à moitié démoli : à chaque instant nous courions risque de tomber à l'eau; cependant nous le passâmes sans accident; il avait été construit dans le principe comme celui de Cambaya. Le débordement de ce ruisseau, dont les rives sont très-boisées, inondait la campagne; nous avions de l'eau jusqu'au-dessus des genoux; et ce qui rendait encore notre marche plus pénible, c'est que la route était couverte de gravier qui nous déchirait les pieds.

Dans le cours de la journée, nous traversâmes huit gros ruisseaux, qui tous paient tribut au Dhioliba. Le sol est à-peu-près le même par-tout et la campagne un peu moins boisée que celle où nous avions passé la veille. Je remarquai beaucoup de cés et de nédés; je vis aussi quelques pierres ferrugineuses. Notre marche était très-accélérée, et nous ne faisions halte pour nous reposer que lorsque les porteurs étaient excédés de fatigue; alors, pour nous restaurer un peu, nous mangions quelques pistaches crues. J'avais beaucoup de peine à supporter cette marche forcée; heureusement il ne plut pas de tout le jour: mais la route était inondée de la pluie de la veille, ce qui m'empêchait de mettre mes sandales; le gravier me causait de vives douleurs, et j'avais le talon du pied gauche écorché. Nous arrivâmes à six heures du soir bien fatigués à Diécoura, premier village du Ouassoulo: il est entouré d'un mur de huit à dix pieds d'élévation; sa population peut être de huit à neuf cents habitans.

Nous avions fait, depuis le matin, dans la direction de l'E., vingt-quatre milles; et lorsque nous aperçûmes les terres du Ouassoulo, nous nous dirigeâmes à l'E. S. E., l'espace de six milles, sur de très-bonnes terres susceptibles de belles cultures. En arrivant à Diécoura, je m'assis sur une peau de bœuf que l'on avait étendue sous un oranger devant notre case. Les habitans vinrent en foule me voir; ils me regardaient avec curiosité, mais ils m'accablèrent moins de questions importunes que ne l'avaient fait les Mandingues. Ils me parurent tels que les habitans de Kankan me les avaient dépeints, c'est-à-dire, d'une extrême douceur. Ils sont païens. Les hommes se servent de grandes pipes avec un tuyau gros comme le petit doigt, et long de trois pieds; elles sont en terre, de couleur grise, très-bien vernies; la partie qui contient le tabac est grande comme une tasse à café, et ornée de dessins si bien exécutés, que j'avais peine à croire qu'elles eussent été fabriquées dans le pays; mais on me l'assura si bien, que j'en restai persuadé. Les habitans me parurent très-curieux; ils s'informèrent qui j'étais, et où j'allais, mais cependant sans m'importuner. Ils sont naturellement très-gais, et se divertissent sous de grands bombax, où je vis la jeunesse rassemblée: ils avaient une musique comme je n'en avais pas encore vu; elle se composait d'une vingtaine de musiciens, dont plusieurs avaient chacun un instrument en bois, creusé et recouvert d'un morceau de peau de mouton. Mungo-Park a trouvé un instrument semblable chez les Mandingues du N. du Dhioliba, qu'il dit être une dent d'éléphant : ceux-ci sont de bois ; ils ont un pied ou quatorze pouces de long et la forme d'une corne très-droite ; au petit bout, sur le côté, il y a un trou qui sert d'embouchure : ils tirent de cet instrument des sons très-harmonieux. Puis ils ont une grosse caisse, et le tambour de basque, fait d'une petite calebasse recouverte de peau de mouton, ayant autour des anneaux de fer qui font entendre un cliquetis agréable. Deux petits nègres bien habillés, avec des plumes sur la tête, sautaient en cadence, et accompagnaient la musique en frappant deux morceaux de fer l'un contre l'autre ; ils étaient à-peu-près vêtus comme de petits sauteurs français.

Les chefs des musiciens avaient chacun un manteau garni de plumes de pintade et des plumes d'autruche sur la tête ; plusieurs agitaient en mesure une calebasse ronde, ayant un manche long de six pouces, et recouverte d'un réseau, dans laquelle il y avait de gros haricots qui, malgré le tintamare qu'ils faisaient, accompagnaient très-bien la musique. Les musiciens se suivaient à la file, jouant en marchant et observant la mesure ; les femmes et les garçons suivaient en dansant et frappant dans leurs mains. Je m'amusai beaucoup à les voir : leur danse n'a rien d'indécent.

Ils passèrent une partie de la nuit à se divertir; les deux grosses caisses faisaient un très-bon effet. Depuis mon départ de la côte, je n'avais rien vu qui m'eût fait autant de plaisir; je ne pouvais me lasser d'entendre leur musique, qui me parut harmonieuse, quoiqu'elle conserve quelque chose de sauvage; elle est digne de l'attention du voyageur. Notre hôte nous donna pour notre souper une portion de foigné bouilli, avec une sauce aux herbes, que l'absence du sel et du beurre rendait mauvaise; cependant nous mangeâmes avec beaucoup d'appétit, car nous n'avions pris dans la journée qu'un morceau d'igname et quelques pistaches. Les saracolets achetèrent du lait, et firent cuire du riz; ils m'invitèrent à en prendre ma part. A l'E. de Diécoura, à quatre jours de marche, on trouve Morila, village entouré de murs, où se tient un marché; et à l'E. N. E. de Morila, on voit la ville de Kankary, située sur une rivière qui vient du S. et se perd dans le Dhioliba : cette ville a un marché considérable; elle est sous la dépendance des Bambaras de Ségo. J'ai obtenu ces renseignemens des naturels du pays.

Mes effets étaient partis devant, avec mon guide, qui était allé loger à Kimba chez une de ses connaissances; j'aimai mieux coucher dans ce village que d'aller plus loin, tant j'étais fatigué; nous devions aller le rejoindre le lendemain : l'absence de mon bagage m'empêcha de payer mon hôte; un saracolet eut la complaisance de m'acquitter avec quelques verroteries, et ne voulut jamais souffrir que je les lui remboursasse.

Le 18 juillet, après avoir pris congé de nos hôtes, nous nous mîmes en route vers six heures du matin, en nous dirigeant à l'E. S. E., l'espace d'un mille. Nous traversâmes le Lin dans une pirogue si incommode, que nous pensâmes renverser : elle était faite d'un tronc d'arbre tortueux, très-étroite, et faisant eau; le moindre mouvement la faisait tellement incliner, que l'eau entrait à bord. Le Lin est un gros ruisseau venant du sud; son courant est très-rapide; il va se perdre dans le Dhioliba. Nous fîmes encore un mille dans la même direction, en traversant une belle plaine bien cultivée : je voyais beaucoup d'ouvriers répandus dans la campagne, qui piochaient la terre, et la remuaient aussi bien que nos vignerons en France; ce ne sont plus les nègres esclaves des Mandingues, qui ne font que retourner la superficie du sol à deux ou trois pouces pour détruire les herbes ; ce sont de vrais laboureurs qui travaillent pour avoir une belle et abondante récolte. Ils en sont bien récompensés, car leur riz, et tout ce qu'ils cultivent, croît plus vite et produit davantage que dans le Kankan. Je les ai vus récolter le foigné : ils se servent d'une faucille pour le couper, et ont l'habitude, dans bien des endroits, de le laisser dans la campagne, exposé à la pluie; ils mettent en terre des piquets sur deux rangs, et placent artistement entre eux leurs graminées : ainsi arrangées, elles ressemblent à une palissade; le dessus est couvert de paille, qui empêche la pluie de pénétrer; à mesure qu'ils ont besoin de foigné, ils viennent en prendre, et jamais personne ne se permet de voler ces espèces de magasins.

J'ai vu les nègres labourer le champ qui venait d'être récolté tout récemment, pour l'ensemencer de nouveau d'un autre grain. Les femmes étaient occupées à arracher les herbes et à sarcler les beaux champs de riz dont la campagne était couverte. Ce peuple est industrieux; il ne voyage pas ; mais il s'adonne aux travaux des champs, et je fus étonné de trouver dans l'intérieur de l'Afrique l'agriculture à un tel degré d'avancement : leurs champs sont aussi bien soignés que les nôtres, soit en sillons, soit à plat, suivant que la position du sol le permet par rapport à l'inondation. Nous arrivâmes au petit hameau où était mon guide : il me fit une assez bonne réception, et me dit qu'il avait été inquiet de mon retard, qu'il m'attendait plus tôt; il avait averti son ami de mon arrivée et des circonstances qui occasionnaient mon passage dans leur pays. Ces bons nègres vinrent me voir pendant une partie de la journée; ils s'assirent auprès de moi, et me regardèrent avec curiosité : ils étaient tous très-sales, couverts de haillons; mais la douceur était peinte sur leurs physionomies. D'ailleurs ils n'étaient pas importuns comme les Mandingues; ils se contentaient d'ouvrir de grands yeux en me regardant, et se disaient entre eux : « C'est un blanc; ah! comme « il est bien! » L'un d'eux, chef de la famille, me fit cadeau d'un mouton, et, dans le cours de la journée, d'une grande calebasse de bon lait dans lequel il avait mis du déguet, que je trouvai délicieux. J'en fis part à mes compagnons, qui ne voulurent accepter qu'après que j'eus fini mon repas : je ne m'attendais pas à trouver tant de réserve chez les Mandingues, car mon guide en était un.

Je me promenai autour de l'habitation, et je prenais un bien grand plaisir à regarder leurs belles cultures : ils font de petits tas de terre pour mettre les pistaches et les ignames; ils les arrangent avec goût, tous à la même hauteur, et bien alignés. Le riz et le petit mil sont ensemencés dans des terres labourées en sillons; lors des premières pluies, ils sement autour de leurs petites habitations ; et lorsque le maïs est en fleur, ils mettent du coton parmi les tiges. Le maïs se trouve mûr de très-bonne heure; alors ils l'arrachent pour donner jour à l'autre plante. Si l'on n'y met pas de coton, on donne un labour à la terre qui a déjà produit le maïs, puis on y transplante du petit mil; habitude que je n'ai pas remarquée dans le Kankan. J'étais émerveillé de voir ces bonnes gens se livrer au travail avec tant d'ardeur et de soin : dans la campagne, de tous les côtés, je voyais des laboureurs et des femmes occupées à sarcler les champs. Ils font deux récoltes par année sur le même terrain : je remarquai du riz en épis, et d'autre à côté ne faisant que de sortir de terre. La campagne y est généralement très-découverte ; les cultivateurs ne conservent parmi les grands végétaux que les arbres de cés et les nédés, qui sont très-répandus et de la plus grande utilité pour les habitans ; je n'ai pas vu, comme dans le Fouta et le Baleya, des arbres coupés à quatre ou cinq pieds de terre ; les Foulahs du Ouassoulo ont soin d'arracher le pied, et ne laissent dans leurs champs rien qui puisse leur nuire. Enfin, je le répète, ils sont en général aussi bien soignés que les nôtres. J'eus beaucoup de visites toute la journée : elle fut orageuse ; dans la soirée, il fit beaucoup d'éclairs du côté du S., et un grand vent, qui passa au N. E. ; il plut par torrens pendant une partie de la nuit, et le tonnerre fit un bruit épouvantable. Dans la soirée, mes compagnons se mirent à tuer le mouton que l'on m'avait donné, et nous fîmes un assez bon souper. Plusieurs Foulahs nous quittèrent pour se rendre au marché de Morila.

Le 19 juillet, à neuf heures du matin, nous partîmes de Kimba ; le fils de notre hôte vint nous servir de guide. Nous fîmes un mille au S. : nous traversâmes une rivière très-large qui venait de l'O. et coulait à l'E.; son courant pouvait être de deux nœuds et demi à l'heure; elle a, dans cet endroit, huit à neuf pieds de profondeur; ses rives, un peu élevées, mais très-dégarnies, sont composées de terre grise argileuse, et, dans quelques parties, rouge et mêlée de petit gravier. Je m'informai du nom de cette rivière; personne ne pouvait me le dire : enfin une vieille femme m'apprit qu'elle se nomme le Sarano, et que c'est celle qui passe à Kankary. Nous la traversâmes dans une pirogue très-longue et très-étroite, et faisant eau comme un panier; je n'étais pas trop rassuré de me voir au milieu de la rivière, dans cette barque si fragile; on était continuellement occupé à vider l'eau avec une calebasse : mon guide Arafanba se tenait debout dans la pirogue, et chantait à haute voix des prières du Coran; sans doute il priait Dieu de favoriser notre traversée. Vers onze heures, nous nous trouvâmes sur la rive droite, sans accident; nous avions seulement quelques effets mouillés. Nous continuâmes notre route au S., sur du sable gris plein de gravier. La campagne, très-bien cultivée, est inondée et couverte de nédés et de cés; on voit le riz en herbe qui élève sa tête au-dessus de l'inondation. Après avoir fait quatre milles dans cette direction, ayant de l'eau à mi-jambes, nous fîmes halte auprès d'un joli hameau, où nous achetâmes, pour quelques branches de ras-

28*

sades, du lait et de la fécule de nédé, que nous mîmes dedans pour notre dîner ; ensuite nous continuâmes à nous diriger au S. deux milles. Nous retrouvâmes la rivière du Sarano, que nous venions de traverser : à quelque distance, toujours à sa rive droite, on voit une petite chaîne de montagnes peu élevées, composées de terre, de pierres rouges et poreuses. Dans cet endroit, la rivière est large et vient du S. Nous continuâmes à suivre la même direction pendant quatre milles. Je vis de très-beaux champs de riz en épis, et de jeunes bergers aux environs gardant des troupeaux de bœufs ; ils avaient des flageolets en bambou, desquels ils tiraient des sons très-harmonieux. En suivant toujours les bords de la rivière, nous arrivâmes à Mauracé un peu avant le coucher du soleil ; on nous donna une case, et le chef hospitalier nous envoya un souper de foigné, avec un mauvais ragoût d'herbes, sans sel.

Le 20 juillet, à huit heures du matin, nous prîmes congé de notre hôte ; nous fîmes onze milles au S. E. Dans toute cette campagne, qui est très-découverte, on voit de petits hameaux de dix à douze cases ; ils sont ombragés par le nédé et le cé ; les environs en sont bien cultivés : je vis de beaux champs de coton ; c'est la culture la moins soignée dans le pays ; ils le sèment à la volée, et les pieds sont si rapprochés les uns des autres, qu'ils sont gênés dans leur croissance.

Vers une heure et demie, nous fîmes halte à l'ombre des nédés, auprès d'un hameau, dont les habitans vinrent nous vendre du lait et du fruit de cet arbre, que nous mangeâmes à la hâte ; puis nous fîmes route au S. S. E., pendant trois milles, sur un sol couvert de petit gravier qui gênait beaucoup ma marche, car j'avais mal aux pieds. Nous suivions une plaine entrecoupée de coteaux et de quelques petits monticules qui n'influent en rien sur l'uniformité du sol ; nous traversâmes un gros ruisseau, et je vis quelques bombax et baobabs qui font diversion avec le nédé et le cé. La journée fut orageuse ; nous fîmes halte à Kandiba, joli petit hameau ombragé par des nédés. On nous donna une case pour moi et mon guide, et une autre pour nos compagnons : dans la nôtre, il y avait du foigné en paille, nouvellement récolté, qui nous servit de lit. Tous les habitans du hameau et ceux des environs vinrent me visiter pendant la soirée, et allumèrent des poignées de paille pour me voir plus à leur aise ; ils formaient une haie autour de moi, s'extasiaient en me regardant, et se perdaient en complimens, que ma modestie ne me permet pas de répéter : ils paraissaient très-doux et très-gais. Le chef nous envoya à souper.

Le 21 juillet, à neuf heures du matin, nous fîmes route à l'E. pendant douze milles, sur un sol couvert de gravier ; dans quelques endroits on y trouve de la terre rouge très-productive. Nous traversâmes un gros ruisseau sur un pont le plus incommode que j'eusse encore vu, car il fallait passer sur un arbre dont les branches traversaient ce ruisseau : mes compagnons, portant des charges sur leur tête, chancelaient à chaque instant ; nous eûmes le bonheur de passer sans accident. A deux heures du soir, nous fîmes halte à Sigala, petit village où reste le chef du Ouassoulo : mon guide me conduisit en sa présence ; un homme alla nous annoncer; il nous fit entrer dans sa case, où il était couché auprès de son chien, d'une espèce à oreilles longues, museau pointu, poil rouge, et auquel notre visite parut déplaire, car il grogna beaucoup à notre approche ; mais son maître parvint à l'apaiser, et nous fit asseoir auprès de lui sur une peau de bœuf. Mon guide lui dit que j'avais été fait prisonnier par les chrétiens, et que maintenant je retournais dans mon pays ; que j'avais été très-bien reçu dans tout le Fouta, et que le chef de Kankan me recommandait à ses soins. Baramisa me fit très-bonne mine ; il avait l'air gai; il adressa plusieurs questions à Arafanba, qui lui dit, pour lui faire sa cour, qu'en route, sans le connaître, j'avais souvent demandé à le voir, ce qui parut le flatter. Je remarquai dans sa case une théyère en étain, un plat en cuivre, et plusieurs autres vases du même métal. La forme antique de ces vases me fit présumer qu'ils devaient être portugais.

La théyère, ovale, avait un pied rond qui l'élevait un peu ; l'anse très-élancée surmontait le couvercle, qui avait un bouton rond finissant en pointe ; les plats étaient de forme ronde, comme ceux en étain que nous avons en Europe : un bol de cuivre, avec une anse et un pied rond, lui servait pour mettre ses colats au frais. Baramisa avait une très-grande boucle d'oreille en or à l'oreille gauche, et point à la droite ; il use de tabac en poudre et à fumer comme ses sujets, et il est aussi malpropre qu'eux ; sa case était tapissée d'arcs, de flèches, de carquois, de lances, de deux selles pour ses chevaux, et d'un grand chapeau de paille ; je ne vis pas de fusil. Notre visite fut courte. Nous retournâmes à la case qu'il nous avait donnée : peu de temps après, il m'envoya une calebasse de lait et du déguet, qu'il me pria d'accepter ; je le mangeai avec mes compagnons. Baramisa me fit appeler ; j'y allai avec mon guide : il me reçut dans son écurie, où il était assis sur une peau de bœuf, auprès d'un beau cheval ; il nous fit asseoir à côté de lui, et me donna quelques noix de colats qu'il avait mises dans un vase en cuivre avec un peu d'eau. Il distribua devant nous, à quelques-unes de ses femmes, des ignames que l'on venait de récolter. Ce chef du Ouassoulo passe pour être très-riche en or et en esclaves ; ses sujets lui font souvent des cadeaux en bestiaux : il a beaucoup de femmes ; toutes ont des cases particulières, ce qui forme un petit village. Avant d'arriver dans la case du chef, on traverse plusieurs grandes cours entourées de murs en terre ; elles sont tenues très-proprement. Son logement est aussi simple que celui de ses sujets ; il consiste en plusieurs cases rondes, dont le mur est en terre : on a mis quelques piquets plantés extérieurement autour de ce mur, pour soutenir la charpente, qui est en forme de colombier et couverte en paille ; le bas de ces cases peut avoir de cinquante à cinquante-cinq pieds de circonférence, et de douze à quatorze pieds d'élévation. Les environs de ce petit hameau sont très-bien cultivés en pistaches, riz, ignames, maïs, et mille autres productions utiles. Je vis, pour la première fois depuis mon départ de la côte, quelques *rhamnus lotus* dont parle Mungo-Park. Le chef nous envoya un assez bon souper de riz au lait aigre, auquel il ajouta par luxe un peu de sel ; nous eûmes de la pluie toute la soirée ; l'air était humide et frais.

Le 22 juillet, vers neuf heures du matin, nous allâmes prendre congé de Baramisa ; nous lui donnâmes en présent un peu de poudre, et quelques verroteries pour ses femmes. Nous fîmes route en nous dirigeant au S. E. : le sol, quoique couvert de petit gravier, est très-bien cultivé ; le cé et le nédé sont très-répandus. Après avoir fait treize milles, nous passâmes un gros ruisseau, sur un pont très-chancelant ; la campagne est généralement découverte ; de temps en temps je vis quelques petits monticules dont la pierre était de nature rouge et poreuse. Nous fîmes halte à cinq heures du soir, à Fila-Dougou; ce petit hameau est le dernier du Ouassoulo, du côté de l'E. Les bons habitans nous donnèrent leur souper, car nous n'avions rien mangé de tout le jour. Les Foulahs vinrent nous voir en grand nombre; je leur montrai mon parapluie, qu'ils regardaient comme une merveille; ils ne pouvaient concevoir comment on pouvait ouvrir et fermer cette machine à volonté; ceux qui avaient vu couraient avertir leurs voisins, qui tous accouraient voir cette merveille; la cour ne désemplit pas de toute la soirée; plusieurs même vinrent très-avant dans la nuit; ils avaient des poignées de paille allumée, spectacle qui m'amusait assez; ils s'écriaient tous, en me regardant d'un air riant, « C'est un blanc! » ils répétaient les mêmes éloges que j'avais reçus la veille de leurs voisins, et ajoutaient, « Nous n'avons jamais vu un homme comme celui-là! » Ils demandaient à mon guide si la blancheur de ma peau était bien naturelle; car ces peuples, simples et doux, qui ne voyagent jamais, n'ont d'autre idée des hommes blancs que celle que peuvent leur en donner les Mandingues commerçans et voyageurs qui traversent leur pays; ils sont francs, inoffensifs, et ils exercent une hospitalité si généreuse envers les étrangers, que je crois qu'un chrétien pourrait voyager chez eux sans déguisement et sans éprouver la moindre difficulté.

CHAPITRE XI.

Le Ouassoulo. — Mœurs et usages des habitans. — Agriculture florissante, industrie. — Peuple hospitalier. — Kankary. — Sambatikila. — Réflexions sur la vente des esclaves. — Disette. — Description de la résidence de l'almamy. — Commerce. — Travaux des forgerons. — Villages bambaras. — Arrivée à Timé. — Chaînes de montagnes.

Le Ouassoulo est un pays habité par des Foulahs idolâtres, pasteurs et cultivateurs; ils élèvent de nombreux troupeaux de bœufs, quelques moutons et des cabris. J'ai vu dans ce pays quelques chevaux d'une petite race, qui ne résistent pas beaucoup à la fatigue. Ils élèvent aussi des volailles, auxquelles ils mettent beaucoup de valeur; on ne peut s'en procurer qu'avec de la poudre, du tabac, du sel et des verroteries. Ils ont de leurs petits poulets un soin tout particulier : tous les soirs ils les rassemblent dans une espèce de panier rond, et les rapportent dans leurs cases pour les mettre à l'abri du froid; tous les matins, un peu après le lever du soleil, ils les laissent courir dans les environs de l'habitation : rarement ils leur donnent du grain ; ils ne mangent que des insectes, de l'herbe, et le grain qui sort des mortiers quand on pile le riz ou le mil. Ce sont les hommes qui donnent leurs soins à ces petits animaux ; ils apportent de leurs champs des tas de terre qui contiennent beaucoup de termites que les poulets dévorent aussitôt. Les habitans ont tous des chiens pour garder leurs habitations; je n'ai pas remarqué que, dans le Ouassoulo, on mangeât ces chiens comme dans quelques parties du Bambara.

Ce pays est généralement découvert, entrecoupé de quelques petits coteaux ; le sol est d'une très-grande fertilité, et composé en partie de terre noire et grasse, mêlée de petit gravier. Le pays est arrosé par la rivière du Sarano, et plusieurs gros ruisseaux qui fertilisent la terre; elle produit en abondance tout ce qui est nécessaire à la vie de l'homme sobre. Les habitans sont doux, humains, et très-hospitaliers ; curieux à l'excès, mais beaucoup moins importuns que les Mandingues. Leur nourriture est très-simple : ils mangent, comme dans le Kankan, du riz, du tau et du foigné sans être pilé; ils ajoutent à ces mets une sauce faite avec des feuilles d'herbe ou des pistaches grillées ; rarement ils emploient du sel, qui est un objet de luxe, ils ne mangent de la viande que les jours de réjouissance; ils mettent dans leurs sauces, ainsi que le gombo, la feuille du baobab séchée et pilée ; ils mangent aussi le fruit de cet arbre, en le délayant dans de l'eau ou dans du lait : ce fruit, comme celui du nédé, est très-doux et très-nourrissant.

Les femmes fabriquent des pots en terre pour servir à leur ménage ; elles emploient de la terre glaise grise, qu'elles se procurent sur les bords des ruisseaux : elles pétrissent cette vase, et en extraient tous les corps étrangers ; quand elle a pris de la consistance, elle s'emploie plus facilement ; alors les ouvrières lui donnent la forme convenue, et la polissent à mesure avec leurs mains ; lorsque les vases sont montés, on les met à l'ombre pour qu'ils sèchent lentement, car la trop grande chaleur du soleil les ferait fendre. Quand ils sont à moitié secs, on les polit de nouveau avec un morceau de bois fait exprès pour cet usage, ce qui leur donne une espèce de lustre ; puis on les remet au séchoir : mais, avant qu'ils aient pris toute leur consistance, on les expose à un soleil très-doux ; et, huit ou dix jours après, on les soumet à une nouvelle cuisson, qui s'opère en mettant les pots l'un sur l'autre, entre deux couches de chaume de mil, auxquelles on met le feu. Ces pots, en cuisant, acquièrent un vernis, et conservent une couleur grisâtre ; ils ont une forme ronde, une ouverture ordinaire avec un petit rebord, et n'ont pas d'anses ; ils ressemblent en tout à ceux que l'on fabrique dans le Fouta-Dhialon et dans le Kankan. Les bons habitans de ce pays fortuné vivent tous en famille. Chaque hameau se compose de douze ou quatorze cases, et quelquefois moins ; elles sont entourées d'une palissade en bois, mal faite, et sans goût. Le milieu de ce petit groupe d'habitations forme une cour où donnent les portes des cases : on y fait coucher les bestiaux ; les veaux ont un parcage séparé : ce sont les femmes qui sont chargées de traire les vaches. Il y a ordinairement deux portes pour entrer dans cette cour ; on met à ces entrées un morceau de bois fourchu que l'on est obligé d'enjamber ; souvent même le corps a peine à passer ; dans plusieurs occasions, je trouvai cet usage très-incommode, car souvent je m'embarrassais dans mes vêtemens d'Arabe. Ces fourches sont placées de cette manière pour empêcher les bestiaux de sortir la nuit ; mais il y a une autre ouverture qui n'a pas de ces fourches, et qui sert à faire entrer les bestiaux.

Les femmes qui sont chargées de faire la cuisine pour la famille, la font souvent en plein air. Les habitans sont en général très-sales et mal vêtus ; leur habillement ressemble en tout à celui des habitans de Toron ; comme eux ils font usage de tabac en poudre et à fumer. Ils tressent leurs cheveux, portent des boucles d'oreille en petite verroterie, et des colliers au cou, des bracelets en fer aux bras et aux jambes, comme les femmes. Ils sont Foulahs, mais n'en parlent pas la langue : leur teint, plus clair que celui des Mandingues, est un peu plus foncé que celui des nègres du Fouta-Dhialon. J'ai cherché à découvrir s'ils ont une religion, s'ils adorent ou des fétiches, ou la lune, ou le soleil, ou les étoiles; je ne les ai vus pratiquer aucun culte, et je crois qu'ils vivent insoucians à ce sujet et ne s'occupent que très-peu de la divinité; car s'ils avaient une croyance prononcée, loin d'accueillir avec bonté les musulmans et leurs grigris, ils les repousseraient, pour ne s'occuper que de la religion de leur pays. Dans toute la campagne, on n'aperçoit que de petits hameaux à une courte distance les uns des autres. Ils cultivent beaucoup de coton, avec lequel ils fabriquent les toiles que les marchands viennent acheter dans leur pays et vont vendre à Kankan. Le métier avec lequel ils tissent leur toile est fait dans le genre des nôtres; mais il est très-petit; les laizes d'étoffe n'ont pas plus de cinq pouces de large : les peignes pour tisser sont en roseau; ils ont une navette pareille aux nôtres et de petits fuseaux qu'ils font tenir dans la navette par le moyen d'un mince fil de fer, et souvent par un petit morceau de roseau; ils ne tissent pas très-vite. Les femmes, assises dans leurs cours, s'occupent à filer le coton; comme ils ne connaissent pas encore les cardes, leur fil est gros et inégal : elles se servent d'un fuseau fait comme ceux que les négresses emploient au Sénégal.

Il y a, dans le pays, des forgerons qui font des poignards, des bracelets en fer et des instrumens aratoires : ces instrumens consistent dans une pioche longue de huit à dix pouces et large de cinq; je n'en ai pas remarqué d'autres en usage. C'est avec cet instrument qu'ils mettent leur terre en sillons, qu'ils arrachent les herbes, et cultivent aussi bien qu'en Europe. Ils ont une petite hache pour couper les arbres qui se trouvent dans leurs champs, et ils ont soin d'en extirper jusqu'à la racine, ce que je n'avais pas encore vu depuis mon départ de la côte. Les habitans du Ouassoulo font peu de commerce et ne voyagent pas, car leur idolâtrie les exposerait au plus affreux esclavage. Peuple doux et humain, ils reçoivent très-bien les étrangers qui viennent chez eux. Ils cultivent beaucoup de tabac; lorsqu'il est en graine, ils en récoltent les feuilles, les font sécher au soleil, puis en réduisent une partie en poudre, dont ils font une grande consommation ; le surplus est réservé pour la pipe : ils ont pour mettre du feu dans celle-ci, de grandes pinces semblables à celles d'un forgeron, longues d'un pied. Les jeunes gens se rasent la tête comme les mahométans. Ils sont en général très-adroits à tirer de l'arc ; je les ai vus quelquefois s'amuser à tirer au blanc sur un arbre. Les enfans, qui vont tout nus, s'appliquent très-jeunes aux exercices du corps. Les habitans de ce pays ont l'habitude de se faire des incisions à la figure, et de se limer les dents ; ils ont, comme dans tous les pays idolâtres, plusieurs femmes, qui sont toutes très-soumises à leurs maris ; elles mettent toujours un genou en terre pour leur présenter quelque chose ; elles suivent le même usage envers les étrangers de considération. Je n'ai remarqué dans ce pays aucune espèce de maladies ; ils sont tous robustes et bien portans. Quoique le beurre végétal soit très-abondant chez eux, ils en font peu d'usage ; ils préfèrent employer dans la cuisine le beurre animal : mais ils se servent souvent du végétal pour les douleurs et les plaies ; ils en mettent à leurs cheveux, et s'en graissent tout le corps, ce qui leur donne une odeur infecte. Autant les habitans de Kankan sont propres, autant ceux-ci sont sales et dégoûtans ; ils ne lavent jamais leurs habits, qui sont de couleur jaune ou noire. Ils ont pour coiffure un bonnet de dix-huit pouces de haut, qui finit en se rétrécissant beaucoup, et dont la pointe leur retombe ou sur le dos ou sur l'épaule ; j'avais peine à en deviner la couleur, tant ils étaient sales et couverts de beurre ; ils en prennent un neuf quand celui qu'ils portent tombe en lambeaux. Les femmes n'ont d'autre vêtement qu'un pagne qu'elles se passent autour des reins ; elles ont à la tête une petite bande de toile du pays, qui leur sert de coiffure. Je ne me suis pas aperçu qu'elles fumassent ; mais elles prennent par le nez beaucoup de tabac, et s'en appliquent sur le devant et le derrière des gencives.

Le 23 juillet, à sept heures du matin, nous nous séparâmes de nos hôtes, qui la veille nous avaient donné un assez bon souper de riz. Nous nous dirigeâmes à l'E. S. E.; nous passâmes près d'un petit village dont j'ai oublié le nom. Je demandai dans une des cases un peu d'eau pour me désaltérer; une femme esclave m'en apporta dans une calebasse; elle se mit à genoux pour me la présenter. L'orage se fit entendre dans le lointain; mais nous n'eûmes pas de pluie. En continuant à marcher au S. E., nous fîmes huit milles, et nous passâmes à Banankodo, gros village du Foulou, qui peut contenir de quatre à cinq cents habitans; il est ombragé par de gros bombax et baobabs. Le terrain sur lequel nous marchions était inondé, et la plaine très-découverte : il pouvait être midi, lorsque, après avoir fait encore trois milles, nous fîmes halte à Yonmouso, petit hameau comme celui des Ouassoulos. Arafanba tira un coup de fusil en signe de réjouissance, en arrivant dans ce petit village, où il avait des amis, chez qui nous allâmes prendre gîte; aussitôt ils nous préparèrent une case, où nous passâmes la nuit. J'avais rencontré en chemin un Poulh du Foulou, accompagné de sa femme, qui portait sur la tête un déjeûner de foigné et de lait : comme cet homme avait questionné mon guide sur mon compte, et que sans doute il s'intéressait à moi, il m'offrit son déjeûner, que j'acceptai avec plaisir; je voulus le lui payer de quelques verroteries, mais il persista à ne vouloir rien prendre. Lorsque je fus arrivé à Yonmouso, cet homme vint m'y voir avec plusieurs de ses camarades; il ne se vanta pas de la généreuse hospitalité qu'il avait exercée envers moi, réserve que j'admirai beaucoup chez un nègre: il me demanda à voir mon parapluie; je m'empressai de le satisfaire, et il excita, comme les jours précédens, l'admiration de tout le monde; je l'ouvrais et le refermais, pour les amuser. Toute la soirée la case ne désemplit pas; mais leurs visites étaient très-courtes, et leurs manières très-réservées : ils eurent aussi recours aux poignées de paille enflammée pour me voir facilement; ils me trouvaient à leur goût. Plusieurs me donnèrent du lait, et, à l'entrée de la nuit, un assez bon souper d'ignames bouillies et pilées avec une sauce au gombo, à laquelle nous ajoutâmes un peu de sel; on y avoit joint une sauce aux pistaches grillées.

Le 24 juillet, nous séjournâmes parmi ces bonnes gens, pour nous reposer un peu de nos fatigues. Mon guide acheta un cabri pour cinq à six coups de poudre: nous en mangeâmes une partie à notre souper; et notre hôte, auquel on en donna une petite portion, nous fit présent de bon lait aigre, avec du riz bouilli pour notre déjeûner du lendemain. Dans le cours de la journée, nous eûmes la visite d'un Peulh du Fouta-Dhialon, établi dans le pays. Mon guide lui donna un morceau de cabri, et moi une feuille de papier, pour laquelle il me combla de remerciemens. Dans la soirée, plusieurs Foulahs des environs, attirés par le bruit répandu qu'un homme blanc était dans le pays, vinrent me voir; ils allumèrent de la paille, et rirent beaucoup de la longueur de mon nez. Ils disaient tous que j'étais bon et beau; puis ils se retiraient contens. Notre hôte nous donna un souper d'ignames, auquel nous joignîmes une partie du cabri.

Le 25 juillet au matin, le Foulah auquel on avait donné la veille un morceau de cabri, nous envoya un copieux déjeûner de riz, auquel il avait joint une poule et du lait : après nous être bien restaurés, nous prîmes congé de notre hôte; mon guide lui fit cadeau de quelques branches de rassades, et de deux petits morceaux d'écarlate d'un pouce et demi en carré. Il était huit heures lorsque nous fîmes route : nous dirigeant vers le S. S. E., nous fîmes de suite douze milles dans cette direction; la campagne est généralement découverte, mais produit beaucoup de nédés et de cés; le sol est plein de petit gravier, et, dans plusieurs endroits, de pierres volcaniques. Nous traversâmes des ruisseaux dont les rives étaient bien boisées ; il y avait sur les bords de jolies cabanes de Bambaras qui cultivent paisiblement leurs petits champs d'ignames : le pays n'est pas aussi bien habité que celui du Ouassoulo. Nous fîmes halte vers deux heures à Manegnan, village habité par des Bambaras ; il peut contenir de huit à neuf cents habitans ; les naturels nomment ce pays Foulou : ainsi que les Ouassoulos, ils parlent mandingue ; je ne me suis pas aperçu qu'ils eussent un idiome particulier. Ils sont idolâtres, ou plutôt sans aucun culte ; leur nourriture et leurs vêtemens sont les mêmes que ceux des habitans du Ouassoulo ; ils sont aussi sales qu'eux. A l'entrée de ce village, je passai auprès du *banankoro* : c'est l'endroit où les oisifs se rassemblent pour fumer leur pipe et converser ; j'y vis une quantité de vieillards. Ce lieu consiste en une grande case couverte en paille, qui reçoit le jour tout autour ; la couverture repose sur des piquets plantés en rond, à des distances égales. On a mis sur le sol de gros morceaux de bois ronds, très-rapprochés les uns des autres, pour servir de bancs ; ils sont si anciens, qu'à force de s'asseoir dessus ils ont atteint un poli luisant.

Arrivé dans notre logement, je reçus la visite de plusieurs vieillards qui m'avaient vu passer pendant qu'ils étaient au lieu de réunion ; quelques-uns me donnèrent des colats, et une poule pour mon souper : ces bons nègres me parurent aussi doux et aussi humains que les Foulahs du Ouassoulo, auxquels leurs physionomies, leurs vêtemens, leur genre de vie et leurs habitudes ressemblent en tout. Ils ne pouvaient se lasser de me regarder, et disaient qu'ils n'avaient jamais vu d'homme blanc; car les Maures ne voyagent pas dans ces contrées. Une partie de la soirée fut orageuse; ce qui empêcha, pour un moment, les habitans de venir me voir : mais après la pluie, ils s'en dédommagèrent grandement; ils vinrent jusqu'à huit heures du soir, avec le même empressement et la même curiosité; ils avaient aussi de la paille allumée, et me firent les mêmes complimens qu'à Yonmouso.

Le 26 juillet, à sept heures du matin, nous fîmes un cadeau à notre hôte, et nous nous disposâmes à partir. Je vis que le village était entouré d'un mur, et qu'autour de leurs cases, les habitans cultivent du tabac pour leur usage. Je fus suivi de la foule environ une demi-heure : nous traversâmes une plaine inondée, couverte d'indigo qui vient spontanément; ensuite nous passâmes sur un pont très-chancelant; ici les villageois se séparèrent. Je vis quelques cultures, mais bien loin d'être aussi soignées que celles du pays que je venais de quitter. Les cultivateurs avaient apporté avec eux leurs petits poulets, pour leur faire manger des insectes. Nous continuâmes notre route au S. E.; nous fîmes onze milles assez gaiement : la campagne me parut unie, couverte de gravier, et mieux boisée que celle que j'avais suivie les jours précédens. Nous arrivâmes à Nougouda, village muré, habité par des Bambaras : nous nous y arrêtâmes quelque temps pour changer de porteurs; nous achetâmes un peu de lait et de déguet pour nous rafraîchir. Nous continuâmes au S. cinq milles : j'aperçus à une grande distance de notre route, au S. O. 1/4 S., trois montagnes très-élevées en forme de pic un peu aplati; nous continuâmes au S. S. E. deux milles par un chemin bien boisé, couvert de pierres ferrugineuses, et la terre sans culture. Nous arrivâmes vers quatre heures du soir, bien fatigués, à Tangouroman, village muré, qui peut contenir trois à quatre cents habitans bambaras. La route de la journée fut très-forte, car mon guide voulait arriver le soir même dans son pays. Le village de Tangouroman est ombragé par de gros bombax et baobabs. Les misérables habitans ne purent nous procurer une poule, ni même un peu de lait; ils eurent de la peine à nous trouver un souper : ils nous donnèrent un plat de foigné avec une sauce aux herbes, qu'ils avaient préparé pour eux, et ils mangèrent un morceau d'igname bouillie ; après ce léger et frugal repas, ils s'en allèrent gaiement à la danse, qui dura toute la nuit. Je remarquai dans la cour de notre hôte plusieurs petits magasins en paille supportés sur des piquets ou sur de grosses pierres, pour les préserver de l'humidité, qui est très-grande dans ce pays : c'est dans ces magasins qu'ils serrent leurs récoltes de riz, mil, pistaches et ignames; ils ne sont jamais volés. Je n'ai vu dans tout le pays, depuis Kankan et même Baleya, aucun mendiant. Arafanba alla coucher à Sambatikila : quant à moi, je me trouvais si fatigué de la marche de la journée, que je restai dans ce village avec les saracolets et un Foulah du Fouta-Dhialon. Notre hôte fit présent d'un beau canard de Barbarie à mon guide, qui passait dans le pays pour un grand marabout : nous aurions bien desiré le manger à notre souper, car nous ne pûmes rien trouver à acheter; mais il jugea à propos d'en faire son profit particulier.

Le 27 juillet, à six heures du matin, nous prîmes congé de notre hôte, après lui avoir payé la dépense de la veille. Nous lui donnâmes quelques branches de verroteries, qui parurent le satisfaire. En traversant le village, je remarquai qu'il était aussi sale que ses habitans ; nous avions du fumier jusqu'à la cheville. Nous nous dirigeâmes au S. S. E. : je n'aperçus sur ma route que quelques tristes cultures de foigné, d'ignames et de pistaches très-mal soignées ; je n'ai point vu de maïs, qui leur serait d'une si grande utilité. La majeure partie des terres y sont de nature noire, mêlées de gravier ; elles ne sont que peu cultivées. A douze milles à gauche de notre route, on aperçoit une chaîne de montagnes qui paraissent peu élevées;

elles se prolongent dans le N. E. A peu de distance de Sambatikila, nous rencontrâmes mon guide, qui venait au-devant de nous : notre hôte, qui la veille lui avait donné un canard, avait mis avec nous une petite fille pour le porter à Sambatikila ; mais Arafanba, réfléchissant sans doute que ce Bambara n'était pas riche, lui renvoya son canard ; conduite généreuse, que je trouvai bien étrange de la part d'un mahométan envers un infidèle. Mon guide me dit que l'almamy était impatient de me recevoir, et qu'il était fâché que je fusse resté la veille au soir dans le village de Bambara : je lui dis, en riant, que bientôt ce chef aurait le plaisir de satisfaire sa curiosité.

Il était près de neuf heures du matin, lorsque nous fîmes notre entrée dans le village de Sambatikila, qui est entouré d'un double mur de dix à onze pieds d'élévation sur dix pouces d'épaisseur. Nous allâmes, sans nous arrêter, chez l'almamy : on nous fit entrer dans une première chambre, où nous attendîmes que l'on fût allé nous annoncer. Le bonhomme nous admit de suite en sa présence : je le trouvai couché sous un petit hangar dans sa cour ; il s'assit sur son séant, et me tendit la main pour faire les salutations d'usage, *salamalécoum ; malécoum salam ; enékindé ; a kindé* : après m'avoir touché, il se porta la main sur la poitrine et sur la figure, comme une chose salutaire ;

car il est très-religieux, et a beaucoup de confiance dans la sainteté des Arabes. Il me fit mille amitiés, et dit qu'il était bien aise de posséder chez lui un homme dont le pays était si près de la Mecque; je lui dis même que j'y allais : il questionna beaucoup Arafanba, qui s'empressa bien vîte de lui débiter ce qu'il avait appris sur mon compte à Kankan. Le vieillard était habillé en Arabe; ses vêtemens étaient de la plus grande propreté; il portait un turban d'une étoffe à raies rouges et blanches, fabriquée dans le pays. Notre visite fut très-courte; il me fit loger chez un de ses enfans, avec les deux saracolets et le Foulah : le fils de l'almamy paraissait très-pauvre; il nous donna une assez jolie case, et eut bien soin de ne pas nous laisser manquer d'eau chaude pour faire nos ablutions avant la prière. Je m'attendais que le chef allait pourvoir à notre subsistance, mais ce bon roi nous laissa tout le jour sans manger; il se reposa sur mon guide du soin d'y pourvoir : ce dernier nous envoya un déjeûner d'ignames bouillies, avec une sauce sans sel. Après ce frugal repas, que nous fîmes avec appétit, car il commençait à être tard, j'allai chez mon guide prendre mes effets qu'il avait apportés avec lui la veille : pour le récompenser des soins qu'il m'avait donnés en route, je lui fis un petit présent d'étoffes, d'une paire de ciseaux et de papier; il parut très-content et il me remercia beaucoup. Il avait eu la bonté de me défrayer tout le long de la route, et il ne me demanda jamais rien. Je reçus dans la journée beaucoup de visites de Mandingues qui habitent le village de Sambatikila; l'un d'eux me fit présent d'un peu de lait, qui n'est pas, à beaucoup près, aussi commun ici que dans le Ouassoulo. Il plut toute l'après-midi : malgré le mauvais temps, je me rendis à la mosquée, pour montrer aux habitans que j'étais un zélé musulman. Mon guide nous envoya, à la nuit tombante, un petit souper de riz, dont nous nous contentâmes, parce que nous n'en avions pas davantage.

Le 28 juillet, l'almamy, se rappelant sans doute qu'il avait des étrangers que son devoir était de nourrir, nous envoya pour déjeûner un plat de riz sans sel, avec une sauce aux zambalas[1], et un souper d'ignames, avec une sauce pareille.

Le 29 juillet, nous restâmes tout le jour sans rien avoir à manger : je pris le parti de faire une visite à l'almamy, qui semblait avoir oublié qu'il avait des étrangers chez lui, croyant sans doute que ses convives étaient habitués à jeûner. Il ne se pressa pas davantage; il était six heures du soir, lorsqu'il nous envoya des ignames bouillies et pilées, avec une mauvaise sauce; et nous eûmes le désagrément de par-

---

(1) Zambala, grain de nédé bouilli et séché; ils le pilent pour le mettre dans les sauces.

tager ce léger repas avec un Mandingue du village qui, depuis un moment, rôdait autour de notre case ; il vint s'asseoir auprès de nous, et ne se fit pas du tout prier, car il est probable qu'il n'avait rien pris depuis la veille. J'ai ainsi souvent été obligé de partager le peu de nourriture qui m'était accordé avec ces parasites affamés et paresseux, qui aiment mieux rester sans manger que de cultiver leurs champs.

Voyant que notre hôte nous négligeait à ce point, nous allâmes chercher du riz et des ignames pour faire notre cuisine; nous ne pûmes en trouver dans le village, car le dévot almamy avait interdit le marché, qui ordinairement se tenait deux fois par semaine, sous prétexte que cette occupation dérangeait de la prière. Nous envoyâmes dans un village voisin ; mais nous ne fûmes pas plus heureux ; il fallut nous contenter du peu que nous donnait notre hôte. On nous prévint que les provisions étaient rares, qu'il n'y en avait pas assez pour attendre la récolte, et que cette disette était la même dans tous les environs.

Le 30 juillet, il arriva à Sambatikila une caravane de marchands saracolets, allant dans le Foulou acheter des esclaves, pour les revendre soit dans le Fouta ou dans le Kankan. Toutes les marchandises qui se vendent sur les comptoirs européens de la côte, sont destinées au commerce infâme des esclaves, qui, à la vérité, ne sont pas exportés; mais ils n'en sont pas plus heureux. L'Europe civilisée peut bien abolir l'esclavage; mais l'Africain, sauvage et intéressé, conservera long-temps encore l'habitude barbare de vendre ses semblables. Il est si doux de vivre sans rien faire, de se reposer sur les soins d'autrui pour sa subsistance, que chaque nègre fait son possible pour avoir des serviteurs : toute leur ambition se borne à avoir douze ou quinze esclaves, qu'ils occupent entièrement aux cultures. Ces malheureux sont mal vêtus, et travaillent beaucoup; mais je ne me suis pas aperçu qu'ils fussent très-maltraités. Ils sont obligés presque toujours de pourvoir à leur nourriture : ils cultivent, à cet effet, un champ particulier; ils sèment autour de leurs cases du maïs et de la cassave, qui leur sont d'une grande ressource.

Dans la soirée, l'almamy de Sambatikila ne nous envoya rien, et nous nous disposions à jeûner, lorsque, vers sept heures du soir, nous fûmes agréablement surpris de voir arriver un plat de riz bouilli, sans sel, que nous envoyait mon guide Arafanba, qui savait que je souffrais d'une diète aussi rigoureuse. Certes, je ne pouvais trop remercier ce bon nègre, qui se privait pour moi d'une partie de son souper, lorsqu'il avait de la peine à pourvoir à la subsistance de sa famille. Les comestibles étaient si rares et si chers dans tout le village, qu'on ne faisait plus qu'un repas par jour, et l'on choisissait le soir de préférence, parce que les nègres aiment mieux rester toute la journée sans manger que de se coucher sans souper.

Le 31 juillet, à six heures du matin, l'almamy, qui se rappelait sans doute que la veille il ne nous avait rien donné, nous envoya du riz pour notre déjeûner. Un bon saracolet, de ceux qui étaient arrivés la veille, et qui avait beaucoup voyagé à Jenné, m'apporta du riz et du lait, qu'il me pria d'accepter. Je lui donnai quelques branches de verroteries pour le remercier de son cadeau. Il avait connu dans cette grande ville beaucoup de Maures marchands; il m'assura que j'en serais très-bien reçu. Ce nègre parlait un peu arabe; il me prévint que sur la route, pour arriver à Jenné, je serais fort mal nourri, et sur-tout que le sel y était très-rare. Le fils de l'almamy venait quelquefois nous voir, et s'informer si nous avions besoin d'eau chaude pour les ablutions; il ne nous en laissait jamais manquer: mais il ne s'informait pas aussi exactement si nous avions de quoi vivre; je pensais bien que le pauvre diable n'en avait pas beaucoup plus que nous, et je m'apercevais qu'il faisait maigre chère, passant tout le jour sans rien prendre, comme au temps du ramadan; le soir, après la prière, il partageait un peu de tau avec quatre autres nègres. Malgré ce jeûne forcé, ils paraissaient tous joyeux, et ne manquaient jamais d'aller tous les matins chanter le Coran; l'almamy lui-même avait bien soin de chanter aussi de temps en temps. Ce fils de notre hôte venait quelquefois me présenter son modeste souper, que je refusais toujours, sachant qu'il n'en avait pas d'autre pour lui.

Le 1.ᶜʳ août, j'allai, avec un de mes compagnons, faire une petite visite à l'almamy. Nous entrâmes dans une pièce qui servait tout-à-la-fois de chambre à coucher pour lui et d'écurie pour son cheval : le lit du prince était placé dans le fond ; il consistait en une espèce de petite estrade élevée de six pouces, ayant six à sept pieds de long, et cinq ou six de large, sur lequel était tendue une peau de bœuf, avec une sale moustiquière pour se préserver des insectes. Cette chambre pouvait avoir de trente à trente-cinq pieds de long sur dix ou douze de large ; elle était construite en terre, sans qu'on se fût donné la peine de faire des briques. Les murs peuvent avoir sept pieds ou sept pieds et demi de haut sur un pied d'épaisseur ; la charpente est soutenue par des piquets en bois, plantés intérieurement le long des murs latéraux, et couverte en paille. Il y a trois grandes ouvertures qui ferment avec des portes faites aussi en paille. Point de meubles dans ce logement royal : on y voit deux selles pour les chevaux ; elles sont pendues au mur, à des piquets ; un grand chapeau de paille, un tambour qui ne sert que dans les temps de guerre, quelques lances, un arc, un carquois et des flèches, en font tout l'ornement, avec une lampe faite d'un morceau de fer plat, maintenue par un autre morceau du même métal, planté en terre; on y brûle du beurre végétal, qui n'a pas assez de consistance pour être fabriqué et faire de la chandelle. Deux autres pièces de la même dimension servent de magasins pour serrer les récoltes et ce qu'ils ont de plus précieux. On voit, dans une grande cour intérieure, plusieurs cases ordinaires, où je vis quelques métiers de tisserand, semblables à ceux de la côte. Le vieillard était couché sur son lit; il nous fit asseoir auprès de lui. Il était en prières, et tenait à la main un chapelet long de deux pieds et demi, dont les grains étaient aussi gros qu'une balle; il paraissait très-recueilli. Il m'adressa la parole pour me prier de faire ses complimens aux vieillards de la Mecque et de Médine, quand j'y serais arrivé: ensuite il me dit d'attendre un moment; il alla dans sa cour, et revint un instant après, suivi d'une esclave portant sur sa tête une calebasse de riz, avec une mauvaise sauce aux herbes, qu'il me donna; puis il me congédia, en me promettant bientôt une occasion pour Jenné. Le manque de sel rendait ce riz bien mauvais; mais je commençais à devenir moins difficile: l'appétit assaisonne les mets; je l'ai souvent éprouvé dans le cours de mon voyage. Peu après, un nègre mandingue m'envoya un excellent plat de riz avec du lait.

Depuis le 27 juillet, il n'avait cessé de pleuvoir;

le temps était frais et très-humide. Dans la soirée du 1.ᵉʳ août, l'almamy m'envoya un homme pour me prévenir qu'il se présentait une occasion pour aller à Jenné, et que, si je voulais en profiter, il me donnerait un guide pour me conduire à Timé, d'où devait partir la caravane. J'avais une plaie au pied gauche, que je soignais avec de la charpie ; je ne pouvais venir à bout de la cicatriser ; elle m'occasionnait de vives douleurs : mais j'aimais mieux souffrir en route, que de rester plus long-temps dans un endroit où bientôt il y aurait une horrible famine. Je fis répondre au chef que j'étais disposé à partir le plus tôt possible.

Le 2 août, vers six heures du matin, l'almamy m'envoya du riz avec un morceau de mouton tué de la veille, que je partageai avec mes compagnons. Vers huit heures, Arafanba vint me trouver, et nous allâmes ensemble chez le chef prendre congé de lui. Il m'appela auprès de son magasin, fit ouvrir une porte si basse qu'il fallait se plier en deux pour y passer : une de ses femmes en tira un bracelet enveloppé dans des chiffons, dont il me fit présent ; il était en argent, et de la valeur de trois francs. Je lui avais apporté un assez joli petit cadeau en indienne de couleur, du papier, et quelques branches de rassades. Arafanba, mon ancien guide, lui dit que j'avais peu de marchandises, et que j'étais bien fâché de ne pouvoir lui offrir un présent plus digne de lui ; il sourit, et accepta avec plaisir ce que je lui offrais. Le vieillard me recommanda de nouveau de ne pas l'oublier auprès des vénérables chéikhs de la Mecque ; je le lui promis, et me séparai de lui. Un instant après, il vint me rendre ma visite à la case où j'étais logé ; il était à cheval, et avait un très-grand chapeau de paille sur la tête, qui pouvait lui tenir lieu de parapluie. Il allait à son ourondé voir travailler ses esclaves ; il me dit qu'il était bien fâché de ne s'y être pas pris plus tôt, pour avoir un grigri fait de la main d'un Arabe ; il me salua, et me quitta en me souhaitant un bon voyage. Vers dix heures, mon nouveau guide arriva pour me prévenir qu'il fallait partir : il avait plu toute la matinée, et la pluie n'avait pas encore cessé, ce qui ne nous empêcha pas de nous mettre en route ; mais avant d'aller plus loin, je vais parler du beau pays que je quitte.

Sambatikila est un grand village entouré d'un double mur ; il est indépendant, et habité par des Mandingues musulmans. Ce lieu est beaucoup plus grand que Kankan, mais n'est pas aussi peuplé ; il y a dans l'intérieur de grands espaces qui ne sont pas cultivés : les rues sont tortueuses, étroites, et pleines de boue dans cette saison. Le sol, composé dans quelques endroits de terre noire, et dans d'autres de sable gris mêlé de terre, est très-fertile, et cependant peu employé : la campagne est couverte de cés et de nédés. Les habitans se bornent entièrement au commerce ; ils vont à quelques journées dans le S., acheter des noix de colats, qu'ils portent à Jenné, et qu'ils échangent pour du sel : ce commerce est peu lucratif, car ces voyages sont très-longs et pénibles ; ils sont obligés de se nourrir en route, et de payer dans tous les villages les droits de passe et le logement.

On fabrique dans le pays un peu de jolie toile faite avec le coton qu'ils achètent des Bambaras. Le prix courant d'un esclave, dans le pays, est de trente briques de sel (la brique a dix pouces de long sur trois de large, et deux ou deux et demi d'épaisseur ; comme il y a des briques qui sont plus ou moins grosses, le prix varie suivant leur grosseur) : un baril de poudre et huit masses de verroteries couleur marron clair ; un fusil et deux brasses de taffetas rose, sont aussi le prix d'un esclave. Le commerce de Sambatikila n'est pas très-actif ; il est bien loin de valoir celui de Kankan : l'absence du marché lui fait beaucoup de tort ; aussi les habitans sont-ils pauvres ; ils ont peu d'esclaves ; leur récolte ne suffit pas toujours à leurs besoins d'une année à l'autre ; ils sont obligés d'acheter du riz des Bambaras, que ceux-ci échangent contre du sel, que ces pauvres nègres ne peuvent se procurer autrement. Les Mandingues aiment mieux se passer de manger une partie du jour que de s'assujettir à travailler à la culture; ils prétendent que ce travail les détournerait de l'étude du Coran, prétexte spécieux pour faire excuser leur paresse.

Leurs troupeaux, peu nombreux, consistent en quelques chèvres et quelques moutons; ils élèvent aussi des volailles; le peu de chevaux qu'ils ont sont d'une très-petite race. Le fils de l'almamy, chez qui je logeais, avait fait plusieurs voyages à Jenné; il me dit, sans craindre de nuire à la dignité de son rang, qu'il portait, comme tous ses compagnons, une charge de colats sur la tête : je le questionnai sur la longueur du trajet; il m'apprit que l'on mettait deux mois et demi ou trois mois pour y arriver, et que l'on ne pouvait faire que deux voyages par année.

Le titre d'almamy ou roi est héréditaire; c'est toujours l'aîné des fils du souverain qui lui succède. Il a ordinairement quatre femmes et beaucoup d'enfans. Il est le seul chef à Sambatikila; et quand il survient quelques discussions, les vieillards se rassemblent chez l'almamy ou dans la mosquée, pour rendre la justice. Les fusils, dans ce village, ne sont pas aussi communs qu'à Kankan; car, dans toutes les cases où je suis entré, je n'ai vu que des arcs suspendus aux murailles.

Vers dix heures du matin, nous nous mîmes en route; Arafanba, les deux saracolets et le Foulah, vinrent me conduire jusque sur le bord d'un ruisseau que les naturels nomment *Oulaba*, qui arrose la campagne de Sambatikila : nous le traversâmes dans une vilaine pirogue, dans laquelle nous pensâmes chavirer plus d'une fois ; elle avait été faite d'un seul tronc d'arbre ; mais elle était vieille, toute cassée, et raccommodée avec des morceaux de pagne pourris, qui ne l'empêchaient pas de faire de l'eau ; fort heureusement le ruisseau n'est pas très-large, et nous arrivâmes sur la rive droite sans accident. Arafanba vint me conduire l'espace d'un mille ; il se sépara de moi avec peine, et me recommanda fortement à mon nouveau guide. Arafanba était l'homme le plus doux et le plus complaisant que j'aie vu chez les Mandingues; et, ce dont je m'étonne encore en me le rappelant, c'est qu'il ne m'a rien demandé, et qu'il m'a paru très-satisfait du modique cadeau que mes moyens me permettaient de lui faire. Nous fîmes route à l'E. S. E., deux milles, sur de très-belle terre noire un peu graveleuse ; je n'aperçus que quelques tristes champs de foigné, qui n'était pas même encore en fleur, tandis que dans le Ouassoulo il était déjà récolté : nous traversâmes un pont chancelant, et nous arrivâmes à Cagnanço, petit village muré, où nous n'entrâmes pas. Je vis un atelier de quelques forgerons ; ils ne sont pas mieux installés dans cette partie de l'Afrique que sur la côte : ils font cependant les instrumens aratoires, les poignards, des bracelets et les dards pour mettre aux flèches ; ils se procurent du fer du Fouta-Dhialon. Les environs de ce village, habités par des Bambaras, sont sans cultures, mais entourés de grands arbres et de beaucoup de paille, ce qui gênait notre marche, et me causait des douleurs aiguës, car cette paille frottait continuellement sur ma plaie, et enlevait l'emplâtre ; joint à l'eau qui couvrait les routes et à la pluie qui tombait abondamment, cela me fatiguait extrêmement. Je desirais me trouver à l'abri et à même de me reposer ; cependant nous continuâmes notre route au S. S. E. Après sept milles, nous passâmes à Coro, autre village bambara, muré, et qui peut contenir quatre à cinq cents habitans ; les environs ne sont pas mieux cultivés que ceux de Cagnanço. Nous fîmes au S. encore six milles : la campagne est très-boisée et très-uniforme ; la route est couverte de gravier qui rend la marche pénible ; je ne vis aucune culture, et nous traversâmes quelques marais.

Vers trois heures, nous fîmes halte, bien fatigués, à Tinicoro, petit village bambara. Les environs sont très-boisés et couverts de grande paille ; les cultures sont éloignées des cases de cinq à six milles ; je ne sais si c'est pour choisir un terrain plus convenable à la culture, ou pour préserver les grains des dégâts que pourraient y faire les chèvres et les volailles. Mon guide me conduisit chez un homme de sa connaissance, qui nous donna un assez mauvais logement, petit, sale et humide. Je fis sur-le-champ allumer un bon feu pour sécher mon coussabe et ma culotte ; car toute la journée nous avions eu la pluie sur le dos ; elle dura même toute la nuit ; c'était une pluie fine continuelle qui rendait le temps frais. Je vis dans ce village plusieurs chèvres et beaucoup de volailles ; les habitans n'ont point de troupeaux de bœufs. A l'entrée de la nuit, les hommes revinrent du travail ; ils étaient tout nus, n'ayant qu'une bande de coton très-étroite qui leur passe entre les cuisses. Je remarquai que ces hommes avaient des colliers au cou, des boucles d'oreille en verroterie, et beaucoup d'amulettes, comme des cornes de bélier, des queues de mouton, etc.

Toutes ces choses leur tiennent lieu des grigris, auxquels ils ont une grande confiance. On nous donna un souper de tau à la sauce aux herbes, sans sel ; je mangeai un peu de cette bouillie, mais ne pus goûter de la sauce, tant elle était mauvaise. Dans la soirée, il s'éleva une dispute entre deux hommes du village ; ils en vinrent aux mains, et voulurent même se servir de poignards ; mais tous les habitans accoururent pour mettre la paix. On n'entendait de tous côtés que les cris lamentables des femmes qui se désolaient ; la foule était nombreuse : tous parlaient à-la-fois, et plus fort les uns que les autres pour se faire entendre, ce qui faisait un tintamare épouvantable. Mon guide m'apprit que le chef de ce village était attaqué de cécité ; que, sans cette infirmité, il se serait rendu au lieu de la querelle et aurait rétabli l'ordre. Je ne pus savoir ce qui avait occasionné cette altercation, qui avait lieu précisément dans la cour où nous étions logés, et qui dura très-long-temps, quoiqu'il plût à verse.

Le 3 août, le matin, mon guide fit cuire une petite igname sur les charbons; je fis griller de mon côté des pistaches que nous mangeâmes de compagnie; et après avoir donné à notre hôte quelques grains de verre, nous nous mîmes en route; il pouvait être neuf heures. Il pleuvait encore beaucoup; mon parapluie ne put m'être utile, car les grandes herbes et les buissons qui couvraient le chemin me mouillaient autant que la pluie qui tombait. Nous fîmes route au S. : je vis, à quelque distance de Tinicoro, quelques tristes champs de foigné et d'ignames, le tout mal cultivé; on ne s'était pas même donné la peine d'arracher les buissons. Nous passâmes le village de Yango-Firé, situé auprès d'un ruisseau ; je vis, en le traversant, beaucoup de volailles. Nous marchâmes d'abord à l'E., puis au S. Nous passâmes à Brokhosso : j'aperçus au S. E. une grande montagne qui me parut être sans aucune végétation. Ensuite, en traversant quelques champs de foigné et d'autres de haricots, les premiers que je voyais depuis mon départ de la côte, nous arrivâmes, vers une heure et demie de l'après-midi, au joli petit village de Timé, habité par des Mandingues mahométans : il est ombragé par une quantité d'énormes bombax et par quelques baobabs : nous avions fait dix milles. A trois ou quatre milles à l'E de Timé, on trouve une chaîne de montagnes qui peut avoir trois cents à trois cent cinquante brasses d'élévation; elle s'étend du N. au S. Celle qui est en face du village, est plus élevée; elle paraît couverte d'une belle végétation, à l'exception du sommet, qui est très-aride.

FIN DU TOME PREMIER.

TABLE DES MATIÈRES
CONTENUES DANS LE PREMIER VOLUME.

Épître dédicatoire............................ pag. j.
Avant-propos................................. iij.
Introduction................................. 1.
Chapitre I................................... 31.
 Voyage chez les Maures Braknas. — Marche à pied depuis Saint-Louis jusqu'à Neyré, en 1824. — Passage à N'ghiez. — Mœurs des habitans. — Pierre miraculeuse. — Départ. — Les voleurs. — Manière de faire la pêche au filet. — Le bateau à vapeur. — Mon arrivée chez les Braknas. — Entretien avec Mohammed Sidy-Moctar, grand marabout du roi. — Réception du roi.

Chapitre II.................................. 72.
 Le voyageur est forcé de faire la médecine. — Défiance des Maures. — Jeûne rigoureux. — Description du camp du roi à Lam-Khaté. — Les écoles. — Divertissement des femmes.

Chapitre III................................. 117.
 Manière de cultiver le mil et de l'employer. — Caractère des hassanes ou guerriers. — Le *balanites ægyptiaca* : son fruit; manière d'en extraire de l'huile. — Querelle suscitée par une femme. — Manière de se préserver du froid dans l'intérieur des tentes. — Récolte de la gomme. — Mariages des marabouts; ceux des hassanes. — Successions. — Manière de tanner le cuir — Costume des Maures.

CHAPITRE IV........................... pag. 165.

Difficulté pour aller au marché. — Vol de bœufs par une peuplade voisine. — Le ramadan. — La circoncision. — La fête de tabasky. — La traite de la gomme avec les Européens. — Mon retour à Saint-Louis.

CHAPITRE V............................ 208.

Contrariétés éprouvées pendant mon séjour à Saint-Louis. — J'occupe divers emplois. — Nouveau départ. — Détails sur les environs de Kakondy. — Les Nalous, les Landamas et les Bagos.

CHAPITRE VI........................... 250.

Départ pour mon grand voyage, le 19 avril 1827. — Détails sur les mœurs et les habitudes de mes compagnons de voyage, et sur les caravanes de cette partie de l'Afrique. — Fruit du caura. — Montagnes de Lantégué. — Rivière de Doufinca. — Fonte du fer. — Le Rio-Pongo. — Montagne de Touma. — Description de l'Irnanké et de ses habitans. — Téléouel; cataracte du Cocouro. — Orangers.

CHAPITRE VII.......................... 284.

Popoco. — Montagnes granitiques. — Traversée du Bâ-fing (principal affluent du Sénégal), près de sa source. — Grande cataracte. — Fouta-Dhialon. — Langoué. — Couroufi. — Écoles. — Albinos. — Industrie des habitans. — Le voyageur est encore obligé de se faire médecin.

CHAPITRE VIII......................... 322.

Pont sur le Tankisso. — Départ pour le Kankan. — Description du Fouta-Dhialon. — Caractère, mœurs et usages des Foulahs. — Pays de Kankan-Fodéa. — Arbre à beurre. — Cours du Dhioliba. — Pays de Couranco, Sangaran et Kissi-kissi. — Mariage chez les Mandingues. — Rivière de Ba-ndiégué. — Baqaraya. — Saraya. — Bacoconda. — Danses querrières.

DES MATIÈRES.

Chapitre IX .... pag. 362.

    Description de Baleya. — Arrivée sur les bords du Dhioliba. — Couroussa. — Samharala. — Bouré, pays montagneux, riche en or. — Traversée du fleuve. — La rivière d'Yendan. — Kankan. — Description de la ville. — Marché. — Or de Bouré. — Une fête religieuse. — Épreuve du feu. — Position critique du voyageur. — Maladies du pays.

Chapitre X .... 412.

    Nouveaux détails sur le Kankan et ses environs. — Gouvernement des vieillards. — Commerce. — Degré de civilisation. — Pays de Kissi. — Pays de Bouré. — Son commerce avec Bamako, Yamina, Ségo, Sansanding, Jenné. — Exploitation de l'or. — Établissement à Bamako. — Traversée du Milo et autres affluens du Dhioliba.

Chapitre XI .... 442.

    Le Ouassoulo. — Mœurs et usages des habitans. — Agriculture florissante, industrie. — Peuple hospitalier. — Kankary. — Sambatikila. — Réflexions sur la vente des esclaves. — Disette. — Description de la résidence de l'almamy. — Commerce. — Travaux des forgerons. — Villages bambaras. — Arrivée à Timé. — Chaînes de montagnes.

FIN DE LA TABLE DU TOME PREMIER.

www.ingramcontent.com/pod-product-compliance
Lightning Source LLC
Chambersburg PA
CBHW071621230426
43669CB00012B/2026